大展好書 好書大展

毛澤東與鄧小平

渡邊利夫
小島朋之 著

大展出版社 印行

前言

中國在不久之後，也許必須準備迎接一個大的變動。不消說，震央就在於迎向九十歲這個最大實力者鄧小平的死亡。自一九七八年以來，鄧小平在政治方面求取政權內部派閥間的平衡，抑制權力的暗鬥，對於反體制的活動，則發動強權，確保國內安定。在經濟面，則推進改革、開放，抑制反對論或慎重論，展現急速的成長。一旦他駕崩，也許一切都會從束縛中解放出來。

一九九四年二月的農曆過年時，鄧小平在兩位女兒攙扶下的衰弱姿態，似乎在告知世人他將不久於人世了。

共黨頭子鄧小平的過渡期納入視野中，檢證鄧小平時代的時機已經來臨了。可以從中國近現代史的文脈中去找尋其梗概，藉此，在即將到來當成歷史時代的共黨頭子鄧小平的地位安置上，開拓一條道路。而文脈的重點，就在比較鄧小平所繼承的毛澤東時代及嘗試「否定」與「發展」的毛澤東時代。

一九九三年十二月二六日，是毛澤東誕生一百周年，鄧小平在紀念會上發表：「如果沒有毛主席的出現，則我們中國人必須長時間在黑暗中摸索。」

一九七六年九月九日毛澤東去世以後，稱為「悲慘內亂」的文革（社會主義文化大革命）的十年時間，宣告結束。國家最重要的課題從「階級鬥爭」轉換為「現代化」建設，以推進改革開放為主的領導者，即為鄧小平。

毛澤東將中國從「半殖民地、半封建主義」中解放、獨立出來，是「偉大的舵手」，而鄧小平則是「改革、開放的設計師」。鄧小平拒絕毛澤東的「貧困烏托邦」的志向，但是繼承了毛澤東救國、救亡的熱忱思想。兩人都是中國近現代史的產物。

中國近現代史可說是承受「西方的衝擊」，為克服救國、救亡的危機，而向「近代化」苦鬥的歷史。據說「要翻身（解放），不可忘記毛澤東，論及致富，則要感謝鄧小平」（『人民日報』一九九三年十二月二二日）。也就是說，毛澤東利用革命鬥爭，將民族從西洋列強的侵略中解放出來，建立「中華人民共和國」，達成獨立。而鄧小平則藉著改革、開放，將經濟發展當成「一個中心」，全力以赴，確保「溫飽（最低限度的衣食）」水準，目標朝向中華的「富強」。從毛澤東經過鄧小平，中國獨立為「中華」國家，並實現「溫飽」水準，克服了救國、救亡的危機，達成「近代化」。

但是，這個「近代化」，並沒有讓每一個國民擁有國民意識，擁有能夠反映其意思的系統而能夠成立「國民國家」。在國家全土上的「溫飽」與「富強」，並非真的實現了。因此，並不算是「富強民主」，距離「五個現代化（政治的民主化）」的道路尚遠。還是留下「近代化」的課題，也許我們仍應稱其為「現代化」吧！

毛澤東在一九七六年九月九日八十二歲時過世，鄧小平在九四年八月二二日時已年屆九十。現在已經是以他們所組成的「近代化」為主，比較檢討他們的繼承與發展、共通點與不同點的時機了。比較檢討，或許可以給我們一條找尋毛澤東與鄧小平以後中國的可能性的思考線索。

但是，要加以討論，主題並不簡單。這可以說是考驗研究者力量的重要主題。不但鼓勵我，並指示我檢討基本道路的共同執筆者渡邊利夫教授，以及執筆後時時督促我的NTT出版社的赤木邦夫先生，都是我要感謝的人。這是痛苦卻又快樂的作業。本書對筆者而言是「先憂」，對讀者而言卻是「後樂」，其功績多半歸於這兩位先生，在此深致十二萬分的謝意。

一九九四年初夏　小島　朋之

目錄

第二章 毛澤東的政治指導理念

第三章　鄧小平的經濟思想與改革、開放

第四章　鄧小平的政治形態與中國的未來

第一章

毛澤東思想與中國經濟

1 中國指導部的國情認識——痛苦的回憶

自一九七九年的經濟體制改革以來，中國指導部持續對國民訴說自己改革的理論化及改革的正統性。

在這種理論化的過程中，給予我國強烈印象的是，從一九八七年十月二五日開始所召開的中國共產黨第十三屆大會上，趙紫陽所進行黨活動報告。在此報告中，以整合的形態，談論「社會主義初級階段論」這種新概念。這個報告，明白地顯示出中國指導部對於現在中國的「國情」到底有何種程度的了解，亦即剖析中國指導部的「自我認識」。

趙紫陽在一九八八年於自己主導的價格改革方面失策，導致建國以來最大的通貨膨脹，為了壓制通貨膨脹，而採取嚴格的經濟緊縮政策，導致經濟低迷。於是，在翌年的一九八九年六月四日，發生了北平天安門事件，被彈劾「反革命暴亂」的責任，終於失勢下台。但是，直到現在，社會主義初級階段論本身，仍然處於中國指導部的「國情」認識的根幹地位。

事實上，在五年後的一九九二年十月所召開的第十四屆黨大會中，江澤民在進行黨活動報告中，也公開承認現在中國社會主義依然是處於初級階段。那麼，社會主義初級階段又是什麼呢？

中國在建國後，經過一段相當長的歲月，一直徘徊在農業社會階段，農民幾乎都以手工維生。現代的工業只占全經濟的一部分而已，比先進國家的水準落後達數十年到一百年的企業過半數。還擁有很多遼闊未開發的地區與貧困地區，文盲者占國民的四分之一。生產力十分落後。同時，在生產關係方面，「社會主義公有制的發展不可或缺的生產社會化水準還很低，商品經濟與國內市場很不發達，自然經濟與半自然經濟占極大的比重，因此社會主義經濟制度不成熟」。

總之，建國以來傾注全力進行的社會主義建設，卻一直未見成果。中國依然十分的貧困、不發達。由此意義來看，當然還是處於初級階段的社會主義中。

為什麼呢？趙紫陽認為錯在毛澤東時代「左傾」的原因上。

「從一九五〇年代後期開始，我們受到『左傾』的影響，求功心切，一意追求純粹性的結果，認為只要依據主觀的願望與大衆運動，應可急速地提高生產力。此外，也認為社會主義的所有制形態規模愈大或擁有公有制就愈好。不過，長時期以來，生產力發展的任務一直居於次要的地位，在改造社會主義達成基本之後，依然以『階級鬥爭』為主。因此，不具社會主義本質的屬性，只適合於某種特定的歷史條件而已，生產力的發展限制頗多，但卻將其當成『社會主義的原則』，頑固地遵守著。此外，在社會主義的條件下，原本對於生產力的發展與生產商品化、社會化、近代化有幫助的東西，卻被當成『資本主義的復活』而受到攻擊。因而產生出單一的所有制構造與僵硬的經濟體制。另外，與這種經濟體制相結合，權力過度集中的政治體制，兩者限制了生產力與社會主義商品經濟的發展。」

趙紫陽想要訴說的就是，無視於中國經濟發展的「初期條件」的毛澤東時代的「左傾」橫行，乃是導致發展停滯的真正原因。

這並非只是趙紫陽一人的解釋。在毛澤東時代，至少關於其經濟政策方面，這項解釋可以說是今日中國共產黨的正統解釋，而且也是具有真實性的解釋。建國以來，歷經長時期的中國社會主義建議，無法展現成果，令人扼腕。因此，在文化大革命之後，目標指向新的「中國復權」而開始進行改革、開放，當時中國指導者都有這種共通的心理。從趙紫陽的發言中，我們可以感受到在毛澤東時代中國一直無法發展的課題，今日的回顧是一針見血。必須先找出原因何在，才知道中國今後該走的路。趙紫陽的指摘言之鑿鑿。提到毛澤東，則毛澤東時代到底是何種情況呢？

要描繪毛澤東這位巨大革命家的人生與思想以及政治和行動，並不容易。不過，在談論毛澤東的「經濟思想」時，至少要注意如下的三點，稍後也會在諸節中詳加討論。

第一項是在青年時代就已經覺醒，而在抗日戰爭、國共內戰時基於解放區公社時代的經驗而不斷高漲的毛澤東，對烏托邦社會主義的夢想。是純粹而極偏左的，堪稱是一種幻想，亦即不具現實基礎的夢，但在毛澤東的內心深處，卻貫徹這種夢想。採用「實事求是」的做法，從自己所描繪的社會主義觀來凝視中國的實情，擁有絕對的權威，持續獨占中國社會主義的解釋權。反對其解釋的人，也就是「右派觀望主義者」或「修正主義者」一一被葬送。他無視於付出任何的代價，一味追求幻想的烏托邦世界。其結果當然十分的悲慘。雖然他也注意到一點，卻沒有力量抹煞自己的夢想。

由於幻想的社會主義的悲慘結果，害怕「冒進」卻又一直依循毛澤東路線的劉少奇、鄧小平等巨人，在毛澤東死去之前，也完全無力去變更其路線。劉、鄧等人是模仿毛澤東的「實權派」，而中國經濟則一直是處於毛澤東追求烏托邦理想的「冒進」，以及反對冒進所造成的殘酷現實而想要調整毛路線的「反冒進」重複出現的局面。「放」與「收」，一直是中國政治與經濟的特徵，不斷地重複循環。

第二點是毛澤東從農民身上發現了實現自己烏托邦社會主義的主體。這可能是因為在解放區時代，土地解放的過程中，毛澤東的內心深處就已經存在這種的思想構造了。農民因為貧窮而否定現狀，成為革命的中心勢力，這即是毛澤東思想中的某種「公理」。「一旦貧窮，就想要求變化，想要採取行動，想要進行革命。潔淨的白紙，最能夠寫出最新、最美的文字，畫出最美的圖」。這即是所謂的「一窮二白」（貧窮而且文化空白）的思想，也是能夠使革命主體農民靠攏的毛澤東的思想。

傑出的毛澤東思想研究家司丘亞特休拉姆，對右述的毛澤東有如下的指摘：「農民比整體中國人落後，只要物質充足，就不會腐敗，對於近代世界的變遷也一無所知。因此，他們的確具有優越的道德與革命的資格。」不錯，毛澤東心目中的農民，正是存在這種革命性格。以某種意義來說，應該算是一種道德的存在。因此，他對於知識份子，甚至科學技術的合理性都不屑一顧，抱持敵意。

對於以貧農為主的革命大衆之「主觀能動性」給予極高評價的，即是毛澤東，因此，這些大衆當然會支持毛澤東。貧農的主觀能動性，可說是中國社會主義革命的力量泉源。只要擁有這種力量，就算是從落後狀態出發的社會，也能使中國成為先進國化，這就是他的想法。毛澤東的烏托邦思想，認為能夠實現的主體就是貧農，這對他而言，是根深蒂固的信條。

第三點就是強烈的急進主義。為了救出因帝國主義勢力而國土慘遭分割的隸從中國，希望中國能夠成為與世界為伍的大國，這種愛國主義，可說是革命第一代都有的共通熱情。可是，毛澤東愛國主義的特徵，就是顯著的急進主義。重工業化的經濟建設是社會主義的公理，毛澤東在建國初期，強烈傾向於這方面的心情是可以理解的。但是，他的追求太過於激進。像一九五七年的大躍進，就是最好的佐證。

想要藉著無數的「土法煉鋼」的建設，追上英國鋼鐵生產量的野心，訴說著毛澤東的愛國主義非常的急進。毛澤東真的相信只要採用大衆運動的方式，這是可能辦到之事。的確，毛澤東的一生可用「急躁冒進」這四個字來形容。

烏托邦社會主義、農民的大眾主義、愛國的急進主義這三項，正是毛澤東「經濟思想」的核心。而這三項是如何複合，毛澤東時代的經濟又是如何進展的呢？

2

建國期的毛澤東——漸進主義時代

毛澤東的內心深處潛藏著色彩濃厚的烏托邦社會主義，在後年卻展現改變現實的實踐意識。建國初期的毛澤東十分現實。前面趙紫陽的「國情」認識中也曾提及，建國時的毛澤東，事實上與趙紫陽相去不遠。

在此，我再度談及關於社會主義初級階段的趙紫陽的理論。也就是說，他認為中國社會主義仍處於初級階段，生產力水準較資本主義國家為低，這是因為中國並未經由高度資本主義而達到社會主義，乃反其道而行，由「半殖民地、半封建社會」一舉到達社會主義所致。因此，許多先進國為了在資本主義下握有高所得水準，故不得不承認包括資本主義在內的「多種經濟成分」。

當初，毛澤東認為中國要實現社會主義，需要長期的過渡期。其間，各式各樣的「經濟成分」的混合是不可避免的，甚至是不可或缺的。當時的中國，如後面所指出的，連毛澤東自己都說「資本主義過少」。而在建國期「新民主主義的時代」，可說是擁有毛澤東健全的「漸進主義」特徵的時期。

雖然毛澤東的思想中潛藏急進主義是明顯的事實，但是，昔日中國共產黨最重要的課題，乃是「建國」。沒有完美的現實主義，是不可能完成此事業的。所以，不論毛澤東的思想為何，當時毛澤東的行動與政策並不是急進主義，而是構成資本主義不可或缺的要素——漸進主義。……同時，毛澤東認爲這個「過渡期」極長。

建國期的毛澤東的漸進主義，經常表現出現實主義的想法。在建國前的一九四五年四月二日，中國共產黨第七屆全國大會中，曾以「聯合政府」爲題進行報告。

「沒有聯合、統一、新民主主義的國家，沒有新民主主義的國家經濟發展，沒有民族的、科學的、大衆的文化，亦即沒有新民主主義的文化發展，沒有數億國民個性的解放與個性的發展，一言以蔽之，沒有共產黨所指導的新型而具有資本性質的徹底的民主主義革命，則想要在半殖民地、半封建的廢墟上實現社會主義社會，乃形同幻想。……現在中國太多的，就是外國的帝國主義與本國的封建主義，卻沒有本國的資本主義。我們的資本主義太少了。……在中國的條件之下，在新民主主義的國家體制之下，如果不能使國有經濟、勤勞人民的小私有經濟及互助組織經濟發展，或是在無法左右國民經濟生活的範圍內，不能給予私人資本主義經濟發展上的便利，則絕對無利於社會的發展」。

這段發言，說明當時中國自身的狀況。擁有這個認識而掌握建國大事業的領導者，其想法的確非常實際。中國共產黨在新中國建國當初，規定自己的「初期條件」是半封建、半殖民地，因此，首先自己應該處理的課題就是反封建、反殖民地鬥爭，也就是擁有此明確的戰略而出發。在實施戰略時，就必須要動員包括農民在內的多樣化國民階層來參加反封建、反殖民地鬥爭。所以，這並非社會主義革命，而是擁有自孫中山以來傳統的民主主義革命，是首先要擁有的確實要求。

在反封建鬥爭上，首先衝鋒上陣的是農民、貧民。事實上，廢除封建地主制，實現農民土地所有的課題，亦即「耕者有其田」，是孫中山三民主義的核心。而將構成國民壓倒性多數的農民從這種舊制度中解放出來，則是在一九一一年辛亥革命時即已提出，但卻是一直沒有完成的課題，現在要向這個課題挑戰，並且將農民的支持力量拉向自己，這才是中國革命成敗與否的最重要課題。

一九二七年十一月第六屆黨大會中，基於「土地法要綱」的制定，從地主那兒沒收土地，並試著將這些土地再分配給農民，於數個解放區中實踐，藉此擴大農民對共產黨的支持，使毛澤東在抗日戰爭與國共內戰中成功地駕馭農民。抗日戰爭中，為了權宜之計，採取國共合作的方式，使得「土地法要綱」暫時後退，但是從一九四六年開始的內戰中，對地主制定更嚴格的「中國土地法大綱」，成為農民對地主進行鬥爭的「農民戰爭」。在東北地方、華北等地的勝利，成為國共內戰中強化共產軍的基礎。

一九四九年建國後，五〇年六月二八日公布「土地改革法」，以此為基礎，沒收地主的土地，且平均地將土地分給農民。而公布這個土地改革法的五〇年六月當時，土地改革終了地區的農民人口，為這一年農村總人口四億八四〇〇萬人中的一億四五〇〇萬人。建國後，對中國共產黨而言，土地解放也是最大的課題。

在共產黨指導下的農村工作隊，督促貧農的階級自覺，假農民之手，沒收地主的土地，再行分配，這個大衆路線，的確是中國共產黨的基本路線。其後所展開的悲慘暴力主義，認為應該批鬥的敵人是封建的大地主，而必須得到中農與富農的協助，支持新中國增進農業生產力。在此細心的考慮下，產生了所謂「富農經濟」主義的精神。這也證明了建國後的中國，是以新民主主義革命為基礎。

而關於與後來集團化有關的農業社會主義改造的意圖，前面完全沒有談及。事實上，在土地改革法公布的一九五〇年六月二八日的五天前，第七期中央委員會第三屆總會所進行的書面報告中，毛澤東就曾對於社會主義所勾畫出來的遙遠將來做了如下的敍述。

「只要對革命戰爭與革命的土地制度改革有貢獻，在往後多年對經濟建設與文化建設有貢獻，則將來私營工業的國有化與農業的社會化是行得通的（這是遙遠將來的事），人民不可忘記這些人，這些人的前途是光明的。我國就是利用這種方式著實前進。」

應該批鬥的敵人不只是封建地主而已，另一個重要課題，就是與反封建連線的反官僚資本鬥爭。中國共產黨將「資本主義者」區分為官僚資本與民族資本。視前者為階級敵人，要沒收其資產，成為人民所有。對於後者，則需加以保護與振興。

像以蔣介石、宋子文、孔祥熙、陳立夫四大家族為代表的官僚資本家所支配的資產，在新中國建國之前，具有壓倒性的規模。亦即四大家族官僚資本，在大陸全土的銀行總數三四八九當中占了三分之二，工業資本總額也占了三分之二，工業、交通業的固定資產總額達八〇%。此外，四大家族擁有全國鋼鐵生產量的九〇%，煤產量三三%，發電量六七%，水泥生產量四九%，石油與非鐵金屬幾乎是一〇〇%，紡織數四〇%，纖維六〇%，同時，獨占全國的鐵路、汽車道路、航空運輸、貿易公司、船舶總噸數占四四%，同時，在抗日戰爭勝利以後，又沒收了舊日本資本的龐大資產，所以四大家族可說形成中國史上最大的獨占資本集團。

由於這個官僚資本控制中國全土的經濟命脈，因此民族資本的發展受阻，只在輕工業，尤其是紡織業上擁有若干力量罷了，甚少能夠加入重工業的行列。民族資本企業，不論在資金、設備、原材料、技術，甚至販賣、運輸、貯藏各方面，如果不隸屬於四大家族官僚資本，根本就不可能存在。

因此，首先要接收四大家族所擁有的龐大資產，納入新中國經濟建設的「管制高地」中。第二點是大大發揚民族資本所具有的生產力的戰略，對於當時標榜新民主主義的中國共產黨而言，這是他們自然的選擇方向。

一九四七年十二月二五日，毛澤東說道：「新民主主義革命的任務，除了廢止帝國主義的中國特權之外，也要消滅國內地主階級與官僚資本階級（大資本階級）的壓榨，改善封建式的生產關係，解放束縛的生產力。讓被這些階級及國家權力壓抑受欺的小資產階級的上層與中層資產階級等，雖屬資產階級行列的人，也能夠參加新民主主義革命或保持中立。他們與帝國主義無關，即使有關，關係也較少，是真正的民族資本階級。談到新民主主義的國家權力時，這些階級務必受到保護。」

在一九四九年成為新中國建國基礎的臨時憲法，同年九月二九日的「共同綱領」（中國人民政府政治協商會議共同綱領）中，完全看不出中國共產黨有改造新中國成為社會主義國家的意圖。而其貫徹主張，則是由多樣化階層住民所發起的反帝國主義、反封建、反官僚資本主義（第一條）、民族解放（第二條），以及奪取舊支配層的特權而形成自立經濟基礎的意圖（第三條）。這可說是穩健漸進的建國綱領。

3 過渡期的總路線——改變為急進主義

但是，這種中國共產黨穩健漸進的現實路線，在提出第一次五年計劃的基本構想，亦即一九五三年八月毛澤東的重要指示文書「過渡期的黨總路線」當中，卻明顯地轉變了方向。結果是中國新民主主義時代，從建國時開始到這個時期為止，在短暫的期間內就結束了。其指示文書如下。

「從中華人民共和國成立以後，到以社會主義的改造為基本止的時期，是一個過渡期。此過渡期中，黨的總路線與總任務，是在長期間內，對於國家的工業化、農業、手工業、資本主義工商業，基本上要實現社會主義的改造。」

在「長期間內」的表現中，似乎還殘留著毛澤東新民主主義時代的尾巴。最重要的是，建國以來的中國，已經清楚地規定「社會主義的改造」之「過渡期」。這顯示毛澤東已經開始逐漸改變他的戰略了。毛澤東在說出右述的話語之後，不久，又說：「這個總路線所依循的方針、政策，在一九四九年三月所召開的黨二中全會中，即已提及，且得到原則性的解決。」但是，在二中全會毛澤東的報告中，似乎並未提出「社會主義的改造」。

『毛澤東選集』的編者，對於刊載在第四卷的二中全會中毛澤東報告的解說，則認為其文書所訴說的是，「黨在全國勝利以後，於政治、經濟、外交方面應該採取的基本政策，以及中國由農業國轉為工業國，從新民主主義社會轉化為社會主義社會的全體之任務與道路，已經加以規定了。」這實在是「牽強附會」之說。二中全會報告的主旨，是說明由多樣化階層住民所組成的統一戰線的重要性。當時毛澤東的文書中，這個主旨最為明顯。因此，在二中全會中已經決議了「社會主義的改造」，這簡直是強辯。

關於經濟政策方面，毛澤東在二中全會中所主張的以下七點，卻被左派份子或右派的「觀望主義」者所忽略了。

第一項是應該承認中國有一〇%左右的近代工業，同時，與資產階級並稱的具有指導「人民革命」資格的無產階級已經誕生了。

第二點，反過來說，中國經濟大多數是由分散小私有經營的農業經濟與手工業經濟所形成的，要實現近代化的理想，需要長期的時間。

第三點是屬於帝國主義勢力及官僚資產階級的一〇%左右的近代工業，一旦轉移為人民共和國所有，則將成為全國民經濟的指導要素。

第四點是在中國的私有資本主義工業，處於落後的狀態，而占國民經濟大半的小私有經營的農業經濟與手工業經濟，必須慎重指導其邁向集團化。

第五點是占國民經濟九〇%的小私有經濟的農業經濟與手工業經濟，慎重地使其近代化與集團化，而且要積極地領導。

第六點是對於對外貿易的發展，採用統制政策。第七點是雖然中國承襲舊社會的遺產，十分落後，但是經濟建設的速度急速。

如毛澤東所言，果真這個「過渡期的總路線」在一九四九年的二中全會中已經決定，那麼，在此之前，熱烈訴說的新民主主義的時代，又應該如何加以定義呢?這是我們必須考慮的部分。有關於此的合理解釋，可能是我孤陋寡聞，但包括當時日本的毛澤東研究者的著述在內，根本不見這一方面的解釋。我認為這種邏輯構成並不合理。

自中華人民共和國成立以來，如果就已經開始了社會主義社會改造的過渡期，則如岡部達味教授所言，在一九四九年以前，中國社會是資本主義社會的說法，可就不合邏輯了。不過，毛澤東將舊中國視為是帝國主義者、四大家族官僚資本、封建地主所支配的半封建、半殖民地社會，這是無庸置疑的。而為了創造新民主主義的時代，他也強調中國的「資本主義太少了」。

總之，毛澤東在建國後，其思想與戰略在短暫的時間內有了改變。

4 官僚資本的沒收與土地解放——確保社會主義管制高地

毛澤東為何要突然改變為急進主義的路線呢?可能是在新民主主義時代，毛澤東的大衆路線意外獲得成功所致吧!土地改革與沒收官僚資本家的資產，迅速進展的這個事實，當然使得毛澤東社會主義的夢想愈發膨脹，認為社會主義比當初所想像的，更容易納入掌中。但是出乎意料之外的，都是一九五〇年六月二五日爆發韓戰，這所帶來的對外危機意識，更加速土地改革與沒收官僚資本家資產的步調，這個事實值得大書特書。

建國後不久，基礎微弱的中國，其鄰國的朝鮮半島爆發戰爭，同時，對於新中國在共產黨指導下成立一直抱持厭惡感的「帝國主義」超級強國美國參戰，使得中國的危機意識逐漸高漲。美國在七月二六日登陸韓國的仁川，奪回被北韓所占領的漢城，由美軍所支援的南韓軍隊，在十月二日越過三八度線北進。中國面對這個事實，在十月八日決定參加韓戰，二五日面臨參戰的事態，並打起「抗美援朝、保衛祖國」的口號。美國不僅參加韓戰，也派遣第七艦隊封鎖台灣海峽，阻止中國共產軍攻擊台灣，這件事也加深了中國的危機意識。

由於美軍參加韓戰及封鎖台灣海峽，使得建國後尚未形成堅固統一戰線的中國諸階層住民，反而喚醒了強烈的國家意識，成為加速新民主主義時代解決課題的重要因素，明顯地造成土地改革的加速化。在中國的土地改革，包括共產黨軍的土地解放在內，不斷地進展，在東北地方及華北，於國共內戰時期，即已完成解放（「老解放區」）。雖然土地改革的速度暫時落後，但在一九五○年六月二八日，基於前面所述的「土地改革法」，在華中、華南的未解放區，急速展開土地改革。

採用土地改革法的當時，土地改革完了地區的農業人口為一億四千萬人，而未開發地區的農業人口為二億六千萬人。制定土地改革法時，計畫在五○年的冬天要解放三百縣一億人。剩下的一億六千萬人則打算在五一年秋天以後再著手進行。但是，五○年六月爆發韓戰，將速此課題的解決。由於這項努力，在五一年秋天以後，未解放的農業人口只剩九千萬人。到了五三年末時，基本上，土地改革運動已經完全結束。

經由土地改革，受益農民占農業人口的六○～七○％。在全國，經由土地改革，沒收或徵收四六六○萬公頃的土地，相當於全國耕地總面積的四六・五％。同時，廢止地租，每年從地主那兒奪取二五○○萬噸的糧食。在中國農業的土地所有關係上，因土地改革而產生了決定性的變化。改革以前，農業人口占一○％以下的地主，擁有七○～八○％的土地，相反的，九○％的貧農、雇農、中農所擁有的土地只占二○～三○％。經由改革，消滅地主，使得貧農、雇農的農業人口所占的比率，由七○％降低為一○～二○％，相對的，中農的比率由二〇%提昇到八〇%。

土地改革，沒收封建地主的土地，再分配給貧農、雇農，以和可耕地面積比較，而擁有過剩農業人口的昔日較低的農業技術與生產力的中國農業的初期條件而言，共產黨的土地改革只不過是一個開始而已。再度分配土地與生產手段，必須要以某種形態使其統一化，以當時中國農業的初期條件而言，這是促使生產力增強的必然方向。

一九五一年十二月，中共中央對各級黨組織公布「關於農業生產互助合作的決議（草案）」，原因就在於此。事實上，在五二年末時，農家總數一億一三八一萬戶中，有四五四二萬戶，亦即四〇%組織了「互助組」（後述）。在新民主主義的時代，集團農業已經有了初步的形態，但是急速擴展範圍，看後來農業集團化的急速擴大，就可以了解到，受到毛澤東思想中農業集團化的野心之影響並不少。

與土地改革法齊頭並進的官僚資本的沒收，加上「三反、五反運動」的對於舊支配階級與「舊思想」的政治肅正運動在內，急速地展開。如前所述，官僚資本掌握中國全土工業、商業、運輸等的中樞部門。而官僚資本的沒收從中國共產黨軍的主要支配地區，亦即東北、華北開始，其次南移到華東、華南。一九四六年，哈爾濱解放，著手官僚資本的沒收以來，從四八年到翌年的四九年，瀋陽、淮海、北平、天津的國共「三大作戰」得勝。除了東北以外，幾乎官僚資本的沒收已經結束。四九年四月，從長江渡河作戰開始，到同年末為止，奪回上海、武漢、重慶、廣州等地，官僚資本落入共產軍之手。在短期間內，共產軍將龐大的資產納入掌中。

接收多樣化的官僚資本企業。金融關係企業方面，包括由四大家族官僚資本所支配的中央銀行、中國銀行、交通銀行、中國農民銀行、中央信託局、郵局、合作金庫等「四行兩局一庫」系列，以及國民黨在省、市、自治區銀行系列的二四〇〇多家金融企業，還有國民黨的官商合辦銀行、官僚資本的持股等。在工廠、礦山方面，包括在中國全土資源及重工業部門具有獨立地位的國民黨資產委員會、中國紡織建設公司、兵器產業、軍事補給系列企業、國民黨政府交通部門、糧食部企業、國民黨中央統計局商業系列的黨營企業、各省、地方的官僚資本系列企業。總計有二八五八個企業，從業人數達一二九萬人。以產業別來看事業所數，發電廠一三八、採煤、採石油工廠一二〇、鐵、錳礦山一五、非鐵金屬礦山八三、煉鈉廠一九、金屬加工工廠五〇五、化學製品工廠一〇七、製紙工廠四八、紡織工廠二四、食品加工工廠八四四。

在商業、運輸部門，隸屬國民黨政府交通部、招商局的所有交通、運輸關係企業、設施、設備、器材方面，包括鐵路二萬餘公里、機關車四千餘輛、客車四千輛、貨車四萬七千輛、鐵路車輛製造、修理工廠、造船廠、船舶修理廠等三〇、各種船舶二〇餘萬噸。商業方面，十家以上的獨占貿易公司被沒數，此外，各港灣都市的海關被接收，對外貿易的統制，由人民銀行進行外國匯兌的統一管理。

因此，共產軍的確在短期間內就得到了建設新中國經濟的基礎。在『中國社會主義經濟略史　一九四九～八四年』一書中，敍述「新中國的建國初期，在都市方面，外國及蔣介石政權的經濟基礎連根拔起。在中國的資產階級中，沒收最反動、最集中、最主要部分的資產，著手進行資本主義所有制的社會主義之改造。不僅是解放生產力，也鞏固了重新編制整體國民經濟、恢復國民經濟加以推進的重要物質之基礎」。這兒所說的：「社會主義改造」，在當時，並沒有這樣的記錄，只是事後的歷史解釋而已。總之，沒收官僚資本，確保大規模的資產，對於希望能夠及早轉移為社會主義的毛澤東的野心而言，的確引起強力的作用，這是不難想像的。

但是，光是土地改革與沒收官僚資本資產階級的資產，對於經濟建設的推進，仍是不夠的。當時的中國所面臨的一大課題，就是在國民黨政權下，由放浪的財政政策所產生的通貨膨脹問題。因此，必須要統一國民經濟，在全土採取統一的財政、金融制度。為配合此一課題，在一九五〇年三月三日，「決定有關國家財政經濟活動的統一」。

依此決定，⑴地方各級政府的人員由中央統一管理。⑵地方各級經濟單位的庫存物質由中央統一掌管。⑶勵行節約。⑷「在全國各級所徵收的公糧，除了中央的附加糧食之外，全都由中央人民政府財政部統一分配、使用，未經各省、市、縣，在人民政府糧食局的給付命令，不得提出口糧。」(5)除了決定好的地方稅以外，關稅、鹽稅、貨物稅、工商稅全都由中央人民政府財政部統一分配。(6)各地的商業，由中央人民政府統一管理，故要強化國營商業部門。(7)國家所有的工廠、企業，必須強化中央人民政府的管理，要有明確的投融資、納稅等基礎。(8)指定人民銀行為國家現金管理的總機關，「軍事、政府機關的現金，除了保留最近要使用的部分之外，其他全部存放在國營銀行，不得開設私人銀行、錢莊，若有違反，要接受處罰」。(9)中央人民政府保障軍隊及地方人民政府的投資。

以下三項尤其重要。一是關於全國財政收入的統一、支出，要進行嚴格的管理。二是設立國營商業，以此當成物質流通的中樞機構，扮演國內供給計畫調整、貨幣回收、物資掌握及對外貿易的重要角色。三是由人民銀行一貫化進行通貨管理。

這個決定強力付諸實行，使得財政收支改善，也抵制通貨膨脹的局面。總之，財政收支、物資調配、現金管理由中央政府統一，這個課題確實向前邁進了一大步。其次，值得注意的是「工商業的合理調整」之路。亦即在財政、物質、現金的中央管理條件齊備之下，支配新民主主義時代的多樣化私營工商業逐漸受到強烈的限制，開始納入經濟計畫之中，形成集權性的統制過輕。

前面已經提及，一九五〇年四月，在中央人民政府委員會第七屆會議中，毛澤東曾說明，今後數個月財政經濟指導的重心是「調整」公營企業與私營企業的相互關係。事實上，在同年九月，基本上已經達成這個課題。關於這個「工商業的合理調整」，是以如下的政軍為內容，對於私營工業，國營工業自行設定製品的規格、質、數量、交貨期、發包之後、供給原料、中間製品等，委託生產，收購製品的全量（加工、發包）。關於重要製品方面，則由國營商業部門向私營企業統一購買，再由國營商業一手販賣，而從私營部門那兒奪取了販賣權（統一購買、一手販賣）。國營企業基於供給計畫，以現金支付私營商業購買商品，以國家規定的價格販賣，或國營商業委託私營商業，進行代理販賣。總之，這一連串的嘗試，對私營的工商業行動，給予強烈的限制，縮小價格設定的自由，將私營工商業納入經濟計畫中。

一旦對私營工商業採急速規制強化的做法，當然私營工商業者會加以抵抗。所以，這個「合理調整」，是依循「三反」、「五反」運動這種大衆路線來進行的。所謂三反運動，就是反對幹部貪汚、浪費、官僚主義這「三毒」的運動。所謂「資產階級」的「五毒」，則是賄賂、逃稅、國家資產的竊取、榨取、工作缺失、原材料的欺騙、國家經濟情報的竊取這五項，針對這五毒，也展開了「五反」運動。這個運動，是中國現代史上殘忍的大衆運動之原形。關於「五毒」，國家進行嚴格的調查，同時，在企業內，也可經由勞工的揭發，組織人民法庭，處罰「五毒份子」。在五毒運動當中，九大都市四五萬工商業者，有七六%被揭發一些違法行為，雖然難以估計，但至少也有一千萬到二千萬名私營工商業者被處刑、自殺或強制勞動（『中國經濟入門』）。

一九五二年三月五日的重要文書中，毛澤東做出如下的嚴厲指示。「各大都市，對於攤販商人的處理，不必過度激進，但是，暫時要對自營業者與小盤商進行處理。在各中都市的五反運動之中，要對自營工商業者與攤販進行處理……。我們在進行這一次的五反運動當中，處理許多小資本家，下達判定。同時，也要盡量努力地對與小資本家同數的自營工業者進行處理。」亦即在此時點，以公式化的方式，督促對私營工商業者的「處理」。此領導者的文書，値得大書特書。

一九五二年三月五日的重要文書中，毛澤東做了以下的指示。「對於違法業者的取締，一定要在市委員會嚴格的統制下進行，不要任意將人送往各機關進行調查，也不可任意帶走資本家進行詢問。不管是三反或五反，不可以體罰方式逼供，必須嚴防自殺者的產生。」由於「五反」大衆運動所產生的激烈反彈，超乎毛澤東的想像，非常的殘酷，因此，他在這份文書中，做了暗示性的指示。毛澤東充分認識到大衆運動所帶來的悲劇。

請各位想想之前毛澤東在一九五〇年六月二三日，中國人民政治協商會議第一期全國委員會中的致辭。當時，他說：「只要對革命戰爭與革命的土地制度改革有貢獻，在往後多年對經濟建設與文化建設有貢獻，則將來私營工業的國有化與農業的社會化是行得通的（這是遙遠將來的事），人民不可忘記這些人，這些人的前途是光明的。我國就是利用這種方式著實前進。」但是，不到兩年的時間，毛澤東的戰略產生了大轉變，原因何在呢？

在當時一九五二年，本來是應該要基於共同綱領，由廣範圍的階層國民組織統一戰線，亦即新民主主義的時代。但卻對私營工商業及一些小盤商嚴加統制、肅正，根本否定資產思想，似乎完全不合邏輯。再加上這個時期中國共產黨的領導力極大，一心要打倒可能推翻共產黨權力，甚至必須要徹底否定的資產思想。以增強生產力的觀點來看，毛澤東在發言時，曾多次指出「中國的資本主義太少了」，但是為什麼又要這麼做呢？

土地改革、官僚資本的沒收、三反、五反運動，超乎毛澤東的想像，非常的成功，甚至超越了毛澤東的思想與戰略，無視於中國經濟的初期條件，一直指向社會主義化道路的毛澤東的心理，急速地傾斜。這個時點，只是建國後不久的時間，而驕傲的毛澤東，這時候當然無暇顧及理論的矛盾了。

附帶一提，關於這一點，周恩來在當時的一九五二年一月五日有如下的說明。

「如果違反『共同綱領』與國家政策，違反法令，抵抗國營經濟與國家生產計畫的指導，則是與新民主主義的經濟背道而馳，遭到全國最大多數全民的反對，終將會失敗，這是毋庸置疑的。擔任領導任務的是勞工階級，絕對不是資產階級。因此，在新民主主義的中國，真正的指導思想，是馬克思、列寧主義而已。而以馬克思、列寧主義和中國革命實踐相結合的，只有毛澤東思想而已。資產思想只能接受批判與改造。」

這一段公開發表的文書，則說明共同綱領也以走向社會主義為前提。

5 第一次五年計畫的結果為何——走向集權制經濟

擁有這般的歷史，中國從一九五三年開始到五七年為止，陸續走向第一次經濟開發五年計畫期。這是周恩來、陳雲、李富春等人所提出的較為穩健的計畫。亦可當成前述的毛澤東的「過渡期總路線」所提出的真正社會主義建設的經濟計畫。

所謂「真正」的意思，就是這一次計畫，遠超過中國經濟的「範圍」，而是以國營企業為主所展開的重工業化路線。在「過渡期總路線」出現前後的一九五三年八月十二日的報告「黨內反對資產思想」中，毛澤東於七期二中全會中再次重複社會主義的改造目標，並公開發表認為二中全會決議的精神，就在於國營重工業決定中國的將來。

毛澤東在一九五五年九月的第七期六中全會的演說中，提出「今後的十二年，我們基本上是要建設社會主義社會。同時，每年生產粗鋼一八〇〇萬～二〇〇〇萬噸，發電量約為七三〇億千瓦/時，煤開採為二億八〇〇〇萬噸左右，原油約為一八〇〇萬噸，汽車生產輛為一〇萬八〇〇〇輛，水泥為一六八〇萬，化學肥料生產七五〇萬噸左右。而這個程度，相當於俄國一九四〇年的水準。」

圖1-1　工業、農業生產額指數

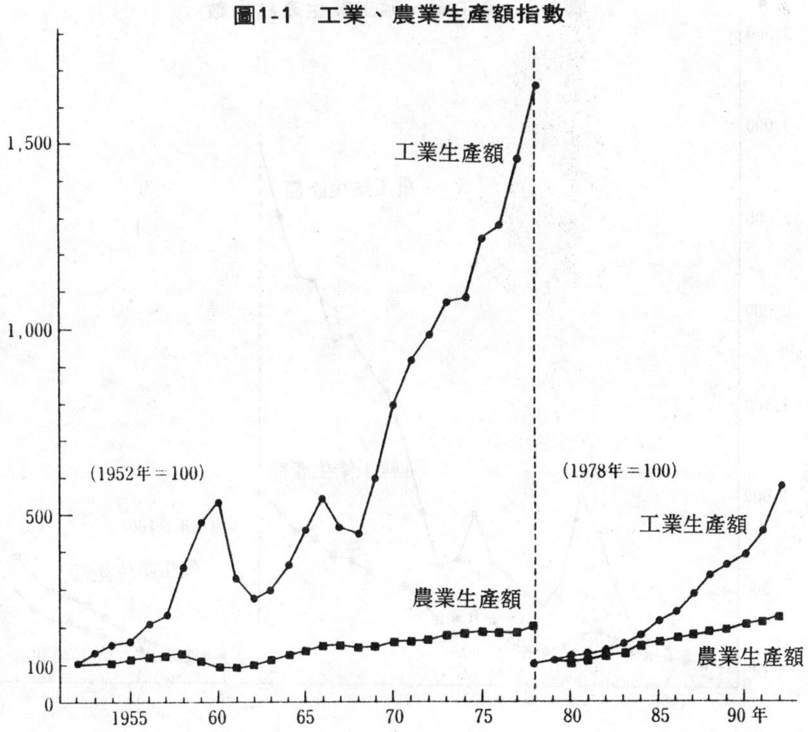

註：實質價格評價。
資料：國家統計局總合司編『歷史統計資料匯編（1949-89）』、國家統計局『中國統計年鑑』

建國以來三年的新民主主義的時代，還是屬於社會主義改造的過渡期。以邏輯而言，建國以來總計打算花一八年的時間完成中國社會主義的改造。而這一八年的時間，到底具有什麼意義呢？當時，毛澤東的想法一定是以俄國的經驗為主。根據俄國的經驗，一九二一～二五年為復興期，二六～二九年為工業化期，二九～三四年為農業集團化期。經過這些時期之

圖1-2　重工業、輕工業生產額指數

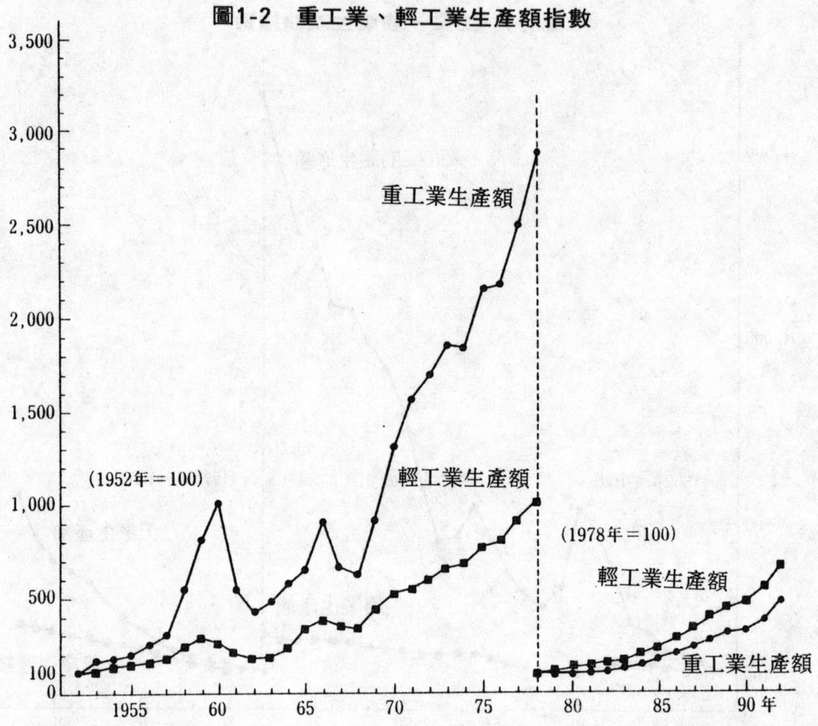

註：實質價格評價。

資料：國家統計局總合司編『歷史統計資料匯編（1949-89）』、國家統計局『中國統計年鑑』

後，在三六年六月十二日宣布「史達林憲法」，建立社會主義。這個期間為十六年。

姑且不討論這個問題，在一九五三～五七年為止的第一次計畫期中，中國達成如下的成果。圖1－1是實質價格評價農業生產額、工業生產額。圖1－2是以輕工業與重工業的方式來表示工業生產額。前者方面，與農業相比，工業不斷提昇；後者方面，重工業的發展又

圖1-3　重工業生產額數量（Ⅰ）

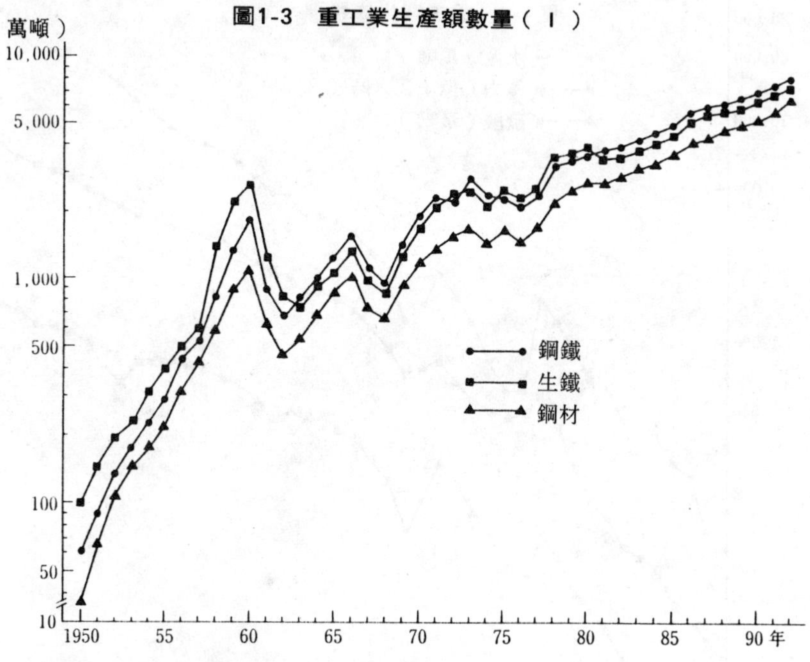

資料：國家統計局總合司編『歷史統計資料匯編（1949-89）』、國家統計局『中國統計年鑑』

凌駕於輕工業之上。圖1—3、圖1—4，乃是主要重工業製品的生產數量的演變，以生鐵、鋼鐵、鋼材為主的重工業製品，顯著地成長。這些生產動向，也反映出支持的設備投資（基本建設投資）的部門別分配。請參照圖1—5。在建國後不久，這個計畫期內的中國工業建設投資中，八五％為重工業。

不僅是重工業受到重視，重工業的構成方面，支援輕工業與農業的計畫較少，例如一九五七年的重工業生產額之中，農業直接使用的肥料比率為一三・五％，以基本建設投資額來看，比率

圖1-4　重工業生產數量（II）

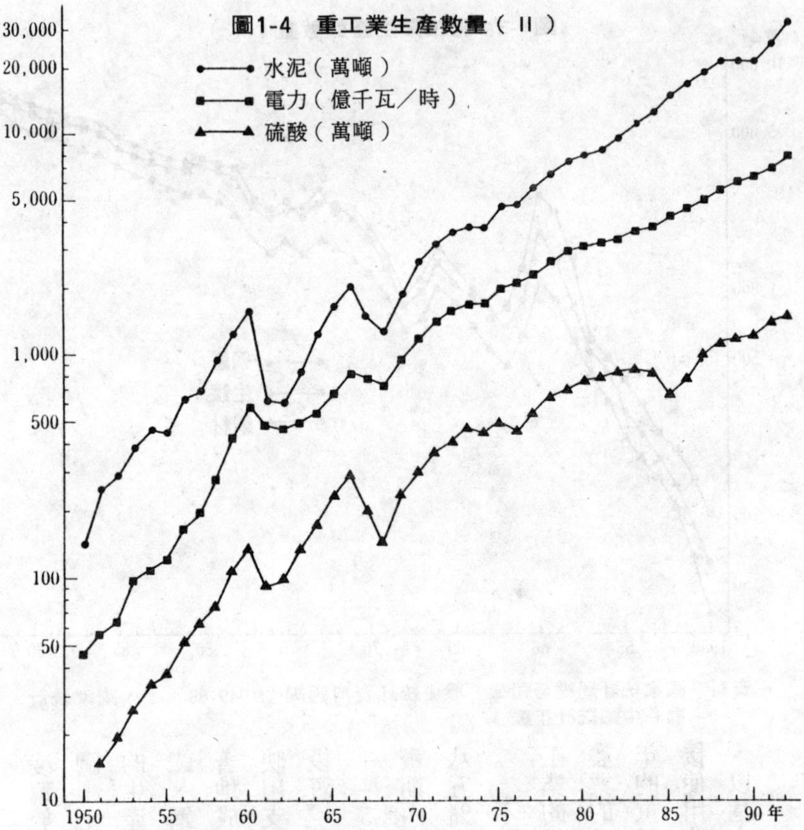

資料：國家統計局總合司編『歷史統計資料匯編（1949-89）』、國家統計局『中國統計年鑑』

僅僅為三・三%。

在俄國的援助計畫一五六當中，與農業有關的牽引工廠只有一家，化學肥料工廠只有三家。

另一個值得注意的地方是，在這個計畫期中，形成了日後中國社會主義工業管理體系的基礎，這是事實。

總之，在這個時期，完成了集權統制計畫的原型。亦即在中央，對於國營

圖1-5　工業部門基本建設投資中所占的重工業部門的比率

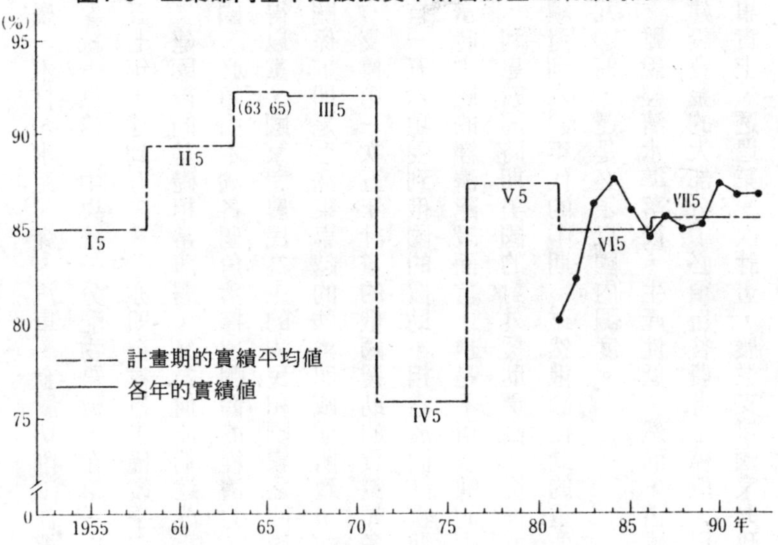

註：I 5、II 5 ……表示第一次五年計畫期、第二次五年計畫期……。（63-65）是 1963～1965 年的調整期。
資料：國家統計局『中國統計年鑑』

企業與公私合營企業直接計畫，由中央下達企業應該要達成的行政命令的「指令性指標」。而達成指令性指標所需要的主要生產手段，則基於各中央主管部門的計畫，統一供給。企業的製品，由中央的商業、物質部門統一購買。對企業而言，指令性指標具有強制性。這個指標，包括生產總額、主要製品生產量、新種製品試作、重要技術經濟達成目標、降低原價率、勞工、職員總數、年末在籍勞工數、貸款總額、平均貸款金額、勞動生產性、利潤等有關企業經營的重要項目。

中央對企業的統一分配物質，包括鋼材、銅、鋁、鉛、鋅等數種非鐵金屬、木材、水泥、煤、汽車、金屬切削工作機械、工業用鍋爐等。這些全都由國家統一調配、統一供給。中央統一分配物質數，在第一次計畫期中激增。在一九五三年為二二七，到了五七年，達到五三二〇亦即企業自主權幾乎完全被否定，企業「隸屬」於國家之下。

建國後的基礎相當薄弱，又為何能夠達成重工業化呢?這是問題所在。一言以蔽之，在中國，必須由本國各個角落榨取剩餘的經濟力，藉以提昇國家重工業化。這種做法，當然會使得以黨、國家與農民為主的國民和國家之間產生強烈的緊張關係。在中國能夠忍受這種緊張關係，即是毛澤東卓越的強權與威信所致，並加上在其權力、威信背後的「國家暴力」。

支撐第一次五年計畫的俄國援助的貢獻頗多。事實上，重工業建設的六九四項計畫當中，有一五六項受到俄國的援助，相當於同計畫期基本建設投資總額的一三·五%。同時，對於當時中國的經濟建設而言，也是不可或缺的中心計畫群。俄國的援助，並非贈與，而是借款，利息較同時期美國的對外援助更高。從一九五五年開始，中國每年要歸還二億美元，需持續還到六〇年代的中期。雖然俄國援助的重要性是不可否認的，但是，國家基本建設投資的九〇%，還是必須自國內調度。

雖說經濟水準落後，生產性低，然而，占國民經濟壓倒性多數的，還是農業。因此，國內建設資金的大部分，必須自貧農身上榨取。以中國的初期條件而言，這也是無可奈何之事。事實上，透過第一次計畫，農業支撐國家財政收入的五四~五八%、輕工業原材料的八〇

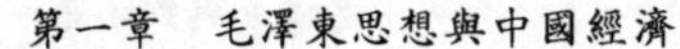

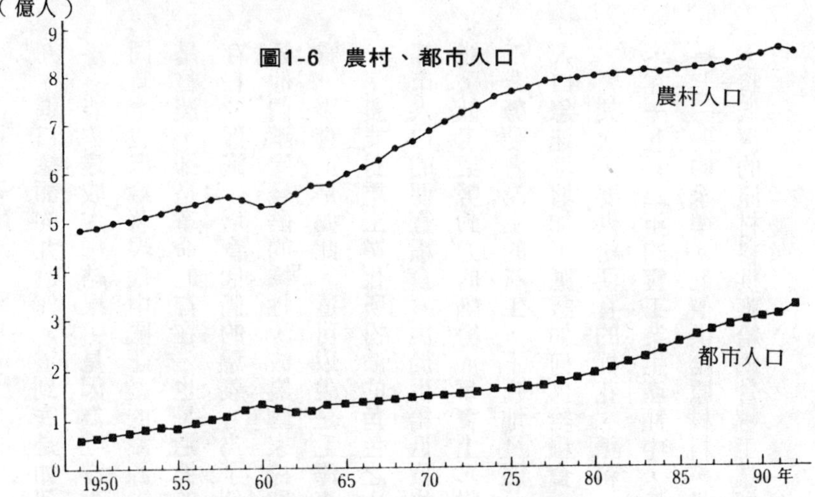

圖1-6　農村、都市人口

資料：國家統計局『中國統計年鑑』。

圖1-7　社會勞動者數

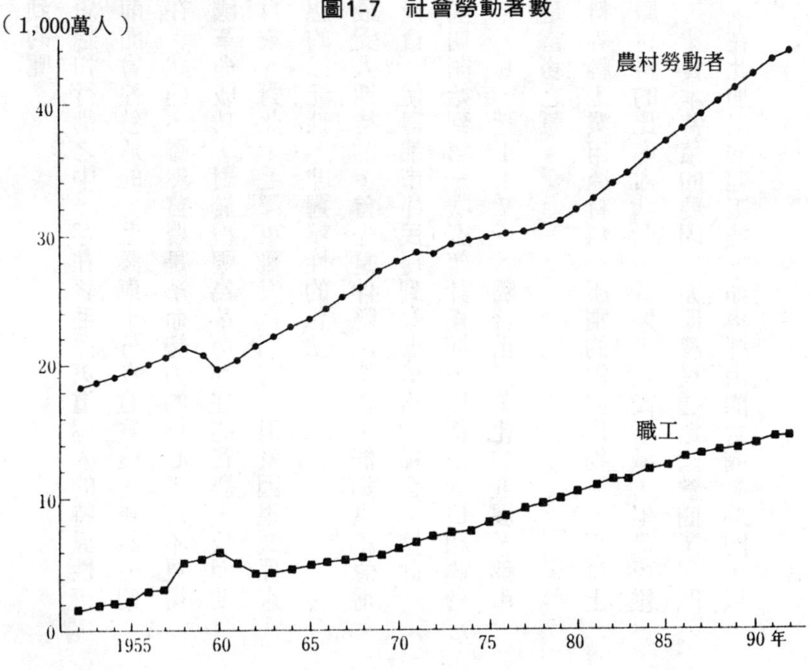

%、進口總額的九〇%。這到底是如何辦到的呢?

能夠達成這種結果，是因為毛澤東的思想和行動之中，存在著毛澤東這個人的特異性，同時，也潛藏著現代中國悲劇的淵源。如前面曾經敍述的，毛澤東十分在意貧農，雖然他們是貧農，卻是革命的存在，也是道德的存在。然而，雖然貧農是革命勢力的核心，卻不見得存在要保護、培育他們的意義。為了使中國革命成功，對於被視為革命存在的貧農，反而要讓他們承受殘酷的犧牲，成為國家榨取的對象。對此，毛澤東雖沒有明言，但就因果關係來看，事實正是如此。這可以說是毛澤東思想的二元性，非邏輯性的想法。

農業對重工業化所扮演的角色之中，最受人期待的，首先是伴隨工業化，能夠供給急增都市人口的便宜糧食。由於供給低價格的糧食，使得都市住民得到較低價格的糧食。據此，能壓低工業勞動力的酬勞。事實上，從建國期開始到第一次五年計畫期，以都市人口和國營工業勞動者為主的職工，不斷地發展(圖1—6、圖1—7)。隨著重工業化的進展，都市人口急速地增加，應該如何供給糧食，乃是當務之急。

其次，要供給便宜的棉花、糖料、油料等輕工業用原材料(所謂的經濟作物)。事實上，在一九五二年的輕工業生產額中，農業原材料的比率占八七·五%，其後漸減，但仍可維持七〇%的水準。低價供給原材料，是重工業資本蓄積的要因。亦即農民透過國營商業部門，將低價的原材料供應給國營輕工業部門，在此加工的輕工業，如再經由國營商業部門，以高價販賣給農民的話，則國營商業部門就能夠掌握農業剩餘。剩餘繳交國庫，成為重工業化的財政資金。這就是所謂的「價格剪刀差」，也是社會主義著名的蓄積方式。以此為基點，必須低價地供給輕工業原材料。

不過，首先要做的，就是提昇中國農業的生產力。因此，馬克思、列寧主義者的毛澤東，當然是嘗試進行農業集團化、農業互助化。當初的互助化，稱為「互助組」。也就是說，在獨立經營下的小農民，擁有農機具或用以耕種的畜牲，於農業繁忙期，進行互助勞動。這種情形，在農業社會中經常可見，以這個意義而言，也算是初步的互助化。毛澤東以這個互助組織為基礎，再提昇階段，創建初級合作社，亦即由農民組織農會，進行統一經營，同時，土地出資。關於土地出資分與勞力提供分，則進行分配，強求轉移為農會形態。

以理論上而言，所謂互助化，是藉著大規模農業生產，而嘗試尋求「規模經濟」。但是，為此而支持大規模經營的肥料、農藥、灌漑設備等的「近代農業投入財」，亦即農業所必要的工業財，必須豐富且低價供給，於此條件下實施，才是最為理想的。不論是日本、韓國、台灣等家族的小農經營，由於投入具有相當規模工業財的農業部門，因此才能獲得成功。而中國這種低技術水準的農業國，為了達到近代化，不經由近代農業投入財的增加就想要達到互助化，這確實是有勇無謀的做法。當時中國許多領導者都有這種共識。

因為投入農業機械等的互助化行為，當然難以得到大規模的經濟。此外，由於互助化，使得那些害怕喪失私有資產的富農產生忌避反應。事實上，劉少奇在這一點上，對毛澤東的路線加以批判。當時，身為國家計畫委員會副主席及農村工作負責人的鄧子恢，也有這種想法。劉少奇與鄧子恢，學習馬克思主義的傳統和列寧的蘇維埃期的經驗，具有合理的判斷。

事實上，毛澤東本身也認識到這一點。

一九五五年七月三一日，毛澤東在黨中央所召集的地區委員會書記局會議中提出：「如果在三個五年計畫的期間，無法基本上解決農業互助化的問題，亦即包括從農業使用畜力牽引農具的小規模經營到使用機械的大規模經營——由大批移居者使用機械開墾國家組織——沒有這種躍進，則將產生商品化糧食及工業化原料的需求逐年增加，而主要作物的收穫量卻較低的矛盾，並且難以解決。會使得社會主義工業化的事業受阻，無法達成社會主義工業化。」這一點，與鄧子恢的想法雷同。

然而，毛澤東主張的重點是，「社會主義工業化最重要的部門，亦即重工業，包括卡車的生產、其他農業機械的生產、化學肥料的生產、農業所使用的石油或電力的生產等，這些全都要在農業互助化而大規模經營的基礎上，才能夠加以使用，或是大規模使用。」因此，認為首先要集團化。亦即毛澤東認為只有農業互助化，才能夠導入提昇農業生產性不可或缺的近代投入財。為了創造這種生產投入財，工業部門的經濟剩餘到底從何處而來呢？毛澤東則有如下的說法。

「為了國家的工業化與農業技術的改造，需要龐大的資金，大部分需由農業方面來蓄積。因此，必須要直接利用農業稅，或發展製造農民必要且大量的生活資料之輕工業，以這些物品來和農民的商品化食糧或輕工業品原料交換，藉此滿足農民與國家雙方的物質需要，也能夠貯存國家的資金。」

從互助化的農業中，一種以農業稅的方式，另一種則以價格剪刀化的形式擠出農業剩餘，成為蓄積基金，培養重工業。認為工業建設「必須依賴社會主義的互助化農業」，因此，強制其他部門提供農業剩餘。而自部門則不被允許留下促進近代化的剩餘。亦即不可能接受來自他部門的剩餘資源。農業成為甘於被國家榨取的形態。結果，自己的近代化，必須由自己努力實行。

但是，毛澤東卻認為互助化的「農業，會使農民具有比現在更多達好幾倍的購買力。」這種自相矛盾的邏輯，顯而易見。持續被吸取的農業部門，怎麼會擁有購買力呢？

簡言之，毛澤東任何的理論都缺乏根據，認為只要互助化，就能夠提昇農業生產力。這是基於某種「信仰」而產生的行為。這個信仰，再加上農民的貧困，故而會要求互助化。也就是由另一種信仰來加以支撐。在同樣的文脈下，毛澤東說：「大部分的農民，具有走向社會主義道路的積極性。我國的社會主義工業化及其成果，就是在於促進他們的積極性。對他們而言，除了社會主義以外，沒有其他的生存之道。」此外，又說：「關於農業互助化的問題，我們一定要相信如下的事項。也就是說貧農、新中農之中的下層中農，舊中農當中的下層中農，其經濟狀態會比解放前更好，但並不是極其豐富。要具有走向社會主義道路的積極性，並積極配合黨對於互助化的呼籲。」

但奇怪的是，貧農因為是貧農，而積極尋求互助，這與毛澤東固有的階級觀互相矛盾，而由另一種階級觀所支撐，加速互助化的進行。所謂另一個階級觀，就是由地主制解放的農民，成為自營農民，如果不予理會，可能會產生土地市場，進行土地買賣，產生新的支配、從屬關係。如果富農、中農掌握此機會，就能嘗試農民的互助化，屆時，就不得不封閉新資本主義化的道路、階級分化的道路。

「農村的陣地，如果社會主義不占領，則資本主義一定會占領。既然不走向資本主義，那麼社會主義是勢在必行。如果不推行社會主義，則資本主義一定氾濫。」這是毛澤東在一九五三年十月十五日第三屆農業互助化會議中，對另一個階級觀的表現。毛澤東這兩個階級觀看似矛盾，卻有推進互助化邏輯的統一歸結在內。這個「矛盾」，對革命家的毛澤東來說，並不算是一種矛盾。

在這個時點，毛澤東尋求初級合作社的期待，已經遠超過期待，成為一種固執的觀念了。所謂初級合作社，就是農民擁有私有權的土地，全都歸於合作社，這個土地由合作社統一管理。從利用集團勞動所收穫的物質中，扣除農業稅、生產費、合作社公積金、福祉基金等。剩下的，則配合土地提供分與勞動點數，分配給農民，是一種農會系統。可說是社會主義農業的過渡形態。一九五三年十月，做出如下的發言。顯然的，在這個時候，毛澤東已經決定社會主義農業集團化。

「一定要進行社會主義。『確實私有』，乃是資產階級的想法。古人有云：『群居終日，言不及義，好行小惠，難矣哉。』所謂『言不及義』，就是說話題談不到社會主義，不進行社會主義。總之，一定要進行農業融資，提出救濟糧食，配合比率徵稅，依法減免，建設小型水利設施，造井或用水路，實行深耕、密植，進行合理的施肥，畜力牽引的新式耕起、水車、噴霧器、農藥使用等，不論做什麼皆可。

但是，如果不依賴社會主義，單是在小農經濟的基礎上進行這些事情，則只是對農民施小惠罷了。如果這些利益能夠與總路線、社會主義相連結，則情況完全改變，不再是小惠。所以，一定要實行社會主義，一定要將這些好事與社會主義相連結。所謂『確實私有』、『四大自由』，皆為小惠，而且只是加惠於富農與富裕中農而已。不依賴社會主義，只是採用小農經濟的想法，只是站在個人經營經濟的基礎上行小惠，藉此想要大幅度地增產糧食，解決糧食問題，解決國民經濟與人民生活的大問題，則真的是『難矣哉』。」

決定性的轉機，是在一九五三年十二月由黨中央所公布的「關於農業生產互助組織發展的決議」。在這項決議後，以初級合作社為主，積極展開農業互助化運動。五三年，加入農業生產互助組織的農家數，只不過〇·二%而已。到了五四年秋收後加速化。五五年秋收之前，加入農家數已提昇到一四·二%。每個組合的農家數有一八·二戶，逐漸大規模化，增加為二六·七戶。但是，毛澤東對此速度仍然不滿。

那是因為在此速度下，農民的互助化出現忌避反應，全國農村瀰漫著緊張的氣氛。由於對農民所出資的土地或提供的役畜、農機具等的補償不利於富農與中農，因此，農民脫離組織，或屠殺役畜，或砍除樹木，或販賣農具等，發生各種的事態。由於很多農民捲入這個不滿中，故騷擾事件頻頻發生。在這種緊張的氣氛中，一九五五年，初級合作社急速將重點移向高級合作社的發展。在高級合作社中，否定土地的私有權，不分配農民所提供的土地。所謂分配，應該是由農民自己所提供的勞動量來進行的，與初級合作社相比，這是程度更高的社會主義互助組織系統。

在當時，表現毛澤東思想的，就是一九五五年七月三一日由黨中央所召開的省、直轄市、自治區黨委員會書記局會議的報告，是「關於農業互助化問題」的演說。這個報告中，斥責對於互助化產生危機感的黨幹部之懦弱。內容如下：「在全國農村，新社會主義的大衆運動逐漸高漲。但是，我們一部分的同志，就如同纏足女似的，仍然慢步行走，並且發出速度過快的牢騷。這些怨言，這些微不足道的辛苦，這些數不盡的法度和戒律，難道就是指導農村社會主義大衆運動的正確方針嗎？根本沒這回事。這不是正確的方針，是錯誤的方針。現在，農村互助化社會改革的高漲，已經影響到一部分的地方，甚至會影響全國。這是超過五億的農村人口大規模的社會主義革命運動，具有非常偉大的世界意義。我們要積極、熱情、計畫指導這種運動，絕對不容許採取各種做法而後退。」（『毛澤東選集』第五卷）

接受毛澤東的這一段報告後，農業的社會主義改造更加迅速。基於毛澤東的報告，黨中央在一九五五年十月召開第七期六中全會，採用「農業互助化問題的決議」，結果，參加初級互助組織的農家總數所占的比率，在五六年一月為八〇・三％，同年末達到九六・三％。同時，也開始朝高級合作社化進展。令人感到吃驚的是，在五六年末，加入高級合作社的農家總數，也占有八七・八％的比率。於是，對於農業私有制的社會主義改造至此結束，的確展現令人難以置信的速度。

不顧慮中國農業的「初期條件」，毛澤東面對如此緊張的局面，積極地進行互助組織化，原因何在呢？對毛澤東而言，在其本身思想學中，農業互助化就好像是存在其內心深處的某種信仰、某種目的一樣，因此，想要加以強化。如前面提及的，他認為貧農應該要尋求互助化，這是他的固有階級觀。如果不理會農民，就會發生階級分化，這是另一種對立的階級觀。

經過較為順利的建國期的復興以後，沒收四大家族官僚資本資產。一九五二年，開始第一次五年計畫，同時，都市與礦工業區等非農業部門的人口急速膨脹。與前年相比，五三年的數目增加六六三萬人，達到七八二六萬人。

此外，農村糧食不足的農民達到一億人。供給二億人口的糧食需要量，必須全部由農民供給。五三年開始，糧食增產，但是仍然供不應求。

如果以家族的小農經營為前提，則這個不足的糧食，就要按照市場價而由農民供給。但是，在「半封建、半殖民地經濟」下的中國，原本就不存在的國民的統一市場。再加上一旦物質缺乏，操縱物質的投機商人就會暗中躍起，企業抬高價格。至少，當時的黨幹部有強烈的這種傾向。因此，國家必須以低價由農民那兒強制收購農產物，依國家的意思來分配。

這時，如果成為國家收購對象的農家為無數的小農，則此系統不具任何機能。因此，要藉著一些互助組織束縛農民，然而再建立收購制度。所謂的互助組織化運動，即是藉此而實現「規模經濟」的方法。另外，也嘗試直接確立穩定供給不足的糧食。像後來正式形式的人民公社制度，就是基於此定義而組織的實態。所以，這個時期的互助組化，只不過是過渡時期的運動而已。

不出所料，到了一九五三年三月十一日，政務院下達「計畫收購糧食、計畫供給的實施」之通告。重點是，國家計畫性地從保有剩餘農家那兒收購糧食，以供給都市居民和糧食不足的農家。這個通告使得糧食市場被封閉，停止私營商人自由販賣糧食。關於糧食方面，則強化中央管理。包括米、食用油、棉花等，都採同樣的措施。徹底實行這種統一收購、販賣制度。這個制度於五三年十一月實施，當時的糧食收購量較前年同月增加三八%。

然而，這種糧食的計畫收購，就是國家的強制收購。所謂保有剩餘農家，亦即當時生活並不富裕的農民，他們當然會強烈地反對。於是，國務院很快地在一九五五年八月公布「農村糧食統一收購、統一販賣暫定實施法」。提出所謂的「三定」。

「三定」之一，即是定量生產。考慮各農家的土質、經營狀態、當地的自然條件等，以平年作的單收為基準，決定各農家的生產量。二是定量收購。從保有剩餘農家那兒收購糧食時，由定量生產量中，扣除自家用糧食、種子、飼料分，以一定的比率收購。三是定量販賣，亦即固定糧食不足農家的販賣量。

公布這個「三定」以後，對於糧食剩餘農家而言，這個統一收購、統一販賣制度十分殘酷，同時也超過了界限。而政府也承認此一事實。

6 衝動的農業集團化——毛澤東的農民像

基於毛澤東的報告而訂定的「有關農業互助化問題的決議」，自從在一九五五年七月的第七期六中全會中公布之後，如前所述，加速了互助化。超越了初級合作社，而加入高級合作社的農家，在五六年末將近九〇%。這種農村的社會主義改造，的確，制度已經完成。

事實上，鄧子恢與毛澤東的急進主義不同，在擴充農業生產力方面，希望誘使小農積極地參加生產，主張應該存續「富農經濟」。同時，認為在尚未進入機械化農業之前，不可對農業互助化操之過急，因此，在第七期六中全會中，鄧子恢不得不進行自我批判，並喪失抑制毛澤東急進主義的力量。毛澤東一意孤行想要實行互助化，而事實上，互助化已超乎毛澤東的想像之上。

毛澤東在「農業互助化問題」的報告中，提及「從中華人民共和國的成立開始到達成第三次五年計畫之前，共計十八年的歲月。我們預定在這段期間達成基本的社會主義工業化，……同時，基本上，也要在農業方面進行社會主義改造。」

關於這一點，毛澤東自問：「可能辦到嗎？」並給予自己明快的回答：「完全可能。」

表1-1　國家糧食調配關連指標

年	食糧生產額（億元）＊	食糧生產量 (1)（萬噸）	國家調配量 (2)（萬噸）	回銷量 (3)（萬噸）	純國家調配量 (4)=(2)−(3)（萬噸）	農家占有食糧 (5)=(1)−(4)（萬噸）	每1農業人口占有量 (5)／農業人口（公斤）
1949	271.8	11.318	—	—	—	—	—
1950	317.6	13.213	—	—	—	—	—
1951	357.0	14.369	—	—	—	—	—
1952	417.0	16.392	3.327	508	2.819	13.573	257.9
1953	426.8	16.683	4.746	—	—	—	—
1954	440.7	16.952	5.181	—	—	—	—
1955	477.7	18.394	5.074	—	—	—	—
1956	508.4	19.275	4.554	—	—	—	—
1957	536.7	19.505	4.804	1.417	3.387	16.118	298.3
1958	550.0	20.000	5.876	1.696	4.180	15.820	294.1
1959	475.0	17.000	6.740	1.980	4.760	12.240	228.2
1960	415.0	14.350	5.105	2.020	3.085	11.265	214.7
1961	405.0	14.750	4.047	1.466	2.581	12.169	227.7
1962	430.3	16.000	3.814	1.242	2.572	13.428	240.0
1963	480.4	17.000	4.396	—	—	—	—
1964	545.3	18.750	4.742	—	—	—	—
1965	589.6	19.453	4.868	1.509	3.359	16.094	266.3
1966	640.9	21.400	5.158	—	—	—	—
1967	651.3	21.782	4.935	—	—	—	—
1968	634.3	20.906	4.869	—	—	—	—
1969	641.8	21.097	4.667	—	—	—	—
1970	716.3	23.996	5.443	1.241	4.202	19.794	281.4

注：＊1957 年不變價格評價。
資料：國家統計局農村社會統計司編『中國農村統計年鑑』、國家統計局『中國統計年鑑』。

其根據是，「俄國在一九二〇年國內戰爭結束到三七年為止的十七年內，逐步完成了農業的互助化。而且，是在二九年到三四年的六年間完成互助化的工作。」有鑑於俄國的經驗，因此，認為花十幾年的互助化，在第七期六中全會以後的短期間內，就能夠達成「完成基本」的階段。其速度，的確超出毛澤東的想像。

再重複一次提及，農業的確在這制度下完

圖1-8　每 1 人口的糧食生產量及每 1 農業人口的糧食占有量＊

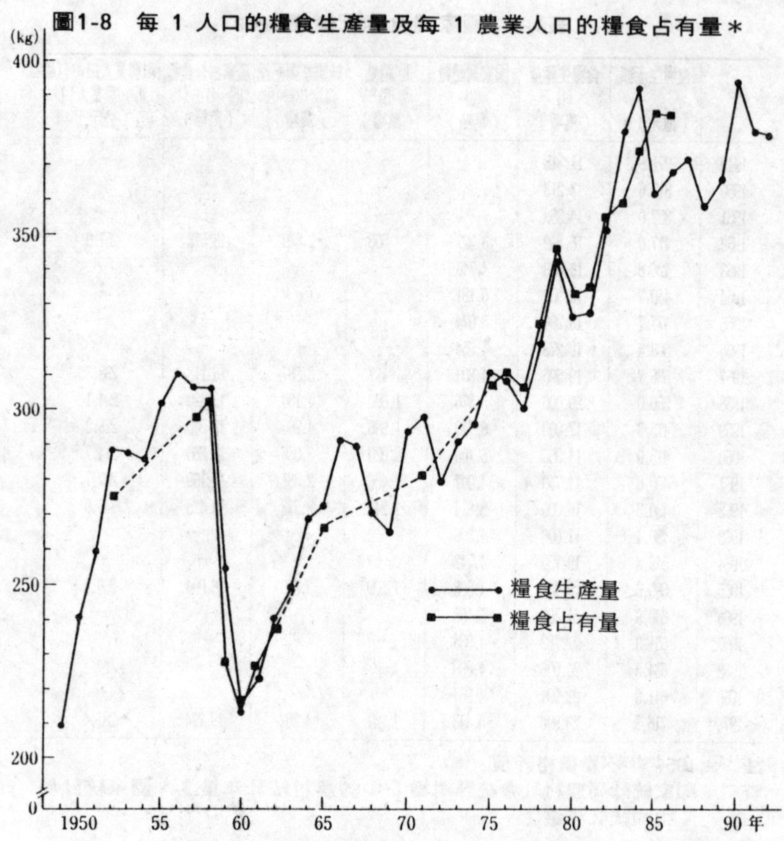

註：這兒所謂的占有量，是指總糧食總生產量中減去國家調配量，再加上給予糧食不足農家的分配量後之每 1 農業人口的糧食生產量。

資料：國家統計局農村社會統計司編『中國農村統計年鑑』。

成了社會主義的改造。藉著社會主義的改造，農業生產有何實績呢？事實上，慘不忍睹。

表1—1的第一欄，是以五七年的不變價格來評估自一九四九年以來的農業生產額。建國後順利增加的農業生產額，到五三年後，增加的趨勢驟減。四九～

圖1-9　糧食總生產量和國家調配量

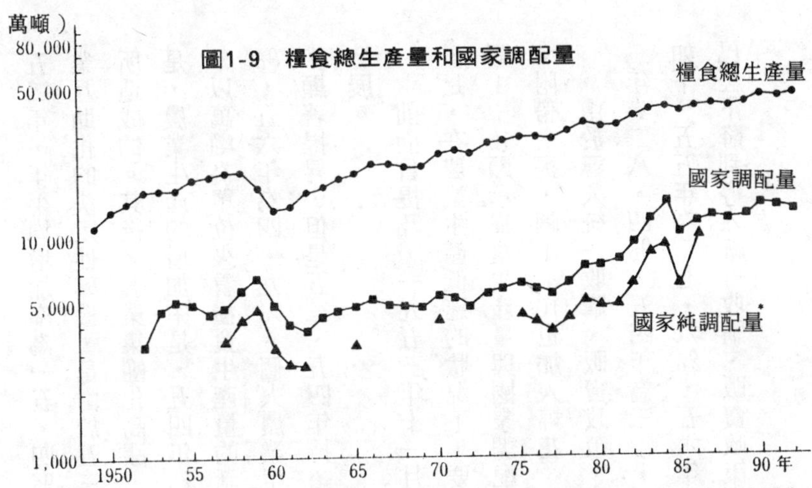

註：*所謂純調配量（淨收購量），是從國家調配量減分配（回銷）給糧食不足農家量所得的數值。

圖1-10　糧食、植物油、棉花的國家調配比率*

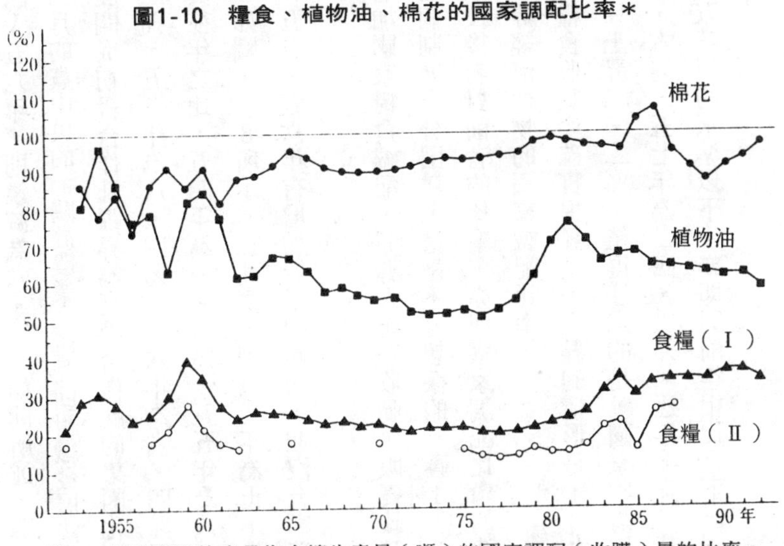

註：*國家調配比率是指占總生產量（噸）的國家調配（收購）量的比率。糧食（Ⅱ）為純調配比率。參照圖1-9。

資料：農業部計量司編『中國農村經濟統計大全（1949-86）』、國家統計局『中國統計年鑑』。

五二年，年平均增加率為一五・四%。五三～五六年，則銳減為六・〇。如前所述，關於農業互助化的決定性轉機，是由於五三年十二月的黨中央的「關於農業生產互助組織發展決議」所造成的。其後，農業集團化高漲，積極展開從初級合作社躍昇為高級合作社的集團化。但是，農業生產的增加率是，五四年為三・三%，五五年為八・四%，五六年為六・四%而已。以萬噸為單位來看糧食生產量的話，則與往年之比，五四年為一・六%，五五年為八・四%，五六年為四・九%。個人農業生產量，如圖1—8所示。在建國後到五二年為止，生產率顯著提昇，但是五三、五四年持續減少，五五、五六年有增加若干的傾向，並沒有顯著的發展。

前面曾提及，一九五三年十一月為了增加國家糧食調配，而導入統一收購、販賣政策。但是，在農業生產低迷的狀況下，要實施這個制度十分困難，這是不難想像的。圖1—9、圖1—10顯示糧食生產量與國家調配量，以及後者對前者的比率，亦即國家調配比率的演變。附帶一提，圖1—10也加入棉花、植物油等經濟作物的國家調配比率。

由於導入統一收購、販賣政策，國家的糧食收購率確實提昇了，上昇的情形是，一九五三年為二八・四%，五四年為三〇・六%，只上昇二・二%。值得注意的是，國家收購比率如下，五五年為二七・六%，五六年為二三・六%，五七年為二四・〇%，逐年下降，其值已經下降到導入統一收購、販賣政策之前的五三年的水準以下。亦即與前年相比之下，國家調配的增加率是五四年為九•二%，五五年爲負二•一%，五六年為負一〇•五%。雖想增加調配量，而於糧食流通上強化中央統制，但事實上，調配量並未增加。

想要推進集團化，提昇糧食的調配量，但是，國家愈是強化統制，商品化糧食就反而減少，使得國家不得不更加強化對糧食的統制。一旦追求集權化時，這種應該避免的農民活動，就會成為因或果而出現。事實上，糧食生產與國家收購量確實朝低迷的方向前進。

事態至此，一九五六年九月第八屆黨大會中對第一次五年計畫進行評估。劉少奇與周恩來陸續對抑制毛澤東的急進主義進行批判性的發言。周恩來在大會中進行「關於國民經濟發展第二次五年計畫提案的報告」。在一開始，就誇讚第一次計畫的成果，說：「我們的成果雖大，但是工作中難免會產生一些缺失，必須要努力克服。」

在此報告中，最重要的指摘是。「一九五三年，一部分的部門與地方，在建設時，陸續出現問題，不考慮條件，一個勁兒地往前進，產生偏向，影響國家的重點建設，導致財政上的困難與人力、物質上的浪費。在五六年初，曾公開發表『五六年到六七年的全國農業發展要綱』，也產生了這種偏向。部分的部門與地方，急於建功，必須花七～十二年完成的事情，卻想利用三～五年就加以完成，有的人甚至想在一～二年內的時間完成。」

周恩來報告的目的，是對一九五六年的「急躁冒進」加以批判。全國農業發展要綱是毛澤東所提起的，公布實施後，被指摘是冒進的開始，顯然的，這是對毛澤東的批判。也是對於互助化或統一收購、販賣制度過度實行的警告，同時是對於重工業化所提出的警告。在同樣的文書中，周恩來說：

「以重工業為主的工業建設，絕不可孤立前行，在各方面都必須要配合農業步調。關於此，可由經驗加以證明。農業是工業發展及國民經濟整體發展不可或缺的前提條件。如果農業發展落後，則不僅會直接影響輕工業的發展與人民生活的改善，也會對於重工業和全體國民經濟造成重大的影響，同時，也會影響勞農同盟的強化。因此，在第二次五年計畫時期，一定要努力發展農業，使農業與工業的發展並駕齊驅。」

事實上，周恩來提議在第三次五年計畫結束的一九六七年鋼鐵所應該達到的生產目標，必須要下降。並主張報告的翌年國家基本建設投資額要削減二〇%。總之，在這個時候，周恩來採取與毛澤東對立的漸進主義。其想法是「我國國民經濟發展第二次五年計畫的達成，需要以第五次五年計畫能夠達成的成果為出發點。大概在第三次五年計畫末期，需要達成過渡期的全部任務，這是基本的要求。此外，在第二次五年計畫的時期，要實際地預測國內外的各種條件，訂立全面性的計畫。如此才能夠積極穩當地實行計畫。」

這是很合乎邏輯的理論，但是，毛澤東卻製造了中國的悲劇。在接下來的「大躍進」的過程中，周恩來的理論慘遭打碎。

7　榨取農民——慘不忍睹

第一次計畫期的中國經濟特徵，就是無視於自己的初期條件，顯著地朝重工業化前進。而重工業化的實績，也確實超過昔日的中國，與農業生產的低迷成對比。在當時，重工業的生產主體是國營企業，國營企業的建設基金，幾乎全都來自國庫。而國庫收入的最大來源，就在於農業剩餘，這在前面已經提及。農業剩餘是以農業稅的方式支付國庫。但是，據中國公表統計，如圖1—11所示，占國家財政收入的農業稅比率，在第一次計畫期，只達到十％左右。

然而，繳納到國庫的，並不是所有的農業剩餘，只是一部分而已。在統一收購、販賣之下，農民有義務要以較低的固定價格將糧食販賣給國營商業部門。由農民平價提供的糧食，成為能夠維持國營企業勞動者低工資的最重要的「工資財」。

再加上有前面曾提及的剪刀狀價格差（價格剪刀差）所形成的剩餘轉移。像棉花、油料、糖料所謂的「經濟作物」，也同樣要求以低價販賣給國營商業部門，經由國營商業部門，再販賣給國營輕工業部門。這些工業原料在後者加工成輕工業品，再以高價將加工製品販賣

圖1-11　農業稅在國家財政收入中所占的比率

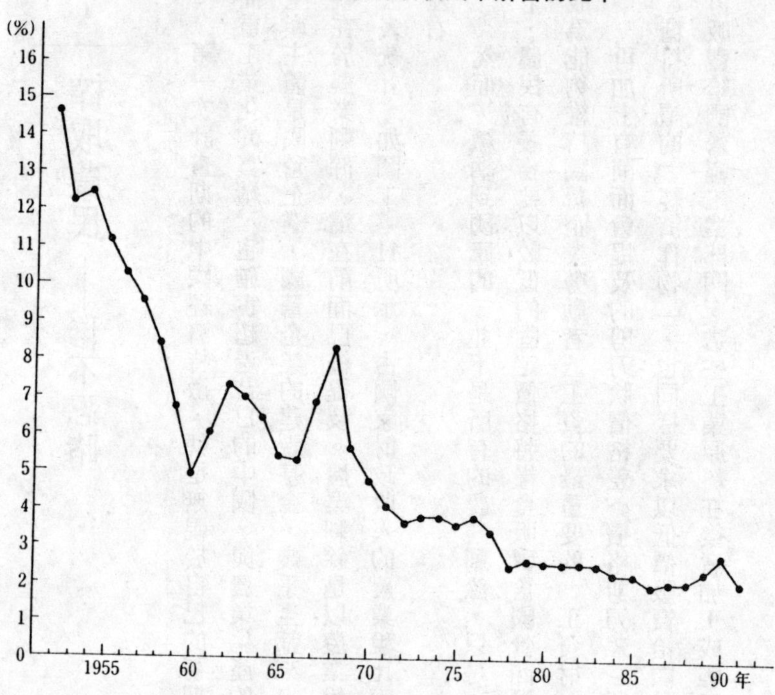

資料：國家統計局農村社會統計司編『中國農村統計年鑑』。

給農民。如此這般地由國營工商業再次吸收農民剩餘。國營工商業部門透過工商稅將其剩餘納入國庫，成為國營重工業的儲備基金。

這種價格剪刀差，亦即農產品與工業製品的不等價交換，是不可能加以推算的。在毛澤東時代的計畫統制經濟下，價格根本無法反映市場均衡。

進入鄧小平時代之後，在中國也出現有關毛澤東時代這種價格剪刀差的分析。最具代表性的，就是李炳坤所指導編撰的『工農產品價格剪刀差問題』。在此不再詳述。不過，據此推論再加以檢討，而導出如下的結果。那就是⑴農業稅、⑵農民販賣農產物時接受的過小部分、⑶相反的，農民購入工業製品時過大的支付部分，三者合計成為農業剩餘轉移國家的部分。在一九五二年，這三者合計占國家財政收入的比率為四四・七%～五五・九%，五七年為五九・五%～七二・二%，七七年為四一・六%～五五・二%。

根據最保守的估計值，這個農民剩餘的農工間價值轉移額是，供給第一次五年計畫期的國家基本建設投資總額五五〇億元，同時達到工業投資總額一三二六億元的四一%。雖此估計值的可信度仍有待商榷，不過，也相去不遠，這也是今日中國經濟學家共通的看法。

事實上，農民對國家基本建設的貢獻，不僅止於此。本來，極大部分必須由國家財政資金負擔的水利建設，在開始實行之初，必須進行的農業基本結構的準備，是在人民公社不利用農民勞動無償徵用而進行的。而經常命名的「帶動蓄積」的蓄積分，也視為是價值轉移的一種。

總之，這個時期的中國工業化，已經大大地超越自己的發展階段，成為極端重工業化路線，並徹底地榨取農民，因此，在這個時點，中國農業已經瀕臨絕境。

8 玩弄權術——瘋狂的時代

先前已經提及，周恩來在第八屆黨大會中強烈批判毛澤東的急進主義。但是，這對於中國走向漸進主義，並沒有展現良好的效果。面對急進主義所帶來的農業危機，毛澤東在這個時候，也不得不認同周恩來的漸進主義。但是，毛澤東的腦海中卻認為，即使面臨危機，也不能使自己的路線後退，反而要藉由大衆、農民大衆熱情的「革命」，來證明自己走的是正統的路線。這是不可動搖的一種大衆運動的「信仰」。

總之，在第八屆黨大會時逐漸轉向漸進主義的做法，對毛澤東而言，只是反映出指導部的右傾與後退而已。因此，如果指導的方向「右傾」，則應該要以大衆運動為後盾，藉著政治鬥爭，使其「左傾」。於是，想以大規模農業集團化一舉完成中國社會主義，這即是毛澤東的執意。周恩來在第八屆黨大會報告中對急進主義的批判，卻無法使在指導部擁有鞏固勢力的毛澤東之地位受到動搖，而且後來對強化政治基礎的執著，也反映出毛澤東玩弄權術的一面。

在此時期，毛澤東以「百花齊放、百家爭鳴」為口號，喚起建設社會主義的自由爭論。

然而，爭論的知識份子並沒有立刻配合口號展開自由議論的鬥爭，後來才在毛澤東與黨重複強調的「議論無罪」的口號下，逐漸地對黨提出激烈的異議。共產黨一黨支配體制，其本體原來就有不少的異議，而來自政治協商會議或民主黨派所構成的組織體，對於共產黨支配的某種「牽制機構」，也提出不少的意見。就這樣，自新民主主義的時代以來，已經銷聲匿跡的民主黨派，又再度地大放厥辭。

但是不久之後，又刮起了「整風」與「反右派鬥爭」的風暴。有五五萬人被冠以「右派分子」的汚名而失勢。「百花齊放、百家爭鳴」，果真是毛澤東的真心嗎？或者是這些超乎想像的自由議論驚嚇到毛澤東，而一舉轉向「反右派鬥爭」呢？抑或是毛澤東在一開始就想運用此策略來達成反右派鬥爭的目的呢？

看過有關毛澤東的文獻後，我們必須承認最後的解釋才是最恰當的。亦即藉著「百花齊放、百家爭鳴」的口號，促使知識份子展開自由言論。不久後，在一九五七年二月二七日公開發表的以「改正人民內部矛盾的處理問題」為題的文獻中，毛澤東問道：「在我國人民的政治生活中，要如何判斷我們的言論與行動的是非呢？」並述說如下六條件的重要性。(1)並不是促使全國各民族人民分裂，而是有利於人民的團結。(2)並不是不利於社會主義改造與社會主義建設，反而是有利的。(3)並非破壞或削弱人民民主獨裁，而是能夠有利地鞏固獨裁。(4)並非破壞或削弱民主集中制，而是有利地鞏固這個制度。(5)並非脫離共產黨的指導或加以削弱，而是有利於鞏固這種指導。⑹並無損社會主義的國際團結與愛全世界和平的人民的國際團結，而是有利於這種團結。因此，「在這六項基準當中，尤以社會主義之路與黨指導這兩項為重要」。

這並不是所謂的「百花齊放、百家爭鳴」。六個基準，只是在強化建設社會主義的共產黨一黨支配體制，而封鎖其他的言論。同時，從指導部與國民階層中，找出反對的右派分子，加以肅清。這才是其「百花齊放、百家爭鳴」的本意。經由因果說明事實，我們不得不承認這就是結論。

在『中國社會主義經濟略史』中，對於這個反右派鬥爭，有如下的敍述。

「在反右派鬥爭後所召開的中國共產黨第八期三中全會中，毛澤東分析國內情勢，認為無產階級與資產階級的矛盾、社會主義之路與資本主義之路的矛盾，對於我國社會主義而言，乃是主要的矛盾。因此，在八全大會的決議中，誇張地提出正確的做法。」

顯然的，反右派鬥爭已經從八中全會中消失。其後的大躍進、人民公社運動以及無產階級文化大革命，在在顯示出這種反右派鬥爭即是直接將中國引向一個「瘋狂時代」的關鍵。因此，今日中國指導部在「正史」中做出如上的判斷，也不足為奇。

9 「速度戰是總路線之魂」——大躍進、人民公社

經過反右派鬥爭後，毛澤東開始激烈地進行吹跑「反冒進」的批判。在此批判冒進的過程中，開始了「大躍進」與「人民公社」化運動，使中國一舉邁入瘋狂的時代。總之，在反右派鬥爭的過程中，反冒進的力量，再度使毛澤東步入冒進的方向。

這個時候的毛澤東，在與俄國的對抗上，開始希望中國擁有獨自的社會主義，這也是促進毛澤東冒進的另一要因。

透過第一次五年計畫，自認為完成集權社會主義經濟基礎條件的毛澤東，引以為傲，內心深處產生一種想要建立一個完全不同於俄國的中國型社會主義的志向。在一九五六年四月二五日中央政治局擴大會議所進行的「十大關係論」的談話中，就表現出這種想法。在十大關係論之中，第一是重工業與輕工業、農業的關係。不過，在這之中，毛澤東說：

「他們（俄國）一方面重視重工業，卻一方面輕視農業與輕工業，造成市場物質不足，通貨不穩定。然而，我們較重視農業、輕工業。因此，我們應該要維持一貫的努力，發展農業，就能夠保障工業發展所需的糧食與原料。」

可是，在中國經濟所展現的實績，並不如毛澤東所主張的。然而，在此我要強調的是，毛澤東對於俄國的社會主義產生強烈的反感，因而想朝不同的方向發展。在這次發言中，這種欲望表露無遺。亦即再度展開冒進的做法，歸根究柢，就在於毛澤東對當時國際環境的固有認識。

一九五七年十月九日第八期第三屆擴大總會中，毛澤東發表如下的談話。

「我們要避免重蹈蘇俄的覆轍，要比他們的速度更快，而且質也要優於他們。當然，這是有可能辦到的。例如，鋼鐵的生產額，三個五年計畫中，是否能夠達到二〇〇〇萬噸呢？只要努力，是會實現的。」

此外，在他的文章中也提到：「我們所謂的『多、快、好、不浪費』，就是一種實事求是的精神，並不是主觀主義。如果我們不能夠致力於要求『多』、『快』，那麼就只會流於主觀主義的『多』、『快』而已。去年後半期，吹起一陣風，想要掃除這個口號，但是我認為應該要恢復這個口號。」所謂去年後半期的「吹起一陣風，想要掃除這個口號」，指的就是周恩來、劉少奇等人對於冒進的批判。

一九五八年五月第二屆八全大會中，更是強烈地批判冒進。劉少奇在這次大會中進行黨活動報告，並且身不由己地暗示在此時期，幾乎已經結束冒進批判，在毛澤東的絕對權力下，大躍進開始的條件已經齊備了。

劉少奇說：「在我國的思想戰線，整風運動與反右派鬥爭，乃是社會主義革命。這是具有意義的鬥爭，決定要走社會主義或資本主義之路。由於這個鬥爭的勝利，使得廣泛的民眾得以進行共產主義思想的大解放。藉此，我國階級間力量的對比有了極大的改變。」

同時，又說：「人民大衆本身的能動性是偉大的原動力。如果無視於這個偉大的能動力，就是違反馬克思、列寧主義。光是從事思想工作或政治工作，但是卻無法產生糧食、煤、鐵，這樣的人，就好像只看見樹而沒有看到森林一樣。現在，要決定正確的政治路線，並付諸行動，正確處理人民內部的矛盾，經由提高勤勞者的社會主義的自覺，使大衆都能投入，藉此就能夠生產出更多的糧食與煤鐵，同時，也能夠進行大量的生產。」

一旦左傾思想強烈，認為只要具有人類的「主觀能動性」，則所有不可能的事情都會變為可能的危險思想，當然違反劉少奇自己的意思，但是，他卻不得不在公開場合做如是的表達。於此可以再度確認毛澤東絕對的權威。

一九五八年三月二一日發行的『人民日報』中，以「目標指向高速發展」為題，發表體會毛澤東意思的社論。「速度的問題是建設路線的問題，是我國的社會主義事業的根本方針問題。」正訴說著「速度是總路線之魂」，將重點集中在「高速度」這一點上。這是社會主義總路線的關鍵字，是大躍進的開始。

象徵這個瘋狂的「高速度」的表現，就是不斷提昇鋼鐵生產目標。圖1—12的資料是顯

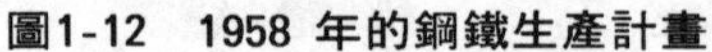
圖1-12　1958 年的鋼鐵生產計畫

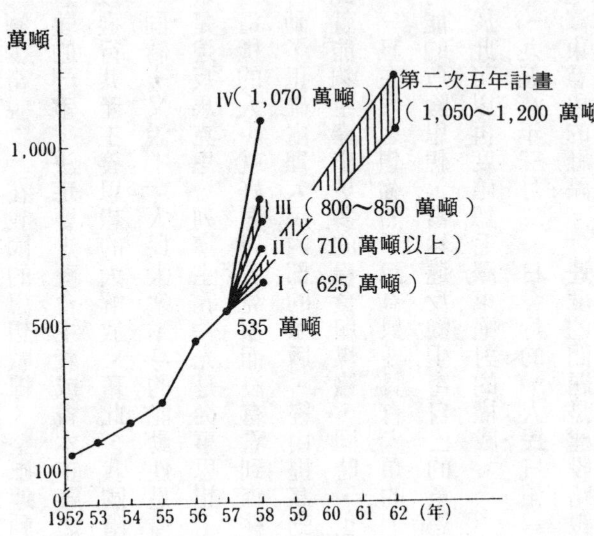

示這種脫離常軌短時間內目標上昇的情況。圖中（Ⅰ）是一九五八年當初計畫值六二五萬噸。（Ⅱ）是五八年第八期第二屆會議的計畫值，達到七一〇萬噸以上。（Ⅲ）是五八年五月末政治局擴大會議的計畫值，爲八〇〇～八五〇萬噸。（Ⅳ）是五八年八月的北戴河會議的計畫值，為一〇七〇萬噸。這個（Ⅳ）的計畫，顯示第二次五年計畫期的最後一年，亦即六二年的最低目標值達到五八年的數字。在設定（Ⅳ）的目標的五八年八月末，全國鋼鐵生產量僅達四〇〇萬噸，因此，在剩下的四個月內，要生產六七〇萬噸。看似天方夜譚，不過，在這個瘋狂的時代，只要出現革命的能動性，則被認為一切均可實現。這種積極的均衡論，在當時造成風潮。為了逃脫被貼上「右派」的標籤，指導部也揭示這種幾乎不可實現的高速度目標，互相競爭。無視於自己的力量，只追求目標值，拚命將目標指向沒有任何實際基礎的虛構數值。

要實現這種脫離範圍的目標，當然要擴展農業剩餘。因此，促使這個國家吸引更加大規模化。事實上，始於一九五八年的大躍進，早在前一年，亦即五七年九月二四日的「國務院今冬、明春展開大規模農地水利建設、積肥運動的決定」中，就已經開始了。到了五八年八月二九日時，在「關於水利建設的中共中央指示」中，透過水利建設，急速擴大農業生產的戰略，已經是顯而易見了。這個指示，更是提昇了自前年以來的成果。

以今日統計的灌溉面積數值來看，一九五二年灌溉面積為三億九九三九萬畝（一畝為六・七公頃），五七年四億一〇〇九萬畝，六二年為四億五八一八萬畝，六五年為四億九五八二萬畝，年平均增加率在五二～五七年為六・五％，五七～六二年為二・二％，六二～六五年為二・七％。實際達成的運動成果，與黨所主張的實績相去甚遠。由灌溉面積來看糧食生產量，則五二年、五七年、六二年、六五年這四個時點，分別爲一九九五萬噸、二七三三萬噸、三〇五四萬噸、三三〇五萬噸。各年的糧食生產量，所占的比率分別為一二・二％、一四・〇％、一九・一％、一六・九％。的確有增加的傾向，但並非「革命性」的增加。

在水利建設方面，原本應藉著國家的農業投資來進行。但事實上，幾乎都是由前面曾敍述的互助組織，以及後面所敍述的人民公社的農民，以無償勞動的方式來進行的。也就是說，這是勞動蓄積的成果。當然，至此地步，農村之間當然會瀰漫緊張的氣氛。「喚起全黨、全人民，達到一〇七〇萬噸的粗鋼生產量」，以及「決議在農村建立人民公社」。

公開發表這兩項決定後，開始真正大躍進行動的一九五八年八月，在中共中央（北戴河）的會議中，估計依照同年的農業生產的大躍進，糧食生產量會由三億噸增加為三億五千萬噸。若以個人來換算，則為五〇〇公斤左右。不過，這是欠缺現實性的估計。目前公開發表的數值，五八年的糧食生產量如圖1—9所示，為二億噸，個人的生產量，則如圖1—8所示，只有三〇六公斤而已。

而且，這個數值還是在大躍進期的最大值，其後，中國農業跌入谷底。儘管如此，在召開北戴河會議的當時，仍然認為透過農民的「革命能動主義」，一定能夠實行農業生產的增產，這種驚世駭俗的樂觀論橫行。像西北地帶這種中國典型低生產性地區，也被認為在一九五八年時，個人的糧食生產量可以達到五五〇公斤，並估計在五九年時會超過一〇〇〇公斤，六二年會超過一五〇〇公斤，這簡直是痴人說夢。

若要實現這個夢想，就要使農業生產互助組織大規模化，利用深耕改良土地，以及利用水利建設擴大灌溉面積。深耕是農業增產技術的主要方式。對於今後二、三年內所有具有可能性的土地，嘗試進行深耕，期望單位面積的收穫能夠提昇數倍到數十倍。但是，如圖1—8、圖1—9所示，事實並非如此。

『中國社會主義經濟略史』中說，像這種無視於中國農業生產技術的政治運動，只是消耗了大量的人力、物質。在各地方都被施以深耕的政治壓力，因此，只好做出誇大不實的報告。無法實現理想的計畫生產，使人民備嘗艱辛。這種誇大報告的結果是，一畝的收穫量達到三七〇〇公斤，早稻為一萬八五〇〇公斤，中稻為六萬五〇〇〇公斤，出現了這般的天文數字。之所以稱其為天文數字，是因為事實上的數值是小麥為一〇〇〇公斤以下，而稻米未超過三〇〇〇公斤。

在這個時期，也積極推行生產互助組織的大規模化。在河南省，從一九五八年春天開始，進行互助組織的合併，其數目由五萬四千多到三萬多。遼寧省也展開大規模化，全省九六〇〇個互助組織，合併爲一四六八個。一個組織的平均農家數為二〇〇〇左右，甚至有幾個超過一萬以上。最大的農家數為一萬八〇〇〇，甚至整個鄉成為一個互助組織，這就是所謂的人民公社。

毛澤東大規模集團化的夢想，並非是基於合理的判斷，而是幾近於信仰的判斷，希望組織高級合作社，採取冒進的手段。然而，這個失敗，並沒有打破其大規模集團化的夢想，反而在此遭遇挫折的過程中，期望再生，嘗試進行反右派鬥爭，更加展開擴展大規模集團化的行動。

集毛澤東思想大成者，就是一九五八年八月二九日的「關於設立農村人民公社的中共中央決議」。這個決議，認為人民公社運動是來自農民革命自覺的大衆運動，並有如下的闡述。「人民公社是局勢所趨。大型綜合的人民公社已經出現了，而且也在一些地方不斷地發展，顯示急速發展的趨勢。可能在不久的將來，人民公社會全國性地發展，這是難以抵擋的形勢。人民公社發展的主要基礎，是我國農業生產全面地躍進，以及五億農民逐漸高漲的政治自覺。」同時又說：「小的合作社合併成大的合作社，並更換為人民公社，這是應運廣泛大衆共通的要求。」

從這個決議，以及一九五八年三月毛澤東所提出的農業生產合作社大型化會議中冗長的談話，都可以發現，所謂大規模農業集團化，並非來自廣泛農民大衆的要求，也不是非實現不可的方式，這是毫無根據的說法。也就是說，毛澤東從未提及大規模農業集團化對於農業生產力有何助益。

對毛澤東而言，農業集團化並不是一種經濟學的表現。在這個集團化的過程中，樹立大量的政敵，甚至使自己的權力基礎崩潰的事實，正告訴我們集團化也不是毛澤東的政治學。所以，對毛澤東而言，所謂的集團化，應該是毛澤東本身的「構造化」的烏托邦思想的產物，應該解釋為是毛澤東自己的目的。

在之前所敍述的一九五八年八月二九日的決議中，指出「五億農民的共產主義自覺提昇。共同食堂、幼稚園、托兒所、裁縫班、理髮室、共同浴場、養老院、農業中學、紅專學校等，能夠將農民帶入幸福的集團生活，培養農民大衆的集團主義思想。因此，由加入農家數十戶或數百戶所組成的單一經營的農業生產互助組織，已經無法配合情勢發展的要求。在學前的情勢下，必須全面發展農業、林業、畜牧、副業、漁業，將工業、農業、商業、文化、教育、軍事互相結合，建立人民公社，才能加速指導農民的社會主義建設的步調，迅速完成社會主義，逐漸轉移為共產主義，這是必須採行的基本方針。……實行行政與社務的合體，鄉的黨委員會兼公社的黨委員會，鄉人民委員會兼社務委員會。」

人民公社以共產為目標，必須於最後階段達到「政社合一」。所以，在此，分工合作已被否定了，至少應該說出現明顯被排除的意圖。

的確如此。毛澤東認為雖然人民公社未達到全人民所有制，而只是集團所有制，但是，已經開始加入全人民所有制的要素。在發展過程中，人民公社可說是全人民所有制，亦即共產主義社會的「渡船」。我再重複說明，人民公社是毛澤東長年以來烏托邦共產主義社會的「雛型」。在決議中，有如下的敍述。

「事實上，人民公社集團所有制中，已包含若干全人民所有制的要素。這種全人民所有制不斷發展、不斷增大，漸漸地就能夠取代集團所有制。……即使轉移為全人民所有制，也和國營企業一樣，仍屬於社會主義性質，配合各人能力工作，配合勞動，接受報酬。經過數年後，就能夠得到豐富的社會生產物，人民全體的共產主義自覺與道德品性大增，人民整體的教育普及、提昇，而在社會主義時期還未銷聲匿跡的來自舊社會的遺物，例如，工業與農業的差別、都市與農村的差別、頭腦勞動與肉體勞動等的差別，都會慢慢地消失。而造成這種差別出現的不平等資產階級權力也逐漸地消失，國家機能也只能夠對應外敵的侵略，對內部已經無法發揮作用。這時，我國的社會能夠配合各人的能力，發揮作用，各人則配合其必要而取得所需，進入共產主義的時代。」

毛澤東的理想一目了然。然而，要達成理想的道路，仍有欠明朗。

在決議後，中國全土的農村除了西藏自治區以外，一舉完成人民公社化，且以壓倒性的速度進行。一九五九年末，人民公社數為二萬六四二五，參加公社的農家數為一億二一九四萬戶，亦即占農家總數的九八・二％，一公社平均有四六一四農家數，是巨大的單位。

成立公社前的農業生產互助組織數為七五萬，單純計算的話，亦即二八個互助組織合併成一個公社。人民公社的口號是「一大二公」，意味著大規模的公有制。「大」，是包括公社在內的農家數非常巨大。不僅如此，「大」公社的經營範圍，包括以往的初級、高級合作社的農業生產在內，同時也包括工業、商業、文化、教育、軍事在內，成立一個有機性的社會組織體。

所謂「公」，其一是基於全人民所有制，企業、銀行、商店等的經營權限「下放」到人民公社，由人民公社管理，含有強烈的人民公社全人民所有制的要素。其二是公社員的自留地、家禽、家畜、家庭副業等，成為人民公社所有地，否定一切私有制。其三是在人民公社組織中，加入公共食堂、幼稚園、托兒所、養老院等的公共事業，同時，也包括軍事機能在內，並加入工資制與糧食供給制（無償現物配給制）結合的分配制度。在之前的「關於設立農民人民公社的中共中央的決議」中，最後提及：「人民公社，是完成社會主義，漸漸轉移為共產主義的最適合的組織形態，是未來能夠發展為共產主義社會的基礎組織。」由這個意義來看，的確，人民公社具有強大的力量及濃厚的共產色彩。

實際上，中共中央也強烈受到毛澤東這種想法的影響，在一九五八年九月，公佈「關於改善計劃管理體系的規定」，提出從國家到各末端單位的縱貫行政指令系統（「條條」），及與地方行政單位橫向擴張的行政指令系統（「塊塊」）相結合的「雙軌制」。在這項結合中，出現「塊塊」的力量逐漸增強的政策意向。例如，在縱的方面，亦即在國家計劃委員會管理下的工業製品數，五八年為三〇〇，到五九年，則減少為二一五。此外，中央在國家財政中所占的比率，同期間從四〇%降低為二〇%。而五七年為九三〇〇的中央直營企業的數目，翌年實際減少為一二〇〇，工業總生產額所占比率，也從四〇%減為一四%。而在中國革命的搖籃之地——延安的解放區根據地，瀰漫著濃厚的共產印象。

像這種共產在根據地的構想，一直深藏在毛澤東的心中，在美蘇對立之下而受到俄國保護的中國，於美、蘇冷戰關係逐漸瓦解的狀況下，想要借助俄國的軍力來保障本國的安全，是很困難的。事實上，中國已經從這些國際環境的銳變中得到了危機意識。於是，在一九五八年五月，公開宣佈已能靠自己的力量成功地開發出核子武器。

而共產在根據地的構想，則以擁有獨立政治、經濟體系形態，在中國全土製造無數的人民公社，其外緣包圍著協作區，想要完成一個強韌的體系，這與毛澤東想利用核子武器展開對外侵略的戰略，乃有密不可分的關係。

在中國，地方分權與中央集權不斷循環，前後搖擺。總之，這個人民公社下的中國，開始步入「地方的時代」。像在次節中將為各位敍述中國各地的「土法煉鋼」，這種令人難以置信的地方的冒進，就是因為擁有這些無數的「人民公社」，才會率性而為。

人民公社如狂風暴雨般地展開，又如狂風暴雨般瞬間地消失，留下的，只是慘不忍睹的經濟殘骸而已。

10 熱氣與自滅——土法煉鋼運動的悲劇

人民公社運動因為造成龐大數目的餓死者，而慘遭失敗。但是，在同時也進行「全人民的製鐵、煉鋼運動」。大躍進運動的中心，是象徵生產粗鋼的重工業化，透過重工業化，想要一舉使中國成為大國的愛國主義的野心，正是毛澤東的夢想。他完全無視於中國當時並沒有煉鋼能力的基礎。在指導部內，生產目標值競爭的結果，設定了超乎能力的目標。

一九五八年八月三一日，中共中央政治局擴大會議中，決議「為生產粗鋼一〇七〇萬噸而奮鬥」，且呼籲「全黨及全國人民要盡最大的努力，在五八年生產粗鋼一〇七〇萬噸，亦即為五七年生產量五三五萬噸的兩倍」。這是在五八年八月底做出的決議。從一月到八月為止，粗鋼的生產量為四五〇萬噸，只達一〇七〇萬噸的三分之一。因此，要在九到十二月的四個月內生產六〇〇多萬噸的粗鋼，當然難以實現。

事實上，一九五七年來，中國的煉鋼能力為六四八萬噸，即使完全發揮作用，也無法達到目標值。八月，中共中央政治局會議決議開始設置多樣化的轉爐、電氣爐，但也無法達到五八年鋼鐵生產的計劃目標。另外，想要提昇煉鋼生產能力，必須要提昇煉鋼能力。不過，五七年末，中國生鐵的生產能力為六九六萬噸。在一到八月時，達到五三〇萬噸的粗鋼生產目標，而九～十二月時，更需要生產一一五〇萬噸的生鐵，這當然是遙不可及之事。

困難不僅在於粗鋼與生鐵的生產能力的限制。為了擴大生鐵的生產，必須擴大挖掘鋼鐵石的能力，當然，也要擴展生鐵與鋼鐵的運輸手段，在八月時，運輸手段處於極度「緊張」的狀態下。當時，全國運輸的物資達到六五〇萬噸，電力不足，然而，大躍進的行動未顧及這些問題就展開腳步，實在是有勇無謀的做法。

在這種壓倒性的不利條件之下，要達成超高速度目標的風暴，籠罩當時的整個中國，使得其他的經濟活動被迫犧牲。同時，出現「土法煉鋼」的名稱，亦即採舊式的方法，在全國普遍進行製鐵運動。一九五八年八月八日的『人民日報』，以「採用本土方法與現代的方法，是發展鋼鐵業的捷徑」為題，說明「我國鋼鐵業是否能以最高的速度，亦即不是每年生產量增加率的百分之幾、百分之十幾或百分之幾十，而是以百分之百或更高的比率發展嗎？答案如下。問題在於我們是否想用高速度的方法進行，只要我們認為有其必要，則沒有什麼事是辦不成的。」以此觀念論加以煽動，並利用如下的理論使土法正當化。

「我們主張以小型和『土法』為主的方式。……投資較少，設備簡單，大衆容易掌握技術，能在極短的時間內完成建設。以小型和土法為主，即使在技術幹部缺乏、鋼材供給不足、現代的設備供給不足、資金不足的狀況下，也能動員全黨人民，振興鋼鐵工業。有資源的地方，不僅可以振興冶金工業部門，也可以振興所有的工業部門。除了振興工廠外，機關、部隊、學校、城鎮、手工業合作社，都得以振興。如此一來，就能夠在各高爐、平爐、轉爐散布火花。我國國土遼闊，資源分散，這是有利的特徵，能使全國各地經濟均衡地發展。量的變化乃是質的變化之開始，小型的東西愈多，當然總生產量也愈大。雖然一個小型爐能夠提煉的鋼或鐵並不多，但是一萬座、數萬座小型爐，就能夠積少成多，提煉出大批的鋼鐵。」

於是，「在河南省仰賴衆人之力，預定在本年內建設三萬多座的土法高爐與簡易小型爐，煉鐵能力達到四〇〇萬噸。可與現在鞍山鋼鐵公司的生鐵生產量相匹敵。……我國鋼鐵生產量凌駕於英國的日子，已為期不遠了。」

因此，指導部率先致力於建設小型土法爐與小型高爐。八月建了十八萬座土法高爐，九月一舉建到六〇萬座，十月以後，建設了更多的高爐。而參加鋼鐵增產運動的人數，九月為五千萬人，十月為六千萬人，到了一九五八年末，更是激增到難以掌握的數目。土法高爐建設與多數的國民有關。另外，地質調查、煤礦挖掘、電力、機械、運輸部門等，也依舊式的方法，推進建設與生產。在地質調查方面，由全國各地的黨委員會搜尋礦床，率領大衆進入深山，從中小學學生、老師、解放軍士兵，甚至老年者都參加探礦運動，人數難以估計，規模龐大。以舊方法挖掘煤礦的工作人數，到五八年九月以後，在全國已超過二千萬人。其肩扛著鶴嘴鎬，帶著炊具，深入山間，進行挖掘煤礦。到五八年末，小煤礦數已超過十萬。

勉強實行重工業化，使得許多設備處於超負荷的狀態下。原有的舊式設備，損傷嚴重，製品品質不良。一九五八年，粗鋼合格率極低。硫黃含有量過剩，即使加工使用，也很困難，只有八〇〇萬噸能夠使用。根據近年的『中國統計年鑑』記載，同年的粗鋼生產量，就是這八〇〇萬噸。的確是令人驚訝的資源浪費。急速的挖掘鋼鐵石，為了要找尋燃料而砍伐樹木，顯著地破壞礦物資源與森林資源。

然而，試著如此狂熱地投入資源，量的成果當然極大。只要參考圖1─3，即可了解這個時期的粗鋼與生鐵的生產量。除了不堪使用粗鋼與鋼鐵以外，合格粗鋼的生產量如下：一九五七年為五三五萬噸，五八年為八〇〇萬噸。而鋼鐵則由五九四萬噸到一三六九萬噸，各自出現四九・五％、一三〇・五％的「大躍進」。五九年及六〇年，粗鋼、鋼鐵的生產量不斷地延伸，在六〇年達到巔峰。

關於此，次節中將有詳細敍述。在人民公社下的糧食生產總量，於一九五八年，各人糧食達到巔峰，後來進入銳減期。大躍進利用人力，急速地吸收農業資源，才導致這般的結果。亦即大躍進使得農業部門超過界限，產生過重的負擔。另一方面，為了持續大幅度的國家糧食調配，而在農村造成許多的餓死者。

面對這個事實，指導部內當然會對大躍進政策進行反省與批判，毛澤東自己也承認這是一次失敗的行動，但卻不肯坦率接受彭德懷對這次失敗的批判，反而進行大反擊。結果，以

圖1-13　蓄積率

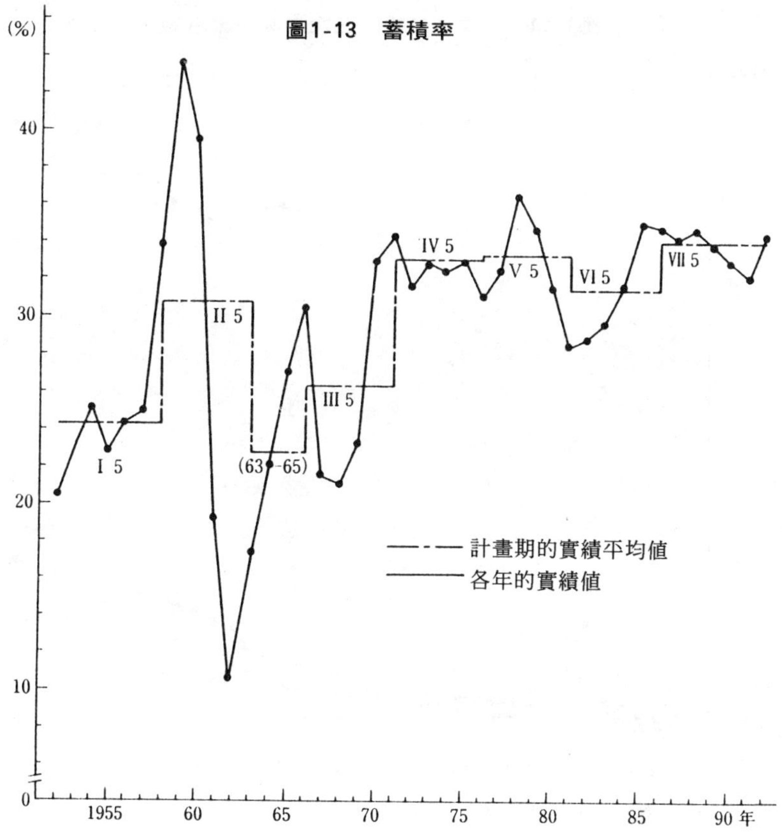

註：I 5、II 5……為第一次五年計畫期、第二次五年計畫期……。（63～65）是指 1963～1965 年的調整期。

資料：國家統計局總合司編『歷史統計資料匯編（1949-89）』、國家統計局『中國統計年鑑』。

鋼鐵業為主的大躍進又持續兩年，亦即一直持續到一九六〇年為止。在農業生產的大減產中，勉強累積鋼鐵與生鐵的生產量。在五九年、六〇年不斷地擴大而為，但是這種勉強超過界限，終於進入六一年後兩者大減產。

圖1-14　一次、二次、三次產業勞動者數

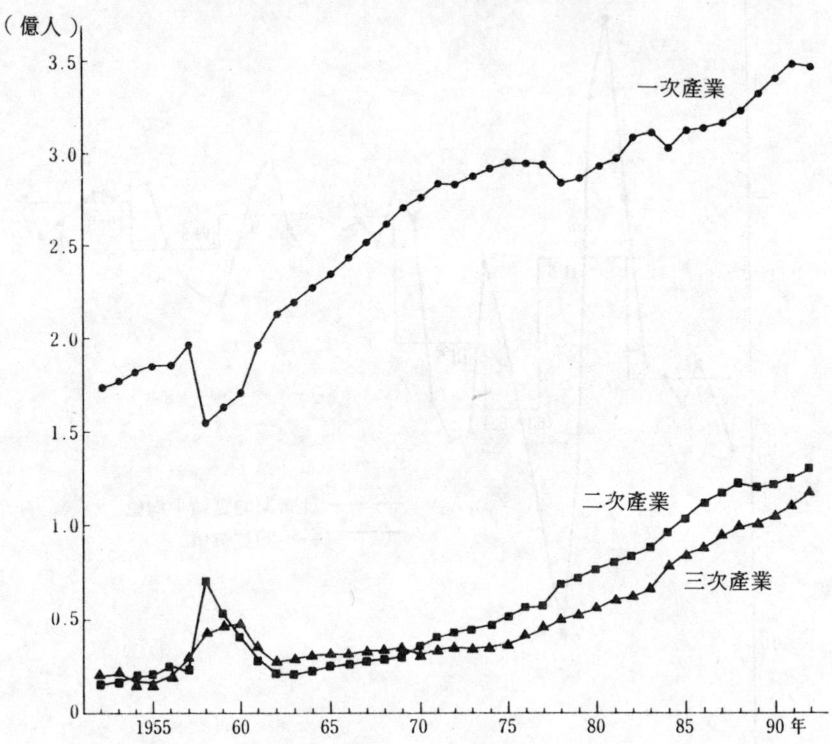

資料：國家統計局『中國統計年鑑』。

以鋼鐵生產為主的大躍進，使得基本建設投資大幅地擴大，中國的蓄積率異常地增高，只要參考圖1－13，各位即可一目了然。一九五八年的蓄積率，從前年的二四・九％一舉上昇為三三・九％而在五七年、六〇年的蓄積率，則顯示出新中國建國以來最高值。其後，沒有任何的時期刷新這兩年的比率。因此，五八～六〇年堪稱是異常之年。

以土法煉鋼為主的煉鋼、煉鐵運動，如先前所指出的，採用舊式的方法擴大生產挖掘煤礦、電力建設、機械、運輸部門等，而且大量使用農業勞動力。在此時候，農民已加入人民公社的權力組織中，因此，免費徵用勞力，十分容易。當然，人民公社本來的工作，亦即水利建設方面，也徵用大量的勞力。關於大躍進所吸引的農業資源，在『中國社會主義經濟略史』有如下的說明。

「原本農業基礎就很脆弱，但是卻不斷地推行煉鐵、煉鋼運動，發展工業或其他的大事業，占據過多的農業勞動力，因此，與前年相比，農村所剩下的勞動力減少了三八一八萬人，且集中大部分是壯年的勞動力。很多的農具、役畜，也為了支援大躍進而粉墨登場。再加上人民公社秋收作業極其複雜，因此，這一年雖然豐作，卻無法豐收，糧食作物、棉花無法收割，而被擱置於田園中。於是，其後再調查農業伸展率時，較原先的推定值下降了許多。豬、役畜的頭數、水產物的數量，也較一九五七年低很多，都市人口不斷地增加，使得市場的供給情況更為緊張。」

這兒所指出的農村勞動力，是指第一次產業的勞動力。的確，只要看圖1—14，各位就可一清二楚，一九五七年為一億九三〇〇萬人的第一次產業勞動者數，到了五八年時，銳減為一億五四八〇萬人。在這麼短的時間內，勞動力減少，是新中國成立以來，最大規模的勞動力減少。與此形成對比的是第二次產業勞動力，從二一一五萬人一舉增加為七〇三四萬人。

圖1-15　農作物播種面積

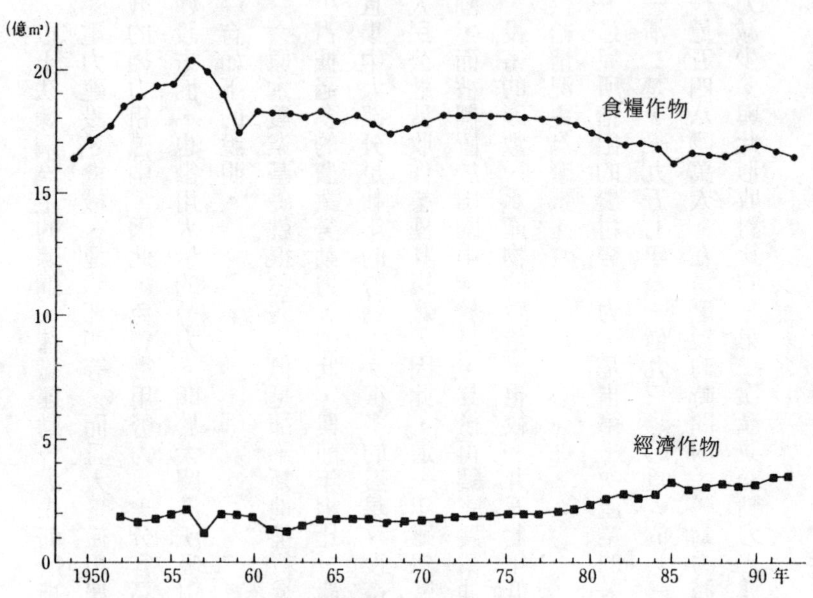

資料：農業部計量司編『中國農村經濟統計大全（1949-86）』、國家統計局『中國統計年鑑』。

農業資源流出並不僅限於勞動力而已，另一個重點也是起因，請參考圖1―15，一九五七年糧食的播種面積為二〇億四五〇畝，五八年為一九億一四二〇萬畝，到了五九年，則又急速減少為一七億四〇三四萬畝。由於動力和土地的減少，糧食當然會減產。請看圖1―9，各位都可明白糧食減產的情況。除了糧食以外的經濟作物，如棉花和油料，也呈銳減的局面，請參考圖1―16。

既然糧食的生產處於低迷的狀況，因此，役畜、食用肉豬和飼料也會受到限制。據說，飢餓

圖1-16　經濟作物

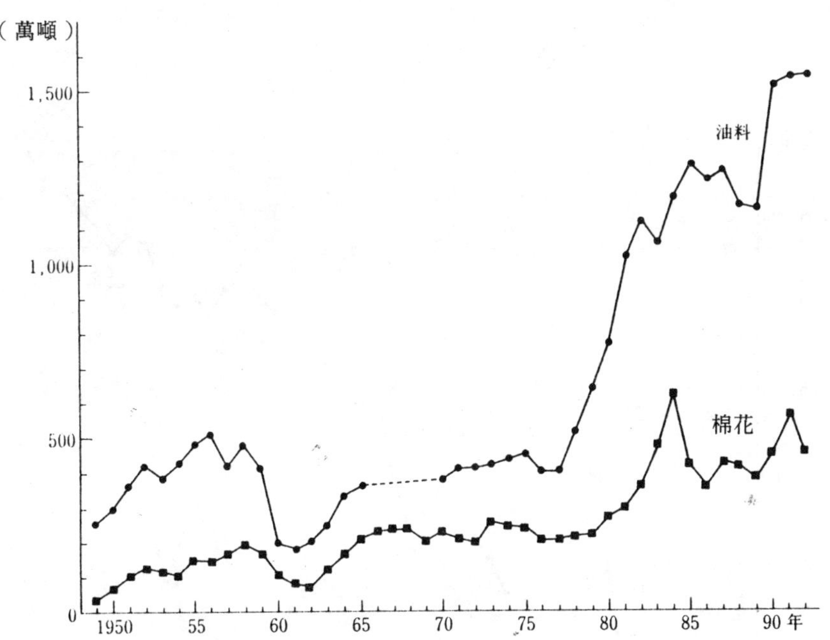

資料：國家統計局總合司編『歷史統計資料匯編（1949-89）』、國家統計局『中國統計年鑑』。

的農民，甚至以飼料來裹腹。在人民公社化的過程中，害怕否定私有財產的農民們，大量地屠殺役畜與豬等等。圖1—17是自一九五八以後役畜數與豬飼養數的表示圖，有明顯減少的傾向。糧食生產的低迷，表現出農民的糧食不足。如圖1—8所示，各人的農業生產量，五八年為三〇六·二公斤，五九年二五五·三公斤，六〇年為二一五·一公斤，日益下跌。

圖1-17　役畜、豬數

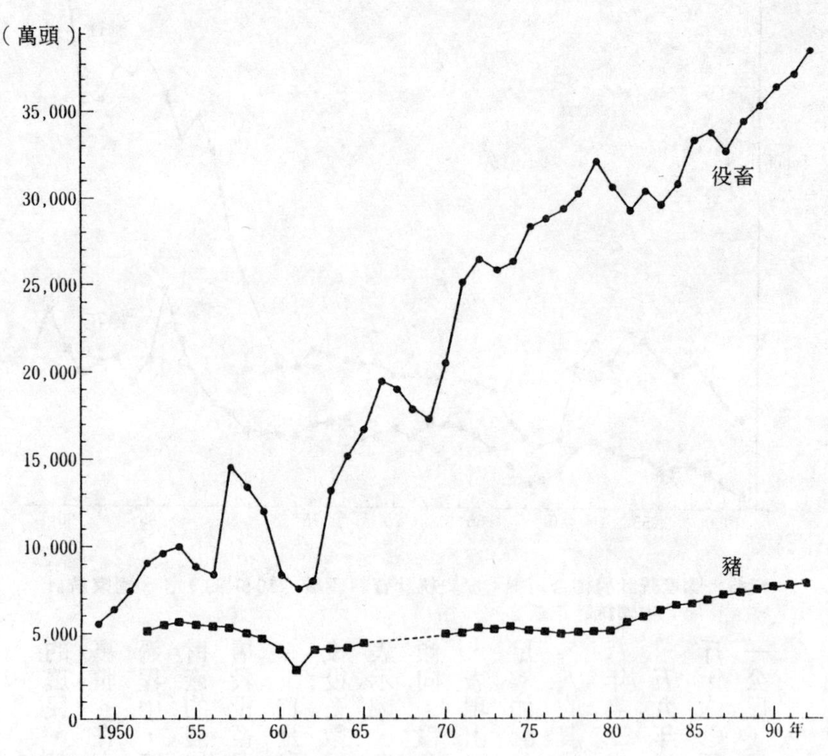

資料：國家統計局總合司編『歷史統計資料匯編（1949-89）』、國家統計局『中國統計年鑑』。

圖1-18　出生率、死亡率、人口增加率（相當於人口 1,000 人）

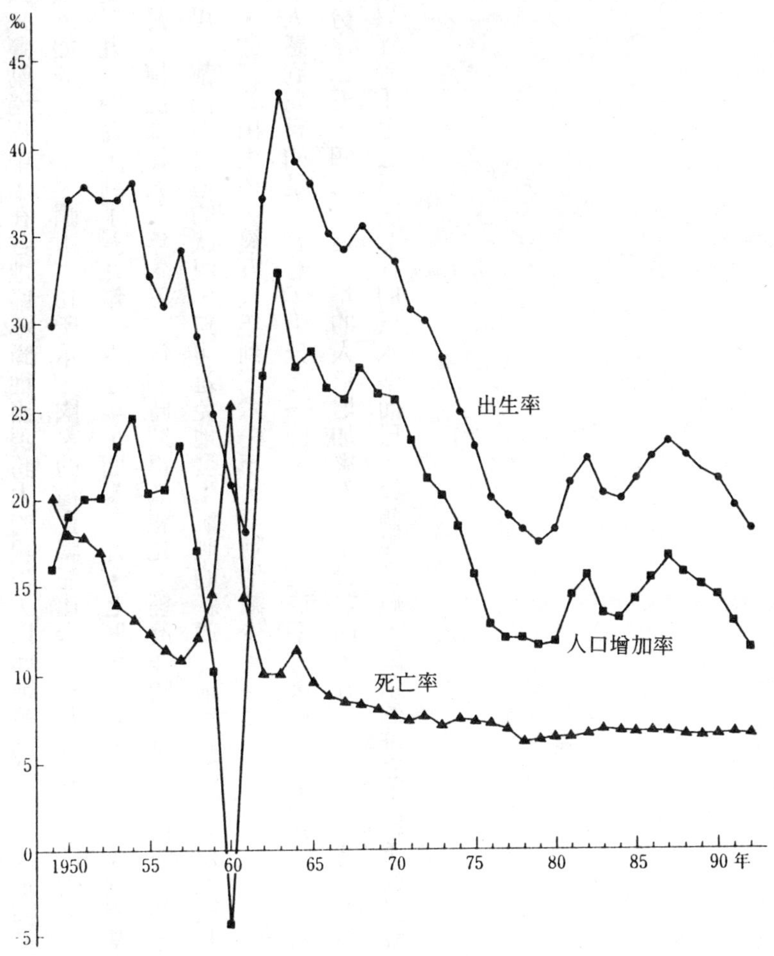

資料：國家統計局總合司編『歷史統計資料匯編（1949-89）』、國家統計局『中國統計年鑑』。

人民運動過程中，在各地區不斷地出現誇大的報告，以此數值為基礎來決定國家的糧食收購量。如表1—1、圖1—10所示，國家的糧食調配比率，一九五七年為二四・六%，五八年為二九・四%，到了五九年、六〇年，則為三九・七%、三五・六%，達到相當高的水準。但是，情況卻比五三年、五六年的時期更為惡化。經濟作物、役畜、食肉，甚至連蔬菜等的市場，都面臨窘迫的狀況，無可避免地發生飢餓的狀態。請參考圖1—18。五七年千分之三四・〇三的出生率，經五八年到了六一年，不斷地減少。

令人感到驚訝的是，五七年千分之一〇・八〇的死亡率，後來日益上昇，到了六〇年，達到千分之二五・四三。這一年的人口增加率為負千分之四・五七。六一年時恢復為正值，不過也只達到千分之三・七八的低水準而已。這個異常值，顯示的確發生嚴重的飢荒。

11 不合邏輯的毛澤東——盧山會議

事態至此，毛澤東不得不承認失敗，進行轉換政策的表明。毛澤東視察河北、河南的農村，親眼目睹人民公社的混亂與悽慘，於是，從一九五八年十一月二日開始，聚集中央與地方的領導者，召開第一屆鄭州會議。從五九年七月開始到八月，召開著名的「盧山會議」。在這兩次會議之間的時間，為了調整大躍進與人民公社運動，不斷地努力。

在此觀察其努力的過程。至少，在這個時點，中國指導部中還殘留復原力，希望能夠抑制「急躁冒進」，循常軌來推廣中國經濟。當然，這個努力也只是「黃粱一夢」罷了。在回顧這個努力的過程中，可了解到盧山會議之後的中國，已經陷於谷底了。

根據一九五九年八月二九日的『人民日報』，指出在第一屆鄭州會議中發現人民公社運動脫軌的毛澤東，聲明一定要採取恢復常軌的措施。其公開發表的內容如下。

「在未實現農村全人民所有制的階段，農民畢竟是農民，他們即使依循社會主義的道路，還是具有一定的兩面性。我們一步步地指導農民，讓他們脫離較小的集團所有制，透過較大的集團所有制，走向全人民所有制的道路。當然，不能要求一舉完成這個過程。這就好像我以前指導農民一步一步脫離個人（經營）所有制，而走向集團所有制的情形一樣。」

立即要達到全人民所有制，必須「一步一步」地來，而不能「一舉」完成。的確，毛澤東也開始自我反省。而毛澤東的這段發言，也鼓舞人心，在一九五八年十二月，中共中央於湖北省武昌召開政治局擴大會議，從五八年二月到五九年，提出人民公社的「整頓」問題。其次，又於武昌舉辦第八期中央委員會。在十二月十日的『人民日報』中，公開發表『關於人民公社諸問題的中國共產黨第八期六中全會的決議』。這項決議，緩和了前年五八年八月二九日的「關於設立農村的人民公社的中共中央的決議」。在此，的確反映出黨中央對於在這段期間人民公社的實驗結果有了真正的認識。

「現在全國農村已經公社化，但是要實施全國農村的全人民所有制，還要經過很長的一段期間。……從社會主義的集團所有制代替社會主義的全人民所有制，並不是指社會主義取代共產主義。農業生產合作社代替人民公社，也不是社會主義取代共產主義。」另外，也主張「從社會主義的集團所有制轉移社會主義的全人民所有制，從社會主義轉移為共產主義，都必須要以發展某種程度的生產力為基礎。生產關係應適合生產力的性質，待生產力發展到某種程度之後，才能於生產關係上產生某種變化，這也是馬克思主義的基本原理之一。各位同志，我們現在生產力的發展水準極低，各位必須牢記這一點。」

這是以馬克思主義來呼籲要先站穩腳步。不過，在這個時點不得不強調改革的事實中，也告訴我們從前年八月的決議開始到十二月決議為止的中國經濟實況，的確是脫離常軌了。關於這一點，黨中央終於承認了。一九五七年二月十七日到三月五日在鄭州所召開的政治局擴大會議，亦即第二屆鄭州會議中，毛澤東承認這個脫離常軌的事實。

「很多人不了解公社所有制必要的發展過程，在公社內，由生產隊的小集團所有到公社的大集團所有制，需要一種過程。要經過數年後，才能夠完成此過程。他們誤認為一旦人民公社成立後，各生產隊的生產手段、人力、生產物，全都由公社的指導機構直接支配，誤認為社會主義就是共產主義，誤認為配合勞動分配，配合必要分配，誤認為集團所有制是全人民所有制。他們在很多地方否認價值法則，否定等價交換。因此，他們在公社內實施貧富的平等化，平均分配，將生產隊一部分的財產無償取用。銀行方面，回收對許多農村的貸款。『一平均化、二取用、三回收』，在廣泛的農民之間造成大恐慌，這也是我們在與農民的關係上必須面對的最根本問題之一。」

表面上似乎是在批判他人，事實上，是毛澤東的自我批判。

按照毛澤東的意見，擬定「關於人民公社管理體制的若干規定（草案）」，進行整頓人民公社的運動。提出五項原則，其內容是：

(1)確立生產隊基本採算單位，生產小隊則承認其部分的所有制與管理權。

(2)自成立人民公社以來，無償徵用的集團、個人的財產，必須原原本本，或以正常價格換算歸還。

⑶傾注於農業、林業、畜牧業、副業、漁業等的人民公社勞動力，不可下降到八〇%以下。相反的，工業生產、運輸、基本建設等勞動力，也不可超過二〇%以上。

⑷引出堅持配合勞動的分配原則的人民公社員之勞動欲，應限制無償供給制。

⑸回收自留地，這個自留地相當於一人土地面積的五%。

這也就是說，並不是否定大躍進。的確，必須要下降在武昌所召開的政治局擴大會議所提出的高指標。在其後的第八期六中全會中，對於工業生產的方式，也產生很多的疑義。尤其在一九五八年的發展過程中，各部門之間的不平衡，亦即粗鋼、生鐵、鋼材、煤等的生產量互相不適，電力、交通、運輸的供需不合，過於集中以生產鋼鐵為資源的行動，給農業造成很大的負擔，這些都是問題。而在提及這些問題的同八期六中全會中，決定調整五七年的主要部門生產指標，例如，粗鋼生產量從二七〇〇～三〇〇〇萬噸而下降為一八〇〇～二〇〇〇萬噸，生鐵由四〇〇〇萬噸下降為二九〇〇萬噸，工業機械由三〇萬台下降為十三萬台。其後也經過數次的調整過程，最後的目標數值則更低。

但是，以一九五九年四月全人代第二屆大會所決定的目標數值來看，同年的粗鋼生產額、農業生產額對前年的增加率，分別達到一〇〇%、四一%，非常的高，而採礦、選煤、焦碳製造、壓延、發電等諸設備的能力增加倍率，設定為二倍到數倍。參考圖1—3，各位就能夠明白在五九年、六〇年的生產量，遠超過五八年，展現極大的進步。換言之，大躍進並未被捨棄。從五八年到五九年這段期間，的確，已經開始矯正昔日極端「左傾」的路線，不過，卻承認大躍進與人民公社運動。在加以推進的前提之下，不出修正的領域。回顧以往，大躍進與人民公社的調整，只有在五八年末到五九年夏天為止，帶來些許的期待罷了。

中共中央從一九五九年七月二日到八日，總括持續進行半年以上的調整，確認「左傾」所造成的錯誤，於江西省廬山召開政治局擴大會議與第八期八中全會。但是，這個會議卻違背了當初的觀點，認為大躍進與人民公社運動受到忽視，會導致悲慘的結果，因此，暫時銷聲匿跡的毛澤東的「急躁冒進」卻又死灰復燃。直接關鍵，是當時國防部長彭德懷對毛澤東的大躍進提出意見書。

彭德懷報告書的主旨，是針對這幾個月來中國經濟的現狀，以及應該處理的黨中央的方針，井然有序地陳述。而這個意見書，直到後來的六七年十月，於文革中由紅衛兵新聞初次公開。以下從彭德懷的意見書中選出相關的重要部分加以說明。

「誇大事物的風潮屢見不鮮。去年北戴河會議時，糧食生產額過大的評估，產生架空現象。大家都認為如此一來，待糧食問題獲得解決之後，就擁有人力，能夠著手於工業了。但是，對於鋼鐵生產的認識不清，對於製鋼、壓延及碎石設備、煤、鋼鐵石、焦碳爐、坑木的佈置、運輸能力、勞動力的增加、購買力的增大、市場的商品出貨能力等，都欠缺認真的研究。總之，缺少必要、均衡的計畫，這並非實事求是的態度，造成了缺憾，也是產生一連串問題的原因。將事物誇大化的風潮，在各地區，各部門不斷地擴展。

報章雜誌所發展的一些令人難以置信的奇蹟，的確有損黨的威信。從當時各方面所寄來的報告與材料來看，共產主義似乎的確具有強大的勢力。一般人只想到秋天的大豐收，並沒有想到成本的問題。但事實上，根本過的就是窮人的生活。更重要的是，長期間以來無法掌握實情，因此，武昌會議以及今年一月的省市黨書記局會議時，依然無法完全掌握情勢的真相。造成誇大事物的風潮，就是存在著這些社會要因，必須仔細研究。」

彭德懷接著又說：

「我們必須要研究的，即是當前具體的狀況，必須在積極、穩紮穩打的基礎上調整工作，否則，只會一味地向部分的指標邁進，不斷地累積數字，原本需要花數年或數十年才能夠達成的要求，想要在一年或數個月間就達成。然而，卻脫離實際，無法得到大衆的支持。例如，等價交換法則被否定，提倡糧食的免費供給。一部分地區糧食豐作，而撤除統一販賣政策，提倡想吃就儘量吃。此外，也不鑽研技術，懂得些許皮毛，就急於推廣，輕易否定某種經濟法則與科學的法則，這全部是一種『左派』的傾向。這些同志們認為只要提起政治優先，就能取代一切，認為政治優先，能夠提倡勞動欲望，保證生產物的量與質，發揮大衆的積極性與創造性，藉此促進我們的經濟建設。不過，政治優先並不能夠取代經濟法則，而經濟工作也不能夠取代具體的措施。」

站在絕對權威者毛澤東的面前，這的確是率直伶俐的意見。事實證明彭德懷的指出非常的正確，但是，毛澤東卻認為這種表達方式過於率直，彷彿從正面攻擊自己的權威似的，因此不肯承認，反而認為支持彭德懷的指導者皆為右派的觀望主義者，對資產階級產生動搖，而加以反擊。由這件事可以推測，毛澤東在廬山會議時對自己的數個月自我批判，只不過是為了實現毛澤東烏托邦理想的「暫時休止」的行為罷了。

七月二三日，毛澤東花四十分鐘的時間反駁彭德懷的意見書，公開對大衆發言。在此提出的，並不是經濟學或政治學理論，根本就是有勇無謀的說法，也只能算是烏托邦的理想主義而已。或者可以說是一位絕對權威者對於加諸自己身上的批判所進行的謾罵。自認為是革命家、愛國主義者的毛澤東，在這個時點已經不存在了。而對於中國經濟的評價，此刻也沒有機會了。

「所有的發言都是信口胡謅，不過這樣也好，愈是信口胡謅，就更需要豎耳傾聽。我們在整風之中，曾強調『要不斷地忍耐』。我認為一部分的同志需要不斷地忍耐。要忍耐多久呢？一個月、兩個月、半年、一年、三年、五年、八年，還是十年呢？某位同志將其比喻為『持久戰』，我很贊成。這類同志占多數。在坐諸位也一定認為這番話是言不及義吧！

各位，你們要知道，神州（中國）不會掉在泥裡，天不會塌下來。我們做的是好事，就可以抬頭挺胸。我們多數派的同志諸君，都必須要抬頭挺胸，但又為何挺不起來呢？那是因為某一省蔬菜很少、肥皂很少，平衡失調、市場緊張、造成人心惶惶之故。我認為這用不著大驚小怪。事實上，我也緊張。但是，就算緊張到徹夜難眠，服用安眠藥，就能夠消除緊張嗎？也許各位認為大衆已經脫離我們了，不過，我卻認為大衆還是支持我們的。我認為這只是暫時的脫離，也許只有三個月的時間吧！到了過年前後，大衆一定會順利地與我們結合的。」

毛澤東對全體重複說這類的談話，不斷指出批判者的「胡言亂語」，而大衆仍然是支持毛澤東的。這是極不合邏輯的說法。在八月一日時，中央公佈「中國共產黨第八期八中全會關於彭德懷反黨群的決議」，包括彭德懷以下的人民解放軍參謀長黃克誠、外務部副部長張聞天、湖南省委員會第一書記周小舟等，都成為反黨組織而失勢。

在這個反黨決議下，不再出現批判冒進的聲浪。相反的，在全國展開以反右派觀望主義為口號的鬥爭，很多指導者積極參與，且有更多的指導者害怕被貼上「右派觀望主義者」、「黨內資產革命家」的標籤，而支持這項鬥爭。

前面已經說過，彭德懷在廬山會議中對毛澤東的批判，給予毛澤東極大的衝擊。那是因為以往沒有人給他如此明瞭、真摯的正面批判。廬山會議使得毛澤東對自己的權威更加的敏銳。在這次會議以後，「只要是意見與毛澤東對立的人，不論是誰，都得受罰。不僅如此，對於自己所提出的任何想法，都認為是正統的基準」。文化大革命時期毛澤東的行動模式，在這個時候就已經確立了。

在第八期八中全會中，周恩來提出在同年四月四日全人代大會中所採取的經濟計劃，由於廬山會議反黨群決議以後的反右派觀望主義運動，因此要求第二次五年計劃提早兩年進行，於是，再度展開冒進。一九五九年在全國各地廣泛實施的調整措施，在反右派觀望主義鬥爭的過程中逐漸被遺忘，同時，調整活動本身也受到指摘。

在廬山會議中再度展開的毛澤東路線，於一九六〇年時達到巔峰。無視於中國經濟實績的高速度目標，再度全面展開，並開始動員大衆。中國經濟已達到極度緊張的狀況。農村瀰漫緊張的氣息。六〇年春天以來，幾乎無法收購糧食，北平、天津、上海等許多大都市，糧食供不應求。飢餓從農村蔓延到都市。面對這樣的情勢，廬山會議以後再度展開的冒進，慘遭嚴重的挫折。

可能以此為轉機吧！在一九六一年一月中共中央第八期九中全會中，展開所謂「八字方針」（調整、強化、充實、向上）的調整政策。在「八字」之中，以「調整」為最大目的。從廬山會議開始一年半內的中國，只是不斷地展開路線鬥爭。不僅浪費一年的時間，且農村的餓死者遽增，中國的人口增加率確實地呈現負成長，這是自建國以來首度出現的異象。

12 失意——調整期的中國經濟

一九六二年一月的第八期九中全會，以六一年度的國民經濟計劃的商討為目的。不過，當時擔任副總理、國家計劃委員會主任的李富春，對於從這一年開始，二、三年內的中國經濟的主要課題，強調在大躍進運動下所發生的各部門之間的相互關係，必須進行調整。六〇年三月，後來成為「農業基礎論」，而為衆人所知的論文，就是在這時發表的，內容是「六〇年以農業為基礎，以工業為引導，重工業的優先發展與農業的急速發展結合在一起，應該要正確處理農業、輕工業、重工業之間的關係」。換言之，農業是工業發展的基礎，是已經展開的中國經濟發展最重要的主題，在大躍進期的瘋狂下，卻不知不覺地遺忘了這一點。因此，他強調大家要反省，並且要展開這理論。換句話說，以製鐵、製鋼為主的工業大躍進，因農業遭到破壞而自滅的事實，會使農業基礎論成為自覺的主題，這種解釋較為妥當。

再回到原來的話題。第八期九中全會溝通的二大主題是「全國集中力量，強化農業路線，貫徹以農業為基礎的方針，振興農業，增產糧食」、「適當縮小基本建設的規模，調整發展的步調，因循既存的勝利，致力於強固、充實、向上」。由這意義來看，從一九五八年十一月第一屆鄭州會議到廬山會議為止，不斷持續的大躍進與人民公社運動的冒進，在第八期九中全會中，再予以批判，才是這一次結論的主旨。

基於這一項決議，中共中央在同年三月於廣州，五月在北平召開工作會議，進行「農村人民公社工作條例（草案）」的商討。基本項目包括：⑴再確認以生產隊為基本單位的三級所有制。⑵自人民公社運動以來，由公社、生產隊、公社員所徵用的各種財力與勞動力必須歸還。⑶一九六一年的糧食供應量比前年減少一〇六〇萬噸，為四〇四七萬噸，同時降低農業稅的稅率。⑷為強化農業生產第一線，要壓縮水利建設等農地基本建設。⑸提高農、副產品的收購價格，進行適當的收購販賣政策。⑹強化工業的農業支援。

回顧先前的敍述，再和前一節所敍述的「關於人民公社管理體制若干規定（草案）」大致相同。當時，必須實現的調整政策，卻因廬山會議中毛澤東的冒進，而大大地落後。

農業和工業的調整都不斷地進行著。中共中央在一九六一年八月，於廬山召開工作會議，基於「八字方針」的精神，一致主張要緩和重工業化的步調。九月十五日，公布「關於目前工業問題的指示」，其主旨為：⑴以「八字」方針為基礎，將工業生產指標與基本建設投資規模降至能確實實行的水準以下。⑵再次架構能高度集中、統一的工業管理體系。⑶在煤的數量增加與品質提昇，鋼材的種類增加與品質提昇上，必須不遺餘力。對於高成本、多缺點的企業，必須講究一次操業終止，閉鎖等的措施。⑷致力於輕工業品與農業手段的增產。

在農業、工業調整方面，能發揮強大力量的，是劉少奇與鄧小平。仍執著於大躍進運動的毛澤東心中，對劉、鄧等，自然心存敵意。因此，在後來大規模展開的文化大革命中，對劉、鄧極盡批評之能事，就是在這時期，二人對大躍進所進行的調整政策所致。

在調整過程中，最重要且困難的課題還有一項，那就是在大躍進運動的過程中，居住於都市的勞動者與住民要強制移至農村，減少都市糧食消耗，減輕國家對於農村糧食供給的壓力。實際上，在大躍進期，中國的都市人口一九五七年為九九四九萬人，到六〇年時，急增為一億三〇七三萬人。這期間的年平均增加率為九・五％，非常多。相形之下，農村人口在五八年為五億九二七三萬人，到了六〇年，為五億三一三四萬人，不斷減少。以勞動者數來看，全人民所有制單位也就是國營企業勞動力的增加顯著，五七年為二四五一萬人，六〇年為五〇四四萬人。農村勞動力則從二億五六六萬人下降至六〇年的一億九七六一萬人。

以國營企業為主，而急增的都市人口、職員、勞動者數，要一舉減少，而採取這種粗暴的手法。起初，這粗暴的手法是決定於一九六一年五月的中央工作會議，六〇年的都市人口約一億三〇〇〇萬人。以此為基數，至少六一年內要減少一〇〇〇萬人，三年以內減少二〇〇〇萬人以上。實際減少的都市人口，為七〇〇萬人左右。這準備並不充分的工作會議，六一年的都市人口數為一億七〇〇萬人，以此為基數。至少六一年內要減少一〇〇〇萬人，三年以內要減二〇〇〇萬人以上，而實際減少的都市人口數為七〇〇萬人左右。這準備得並不充分的工作會議，再以六一年的都市人口數一億七〇〇〇萬人為基數，決定六二年、六三年的二年內，都市人口要再減去二〇〇〇萬人，而職員、勞動者要減少一〇〇〇萬人以上。實際上，六二年的都市人口數為一億一六五九萬人，比工作會議所估計的更少。和六一年相比，減少一〇六一萬人。從六〇年的巔峰時期到六三年為止四年內。總計有一四二七萬人移居至農村，的確是非常粗暴的方法。

實際上，藉此也能使來自農村的商品化糧食供給緊張的程度，得到若干的緩和。

話題再回到一九六一年初的調整政策。這調整政策就是因為中國經濟受到很大的損傷，而在具有較強意志的劉少奇、鄧小平的指導下，推行這種政策。後來，經濟也逐漸朝向基調恢復。

這時期的調整政策的「總完成」，是一九六二年一月，聚集黨高級幹部七〇〇〇餘人所召開的「七〇〇〇人大會」。會議主席劉少奇對於人民公社運動、大躍進運動，以及廬山會議以後再度產生的冒進的缺點，指責是「左傾」的錯誤，雖然態度沒有彭德懷那麼率直，但是也是在批評毛澤東。

換言之，(1)中國經濟的平衡因過大計劃指標，造成巨額基本建設投資，而失去平衡。此外，這指標不具有任何系統性。巨額基本建設投資幾乎全來自農村，由於超乎能力的國家糧食調配問題，而使得農村疲憊不堪。(2)農村的集團所有制轉移至全人民所有制，操之過急，人民公社出現超乎常軌的「共產風」。⑶一味追求以人民公社單位為主的權力下放。在全國各地為了建立「完整的工業體系。而產生「分散主義」，阻礙了中央有效的統一管理。⑷基本建設投資費用的巨額化，使都市人口急增，對於都市人口商品化糧食需要，則遠超過農村的食品糧食供給能力，使農村陷入極度的緊張狀態中。對於大躍進與人民公社運動對中國經濟所帶來的危機，以客觀的方法提出來討論；而對於儼然是大躍進與人民公社運動領導者的毛澤東而言，當然很明顯地是毛澤東路線的挑戰。

這批判的空氣使七〇〇〇人大會參加者產生共鳴，參加者大多知道出現許多餓死者的悲慘事實，而知道擁有這些事實的各級領導者存在，這種批判空氣一定能壓倒毛澤東。於是，毛澤東也說：「這幾年來，運動的缺失、誤認中，要先了解的就是中央的責任，即中央和我必須先負責。」毛澤東也嘗試做明確的自我批判。

廬山會議以後的中國經濟現況，使理想主義者毛澤東不得不正視其失敗，因此只好同意在這些會議中所討論的調整政策的方法。因此，也鞏固了劉少奇與鄧小平的實權，而賦予他們力量。在這種力量之下，於是在一九六二年六月，要求挽回彭德懷的名譽，對於把彭德懷當成反黨組織的黨建議，提出再審查的要求。看起來的確超過了毛澤東的權威。但是，前文已敍述過，毛澤東的自我批判，並不是對「自我」的真正批判，而實際上，文化大革命是對於「實驗派」劉、鄧等，進行大衆運動者的政治鬥爭。由日後的事實可了解到，毛澤東的後退只不過是「戰略的後退」而已。

不過，實際上在這個調整期，經濟的確著實地恢復基調了。請看前面的圖，各位就能了解到事實。糧食生產一九六〇年為一億四三五〇萬噸，跌到谷底；而在六三年時，恢復為一億七〇〇〇萬噸。此外，在六五年也恢復了顯示糧食生產最大値的五八年的二億噸。看圖1～8也可以知道，各人糧食也急遽地恢復。同樣的恢復也可在棉花、油料等經濟作物中觀察到。役畜類與豬肉生產量也一樣恢復了。不只是農業，請參閱圖1～3，連粗鋼生產與生鐵生產也一樣恢復了。

另一方面，異常提高的蓄積率在六〇年代初期急遽下降，配合當時中國經濟的實際情況，下降至二五～三〇％的水準。調整政策的確使中國經濟朝穩定的方向發展。

從一九六一年開始進行的調整政策，當然並非朝一直線發展。調整政策順利展開，經濟不斷提昇，卻成為再度躍進的基礎，使「左傾」思想再度抬頭，而為了否定這種思想，使「實驗派」再度展開爭論，這崎嶇的道路是中國指導部內實際的情形。

不過，整體而言，空氣是得到了調整，毛澤東冒進的慾望在這時期也受到了強烈的限制。中國經濟的確開始走上健全之路，踏上經濟建設的軌道了。

13 再度冒進——三線建設與大寨大隊方式

但是，看似煞有其事的調整期，其實只不過是毛澤東後退的方法，即「戰略的後退」的做法。毛澤東對於冒進的批判，也就是對於調整政策的反擊，在一九六二年九月北戴河所進行的第八期十中全會中，開始進行「講話」，就已經出現端倪了。在七〇〇〇人大會中，調整看似正式化的時期，僅僅半年而已。毛澤東對於大躍進的夢想，絕不因出現極大的困難與無數的餓死者，而產生絲毫動搖。

第八期十中全會中，北戴河會議講話中，毛澤東說：

「社會主義國家沒有階級存在嗎？階級鬥爭是不存在的嗎？到目前為止，我們必須肯定社會主義國家有階級存在，有階級鬥爭的存在……。南斯拉夫已經變質，成為修正主義國家，從勞動者、農民的國家，成為反動的民族主義者支配的國家。我國必須充分認識與研究這問題，階級長期存在，階級與階級的鬥爭是我們必須承認的。」

由這一番話中，就可以了解到，他已經開始準備批判劉少奇與鄧小平了。

第八期十全會中，衆人對於毛主席的發言是，「從無產革命與無產獨裁的歷史時期，從資本主義轉移至共產主義的時期，一切都會存在（也許，要花數十年的長時間）。無產階級與資產階級的階級鬥爭存在，社會主義與資本主義這二條道路的鬥爭是存在的。全面推出資本主義和社會主義「這二條路」，而對於調整政策加以反擊。同時，在廬山會議中，對於彭德懷的批判，也試著予以反擊，「在一九五九年最初的廬山會議中，不斷推進活動的會議，後來因為彭德懷的出現，而使活動受到影響。我們的活動已經脫離了時期，這一次的會議絕對不能再發生這種事情」。

後來，到了一九六三年九月二十日，毛澤東主宰下的「關於目前農村工作的若干問題，中共中央的決定（草案）」開始起草。這時，毛澤東認為中國社會已產生重大的階級鬥爭，這鬥爭是一種新的革命運動，甚至主張「這革命運動是自土地改革以來，最初最大的鬥爭。而且，是全面性廣泛深入進行的，這幾年來，從來沒有這種鬥爭出現」。在毛澤東眼中，調整政策只不過是沿襲階級鬥爭的行為而已。

在這時期，毛澤東也了解到，階級鬥爭路線的背景的確有國際環境的變化。於是，對於廬山會議的冒進，在一九六〇年七月上旬至八月間開始進行調整。中共中央北戴河的工作會議中，中俄的對立關係已達到險惡的地步了。派遣到俄國的中國專門技術人員，在一個月內完全撤回，與中國締結契約的三四八項建設契約與契約協議書都廢棄。同時，取消二五七項科學技術合作項目，俄國停止對中國的物質與設備的供給。因此，可以想像得到，這就是毛澤東鞏固急躁冒進意志的要因。

毛澤東強化冒進意志的另一國際條件，就是原野戰。尤其是在一九六五年以後的「北爆」，的確令毛澤東心驚膽顫。在六四年十月的黨中央工作會議中，國防建設具有第一義的重要性，想要加速「三線建設」，並決定要迅速再編成對中國全境的工業配置。毛澤東在內陸部分的數個據點設置重工業，特別是與軍事有關的重工業地區。

此外，在各省單位也建設小規模鋼鐵工廠、小型兵器工廠，確立能夠抵擋外敵攻擊的分散工業體系。所謂「三線建設」就是「國防三線建設」，沿海部為第一線，中央地區為第二線，內陸部為第三線，並且要把經濟建設的重心移到第三線。四川省、雲南省、貴州省等西南地區，陝西省、甘肅省、青海省、寧夏回教自治區等西北地區，以及湖南省西部、河南省西部、山西省等，都是重要據點。既然重工業的重點計劃配置在第三線，因此交通、運輸體系也必須要重新再配置。六〇年後半期以後的鐵路建設，是為了第三線建設而進行的，致力於內陸部分運輸網的強化。

以經濟合理配置的觀點來看「三線建設」，是非常有效率的，因此進入鄧小平時代以後，為了要使分配構造還原，付出了極大的努力。但是，如果以國防上的戰略來看，要以經濟的效率性觀點來探討時代的資源分配的錯誤，實在沒有任何意義。問題在於當時毛澤東對於國際環境有認識，這認識使毛澤東打算把有限的資源再大規模分配至內陸部分。同時，在心理上增強了中國必須由調整期再度躍進的決心。

這種心理也展現在農業方面，如一九六五年以後所展開的「農業向大寨學習」運動。山西省一貧窮村落的大寨，遭到洪水的侵襲，田園、住家全被洪水破壞。但是，居民卻靠著有限的財力與人力，沒有藉助國家或省的資助，自力耕田，而展現了驚人的農業生產力量。毛澤東聽到這事實以後，以農村的「自力更生」為口號，把利用自然改造的方式，而形成高收量農地運動，稱為「大寨大隊方式」，並企圖把這運動擴展至全國。

六四年二月四日的『人民日報』中說，以「革命精神形成山區建設的典範」為題，做了以下的報導：「學習大寨的革命精神，效法他們自力更生的精神與奮鬥努力的優良做法，嚴以律己，重視整體的利益，必須向共產主義的風格學習。大寨農民靠自己的力量建設山區。他們在創業初期遇到許多困難，但是卻沒有請求政府的援助。」

在改革、開放以後，才知道這全是謊話。實際上，大寨大隊的超高實績全來自國家的援助，即為灌溉設施建設投下巨額的資金，並投入大量的人民解放軍士兵，才能達到這種成效。但是當時，為了趕快結束調整期，而打算開始三線建設，恢復大規模建設路線的毛澤東，卻想利用這種方法，而擴大其能當成基礎的農業剩餘的慾望，這是超乎常軌的大衆運動的煽動手法。毛澤東的野心則是向因調整政策奏功，而享有高權威的「實權派」劉少奇、鄧小平等人進行奪權鬥爭，展開文化大革命、新權力鬥爭的直接要因。

關於文化大革命的經緯，大家都已經知道了，在此不再詳述。不過，既然這是毛澤東思想的一部分，而且是以新權力鬥爭的型態表現出來，我還是簡單敍述一下好了。

一九五六年五月十六日，中共中央公布所謂「五・一六」通知，是文革的出發點，後來據說這通知是文化大革命的「綱領文獻」。這通知在中央書記處設置「中央文化革命小組」，組長陳伯達、顧問康生、第一副組長江靑、副組長張春橋，即後來所謂的「四人幫」的其中三人，都在其中。在毛澤東的權威下，被扶起的陳伯達等人，試著漸漸奪取調整期所建立的黨、政治機構的權力。

一九六六年八月四日，毛澤東在政治局常務委員會擴大會議，以激動的口氣進行演說。北京大學成為文革的據點，在這據點推進文革的聶元梓等人所寫的「大字報」，得到很高的評價，但是想要予以限制的黨領導部卻被彈劾，並說「北京大學聶元梓等七人的大字報，是二十世紀六〇年代的巴黎宣言——北京宣言。大字報是非常好的東西，應該讓全世界的人民知道。

在這時期，毛澤東的共產思想已經不斷膨脹。過了五天以後，發表了掀起文化大革命之火的論文，也就是在『人民日報』上，發表了「攻擊指令部——我的大字報」，內容如下：

「全國最初的馬克思、列寧主義的大字報與人民日報評論員的評論不是很好嗎？希望同志諸君也能再以閱讀這大字報與評論。但是，這五十餘天內，從中央到地方的一部分領導同志卻背道而馳，處於反動的資產階級立場，實行資產階級獨裁，抑制無產階級的文化大革命運動，顛倒是非、混淆黑白，對革命派加以包圍攻擊，壓抑不同的意見，進行白色示威，粉碎無產階級的志氣，自己還得意洋洋，真是非常惡毒！」

實際上，毛澤東並不認為當時在中國調整期時，反動的資產階級已經抬頭，進行白色示威的行動，是一種「惡毒」的表現。這篇文章的真意是在謾罵劉少奇和鄧小平，而在發表這篇「我的大字報」的同時，所召開的常務委員會擴大會議，也批判劉少奇、鄧小平。實際上，這會議中黨領導部的排列，林彪是僅次於毛澤東，佔有第二地位的人，劉少奇則為第八位。對於毛澤東的絕對權威與個人獨裁，想要予以壓抑，以劉少奇和鄧小平等人為主的勢力，在此一舉被消滅，而以毛澤東的權威為背景，追求「左傾」路線，建立自己的基礎的新政治，就出現了。

對於廬山會議以後所產生的冒進予以阻止，以劉、鄧為主的組織努力，再度受到挫折。相同的情形不斷地出現，即毛澤東始終執著於烏托邦思想，毫不厭倦地執著，不斷地上演著。這是自從建國以來，到他死去為止的一齣戲，而這是其中高潮的一部分。

14

共產的夢與挫折——文革期的中國經濟

無產階級文化大革命是由毛澤東所主導的「瘋狂」行為。這時期政治構造的混亂，對於黨機構的打擊、人心的荒廢等等，就可以了解到中華人民共和國的確面臨內亂與崩潰的危機。但是，令人感到不可思議的是，經濟方面當然不可能有上昇的趨勢，也沒有陷入大躍進後調整期的悲慘結果，應該說是持續低迷了十年。歷經過大躍進調整期經驗的農民、企業、地方團體，可能從這次文革的風暴中，拚命地保護自己。

由此可知，文革對於經濟所帶來的損害，是使原本在廬山會議的調整期以後，能夠順利成長，邁向大國化道路的中國。過了十年以後，才能重新掌握這機會。

文革期間的中國，大致有以下三種動搖。

第一：在文革進入正式化的調整期，原本比較順利擴大的中國經濟，在一九六七年、六八年的文革期最高漲期，因為經濟管理系統的混亂而失速。

第二：由於失速，而逃離經濟整頓的惡運，從六九年開始到七三年為止，開始找出軌道的經濟，卻又因為七四年四人幫的激烈奪權鬥爭，而再度失速。

第三：利用經濟調整，而克服了失速。但是，由於「四人幫」再次對最後實權派路線的「從左反擊」的鬥爭，而三度失速。

從一九六六年開始的文革，是以趕走實權派的鬥爭為著力點，實際上對經濟並沒有太大的影響，凡事不斷調整，順利地擴大。文革從上部構造鬥爭蔓延到經濟部門，後者動搖則是在六三年與六七年的時候。這時期，在調整期所規定關於企業管理的生產責任制、勞動規律、品質管理、安全操作等相關的許多規則和制度，被視為是「修正主義」，而受到批判。黨委員會指導下的工廠廠長責任制與技術長責任制等，全都被認為是由「專家」來支配工廠；想要提昇效率性嘗試，也會被視為是「利潤第一主義」，而被迫停止。配合勞動的分配方式，被視為是「物質的刺激」，危險的資產階級思想，而受到責備。當然，在生產現場會引起混亂。

不只是工業部門，在這時期，煤、電力、運輸部門、建設部門都出現停滯的現象。前文已說過好幾次，鋼鐵生產是中國重工業最重要的項目，而在大躍進後的調整期，一九五六年以來，跌到谷底，到六六年為止，逐漸恢復。但是，其生產量在六六年達到顚峰，六七年、六八年再次恢復到五八年的水準。請參閱圖1～19。大躍進後調整期一度下降，這現象一度發生在國營企業固定資產投資與基本建設投資上。

文革的頂點是上海共產的成立。但是，關於這一點，最後毛澤東表明否定的見解，因此

圖1-19　全人民所有制企業的固定資產投資與基本建設投資

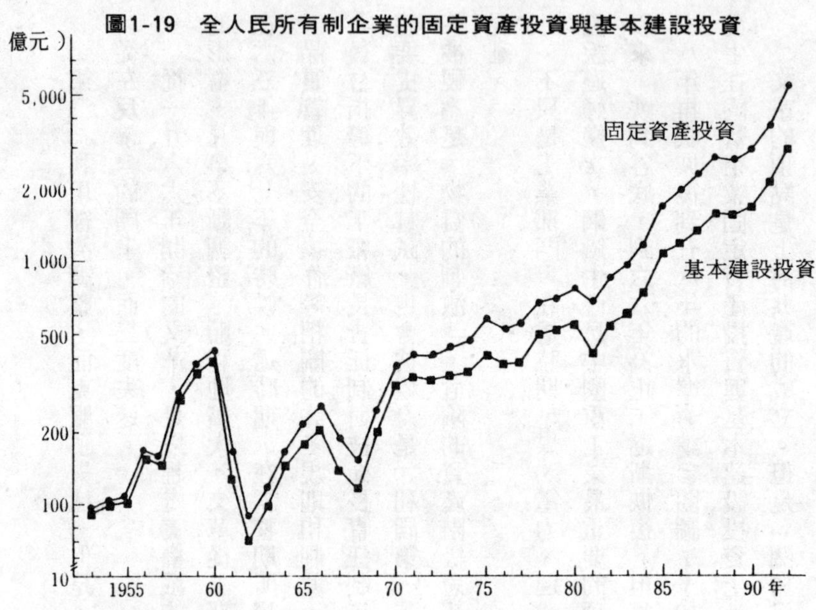

註：實質價格評價。

資料：國家統計局總合司編『歷史統計資料匯編（1949-89）』、國家統計局『中國統計年鑑』。

文革也開始產生某種「自壞」的行動。後來，經歷了林彪事件，鄧小平復權、失勢、四人幫遭到逮捕為止，包括許多政治戲劇在內，對經濟方面的影響並不是非常大。不過，上海共產政治這方面，卻是在討論毛澤東思想時，文革期的象徵事件，因此簡單地為各位敍述一下。

上海的文革是由一九六六年八月末，紅衛兵聚集在此而開始的。那時，紅衛兵與堪稱「實權派」，屬於上海黨幹部派的上海總工會為主的「赤衛隊」之間，產生大規模鬥爭。紅衛兵因勝利而發佈「告上海人民書」，全市由造反派，也就是由紅衛兵管理。紅衛兵奪回上海市政府，毛澤東感到很滿意，於是在一月五日的『文匯報』中說：「這是一個階級打倒另一階級，這是一種革命。……上海的革命勢力成立以後，全國都產生希望。當然，對於華東，全國各省市都造成了影響。『告上海市民書』是非常優秀的文章。雖然敍述的只是上海市的事，但是問題卻具有全國性。

但是，卻因為這些事件，而使上海的黨管理能力跌倒谷底。對於堪稱無產階級的黨，也予以否定。仔細想想，這當然是非常合理的問題。夢想著烏托邦共產主義，對於紅衛兵奪回上海，深感滿意的毛澤東，卻無法回答這問題，而陷入窘迫的環境中。雖然擁有鮮明的理想，但是如何朝著理想著實地邁步前進，毛澤東卻不得而知，這是毛澤東悲慘的一面。

一九六八年二月二四日所公布的「對於上海文化大革命的指示」，毛澤東的回答如下：「如果改變共產制度，那麼黨該怎麼辦呢？黨的地位將置於何處呢？共產黨的委員會是由黨員與非黨員所組成的，那麼到時候黨委員會應該處於何種地位呢？那時候，黨就不是黨了，也無法建立一個核心了。……因此，對黨而言，共產是絕不容替代的。」換言之，他對上海共產制度仍有強烈執著，不只是在發一發心中的牢騷而已。

在此，我想說的是，並非毛澤東的理論不徹底，而是他無視於中國政治發展現階段的情形，只是做著共產主義的夢想而已。做出這項指示的前年五月七日，所謂的「五、七指示」，毛澤東曾披瀝他「人民解放軍事大學校」的想法，並說「第二次世界大戰的八年期間，在各抗日根據地，我們不都是這樣做的嗎？在這大學校中，能夠學習政治、軍事、文化。此外，也能從事農業生產與副業生產。同時，也能經營數個中小工廠，生產自己所需要的若干生產品，以及與國家等價交換的若干生產物。」他認為勞動者「主要是以工業為主，同時也必須學習軍事、政治、文化。此外，也必須進行四清，必須參加對於資產階級的批判。有條件的地方，例如，大慶油田，也必須要進行農業生產與副業生產。農民以農業為主（林業、畜產業、副業、漁業包括在內），同時必須學習軍事、政治、文化。在有條件的地方，必須以集團的方式，經營小型工廠，必須進行對資產階級的批判。學生也是如此，以學業為主，同時必須學習經營其他事情。換言之，不僅是學習文化、工業、農業、軍事，甚至對於資產階級，也必須要進行批判。」

共產主義的夢想是不合邏輯的，只是毛澤東體內「構造化」的思想而已。但是，現代中國的悲劇卻是因為毛澤東無法達成的夢與悲慘的事實所造成的。

再回到原來的話題。上海共產制度的平靜化，使文革又邁過了一個山頭。一九六六、六七年陷入悲慘狀況的中國經濟，又重新進行再建努力。發揮再建力量的是周恩來。六八年末，周恩來掌握政治情勢比較穩定的時期，指示六九年經濟計劃的策定。請看先前的圖表，各位就能夠了解，所有的經濟指標，也就是社會總生產、鋼鐵、生鐵、糧食、經濟作物，都有明顯的上昇傾向。六六年為三〇・六％蓄積率的異常值，也逐漸收縮。這種恢復的現象一直持續到七三年為止。負責文革行動，始終主張政治主義路線，準備戰爭為第一要義的林彪，在毛澤東的權力鬥爭中死亡的事實，也是中國恢復經濟主義的要因。

在這時期，必須注意的是，一九七〇年九月第九期二中全會確定的「五小工業」。在文革背後，毛澤東的理念是烏托邦社會主義，因此持續追求人民公社的擴充與地方分權化。實際支撐的方法，是地方「五小工業」，對於小型鋼鐵、機械、化學肥料、煤、水泥工業，從國家財政支出特別資金。在全國近三〇〇〇個縣市，建設小型煉鋼工廠，手扶拖拉機工廠、小型動力工廠、零件工廠等。地方工業化的另一重點就是，人民公社生產大隊所負責的「社隊企業」。

七〇年代後半期，社隊企業生產額在中國工業總生產額的比率近一〇%，也成為今日鄉鎮企業的前進企業。目前，對於這些企業的評價仍然不低，這一點必須要留意。

文革期第二次的經濟失速，發生於一九七四年。在這時期，由黨中央政治局內的江青、張春橋、姚文元、王洪文，即所謂四人幫的反黨權力鬥爭非常顯著，以「批林批孔」為口號，將儒家孔子當成是反動的歷史人物，予以彈劾，也間接對周恩來提出反擊。因此，經濟管理機構開始動搖，當時七四年的諸指標，只要看到前面的數個圖，就可以觀察到已經有下降的趨勢了。

但是，從一九七五年一月八日到十日所舉辦的第十期二中全會中，鄧小平復權，被選為黨中央委員會主席與政治局常務委員，使四人幫的奪權受到挫折。接著，在一月十三日開始的第四期全國人民代表大會中，周恩來公開發表二階段的發展構想，架構獨立的工業體系與國民經濟體系，並提出政府活動報告，說明本世紀中第二階段時，達成農業、工業、國防、科學技術現代化的主旨。這時，周恩來的病情已經惡化，當時處理黨中央事務的是鄧小平。自七四年受到挫折以後，中國經濟開始順利地上昇了。

第三次的文革期中國經濟的失速，是在一九七六年。與周恩來一樣，病魔纏身的毛澤東，在七四年十二月二六日有如留下遺言一般，公開發表有關中國社會主義的理論問題，「關於無產階級獨裁理論學習的指示」，其重點如下。

「各位一定要明白，何以列寧對資產階級獨裁。如果不明白這問題，就會變成修正主義，全國人民都無法了解。……最重要的是，中國屬於社會主義國家。解放前，與資本主義大致相同。……現在，為八級工資制，配合勞動分配，利用貨幣進行交換。這和舊社會相比，沒有太大的改變，不同的是所有制改變了。……現在，我國所實行的是商品制度，工資制度方面也不平等，有八級工資制的存在。這都是基於無產階級獨裁，而給予的限制。因此，有林彪等人登場，要實施資本主義制度實在容易。因此，大家要再閱讀馬克思、列寧主義的著作。……列寧說，小生產是出現在資本主義與資產階級不斷，每日、每時自然發生，大規模發生的。一部分勞動階級、一部分黨員，仍有這種狀況存在。即使在無產階級中，機構的工作人員還是染上了資產主義的生活作風。」

這時，毛澤東仍然認為中國的社會主義非常不穩定，資本主義還會再生，甚至認為黨員中也有資產主義「生活作風」的存在，認為全部要排除殆盡，一定要更努力。毛澤東和俄國一樣，不願意中國陷入「修正主義」，對於這種主義有憎惡之感，一直貫徹始終。

這項指示再次給予「四人幫」極大的勇氣，認為資產階級權利會製造出產生資產階級的經濟條件，因此，以配合勞動等分配為理由，向黨中央展開經濟主義批判。叩一方面，復權的鄧小平則擺出明顯與四人幫對決的姿態，並下定決心要對「造反派進行整頓」。在鄧小平的強力姿態背後，當然是受到人民解放軍強力的影響，這是事實。

然而，「四人幫」卻因鄧小平的復權，而加速其攻擊，認為鄧小平自主掌黨務以來，各種政策都是從右開始進行。於是，以毛澤東的指示為藉口，開始進行反擊。認為周恩來所提出的四個現代化，就是「資本主義化」；認為致力於生產力的擴大，是「唯生產力論」；配合勞動力的分配，是「產生資產分業的基礎」；對大衆生活的關心，是「物質的刺激」的表現；石油輸出是「賣國主義」；技術或設備的引入，是「崇洋媚外」；企業管理的強化是「約束、壓迫」；社會主義經濟計算是「由利潤進行統制」，因而展開一連串的批判。因此，在四人幫的攻擊下，造成一九七六年的經濟後退。

一九七六年，周恩來、毛澤東相繼去世，鄧小平在同年四月七日失勢以後，剝奪一切黨權利。華國鋒擔任國務院代理總理，鄧小平主持黨中央的黨工作。在這一連串的混亂中，當然造成七六年的經濟低迷，而這些混亂大多是政治上部構造的紛爭。經濟方面，由於鄧小平的嘗試整頓政策，因此七七年、七八年的變動較小。

在一連串的政爭中，被玩弄於股掌中的國民，漸漸領悟到自己捲入政治抗爭的愚蠢，所以能以客觀的態度來觀察事態。

一九七六年四月四日清明節前後，追悼周恩來之死，而聚集在北平天安門廣場的群衆，高達數十萬人。這一定是自然發生的。但是，黨中央卻認為這是鄧小平有計劃地進行的反革命事件，造成鄧小平失勢。這運動並不是事先安排好的計劃，而只是對四人幫的跳樑進行無言的抗議，對於不斷施加壓力的黨中央，所採行的民衆示威行為而已，也可以說是鄧小平復權的伏線。總之，這一次事件隱然證實了毛澤東一生追求的「理念中國像」已經非常脆弱，幾乎要崩潰了。

第二章

毛澤東的政治指導理念

1 焦躁感的革命家——「不可以成為纏足女！」

「在全國的農村，現已掀起新社會主義大衆運動的高潮。但是，我們卻有一些同志有如纏足女一般。慢慢地走，還在不斷地發牢騷，說太快了，這是非常愚昧的做法。他們有諸多的怨言，數不清的法度與戒律，認為這才是指導農村社會主義大衆運動正確方針。但是，在運動中有所偏頗，是無可避免的，只要了解這一點，就不難予以改正。總之，指導不能落於大衆運動之後。但是，現在指導已落於大衆運動之後，遠遠趕不上運動的狀態。一定要改變這運動才可以。」

第一章中，也曾引述過這一段話。這是一九五五年七月三一日，毛澤東在省、自治區與直轄市的共產黨委員會書記的會議上，所發表的一段演說。以此演說為關鍵，而開始推行農村的社會主義化，即集團化。

自一九四九年十月新中國誕生以來，在農村裡導入社會主義化的做法，如生產手段的公有制與勞動的分配，是共產黨政權的目標。但是，並沒有立刻實施。給農民耕作地的土地改革，在五二年末才結束。五三年，則提起社會主義過渡期的總路線。同時，也加速農村社會主義的改造。可是，改造之路是採取「穩步前進」的方式，首先要推行的是以集體勞動為內容的「互助組」的組織化，而實現土地出資的「初級合作社」的實現，則是將來的問題，因此，在某些地方農村加速「初級合作社」的進行，但是政權則評之為「充滿焦躁感的冒進」、「脫離現實，有害的行為」。甚至政權的最高領導者毛澤東，也評之為「充滿焦躁感的冒進」。對於社會主義，則警戒道：「要注意、慎重、不可急躁。」

但是，毛澤東在一九五五年七月三一日，也全面肯定「充滿焦躁感的冒進」，一口氣推展合作化。五五年春天，只有一四%的農家參加初級合作社，年末卻達到六〇%。能夠供出土地所有權，具有完美社會主義的高級合作社，在五五年七月，已不滿農家的〇・一%。五六年十月時，達到一〇〇%，使「焦躁感的冒進」不斷進行著。自五六年起開始的社會主義的推行，在短短三年的時間內，就已經宣告社會主義已經基本實現了。五八年，按照大衆的「主觀的能動性」，而推進大躍進、人民公社、社會主義的總路線。以生產為目標的大躍進，在五七年，訂為一億八五〇〇萬噸的食糧生產。五八年，認為可以增產五億噸。五七年的五三五萬噸鋼鐵生產，到五八年，希望增資至三〇〇〇萬噸；主要的目標是「不需七年，只要二年，就可以超過英國。十五年就可以趕上美國」。

人民公社與經濟活動受到限制的農業生產合作社完全不同。公社包括了工業、農業、商業、教育、軍事的一切領域在內，合併行政與經濟的機能，為一自主的共同體組織。但是，也是包含集團所有制到全人民所有制的「社會基本單位」的意義在內，期待成為「未來共產主義社會的基本單位」。一般而言，公社為一鄉一社，有二〇〇〇戶。但是，實際上出現了一縣一社。某位指導者（譚震林）回顧以往，說不論指導者或農民，都「血脈賁張，草率地急進共產化」。

大躍進、人民公社都在毛澤東的主動提倡下，而急速展開。自一九五六年宣布社會主義的基本實現以來，基於「穩步前進」的方針，產生強烈的「反冒進」傾向。在這方面，毛澤東在五七年九月末就表明了明顯的批判態度，對於「右傾保守」進行反批判。在這氣氛下，毛澤東「發現」了地方農村的人民公社，而「提議」在全國全面推展。一九五八年八月二九日，打算推進人民公社化的黨政治擴大會議中，決定了這項活動。僅僅一個月前，全國農家約九八・二%，參加了二萬六四二五的人民公社。比起稱為「焦躁感的冒進」五五年的集團化而言，是「更猛烈的大衆運動」。

結果非常悲慘，而其悲慘程度亦遠超於一九五五年以上。農業生產在五九年降低一三・六%，六〇年時降低一二・六%，六一年時降低二・四%。六二年的食糧生產落到五一年的水準。五九年時，人口增加了一一一三萬人，增加率為一〇・一九%。到六〇年時，減少了一一〇〇萬人，增加率為負四・五%。六一年時，減少了三四八萬人，成為負三・七八%。隨著自然災害的增加，從五九年至六一年三年以來，據說餓死者至少有四〇〇〇萬人。

失敗的主要原因在於「充滿焦躁感的冒進」，而政權也承認大躍進的過失，並說「雖然所有的責任不能由毛澤東獨自負擔」，但是「毛澤東同志必須負主要的責任」。一九六二年一月，大躍進失敗以後，他本身也承認「不論直接或間接，中央的過失應歸咎於我」，並自我批判，說「我們還是有很大的盲目性」，以及「在經濟工作方面，有很多尚未了解的問題」。但是，這一段反省並沒有長久持續下去。毛澤東從六六年至七六年為止，這十年以來，仍然進行把中國引向「悲慘內亂」的文化大革命。毛澤東所「發動、領導」的文化大革命，讓人感嘆「北京連一根針都容不下」。他卻認為要破除喪失實權的狀況，進行奪權鬥爭的話，就必須要展開文革。但是，由文革所形成的奪權，為他帶來了「充滿焦躁感的冒進」。一生所實現的革命成果喪失了，面對反革命無法復活的危機，充滿了「焦躁感」。為了克服危機，才會產生文革的「冒進」。

原本應承認大躍進失敗的責任，在一九六二年九月時，卻一再提起「不斷革命」論。數十年來，一直主張社會主義的社會，存在著階級鬥爭，以及社會主義與資本主義的鬥爭，「有時候，則是激烈的」方針。這方針就是由他的焦躁感所造成的。

為了克服大躍進所帶來的經濟困難，而實施調整政策，其方法就是為了調高農民的生產慾望，而大膽採用自留地、自由市場與生產包工制。但是，毛澤東對於這些政策卻有資本主義復活的危機感，認為不僅是國內產生官僚主義者階級，在黨內也形成了資產階級。

他辭職以後，被任命為國家主席的劉少奇或黨總書記鄧小平等，推進調整政策的黨幹部們，在黨內被視為是走資本主義道路的實權派。文革時期，他們受到激烈的階級鬥爭，動員以學生為主的紅衛兵奪取實權派的權力，而黨外則下達「砲轟黨司令部」的號令。由於文革十年來的全面內戰，使九〇%以上的幹部受到批判，八〇%以上成為鬥爭與審查的對象，有一億人遭到迫害。經濟損失為這十年以來，從建國到一九七八年為止這三十年內基本建設投資（六五〇〇億元）的二倍以上。「充滿焦躁感的冒進」實在造成慘重的損失。

一九七六年四月三十日，毛澤東在臨終以前四個月，回顧自己的一生，曾說：「中國有蓋棺論定一說。不久以後，我也要蓋棺了，不知道別人會給予我何種評價。」此外，他是說：「我一生做了二件事情。」第一就是一九四九年新民主主義革命的勝利，確立全國政權。「關於這一點，有不少人提出異論，甚至有幾個人不斷催促我，要趕快收復那海島（台灣）。」另一點則是：「你們也知道，我發動了文化大革命，擁護的人並不多，反對的人卻不少。」

臨終以前，毛澤東「充滿焦躁感的冒進」，對於自己所建立的新中國的國家與國民，造成的極度混亂與困惑，似乎感到不安。但是，在他們內心深處，究竟其感受如何，將永遠成謎。

2 「定一尊」的恍惚與孤獨——一人之死

在中國政治王朝傳統中，有所謂的「定一尊」的存在。宛如一盤散沙的中華世界，需要能維持統合，集衆人之望的領導者。在中央，稱為皇帝；在地方，則是鄉紳等有力的領導者。也許，這種統治構造到現在為止，仍沒有太大的改變。毛澤東時代，中央有一位毛澤東，地方則有無數毛澤東的存在。毛澤東本身也有意利用這種構造與「定一尊」的機能，因此使自己變得恍惚與孤獨。

一九三七年十月，文德・加斯諾所著，描述毛澤東半生的『中國的紅星』一書，在倫敦出版。在歐美，被視為中國的「紅星」的毛澤東，受人注目。在中國，也出現「紅星」效果，掀起最初的「毛澤東熱」。這是因為在進入四〇年代以後，「紅星」變成「紅太陽」的緣故。「東方昇起了紅太陽，中國出現了毛澤東」，這一首「東方紅」是四四年時，在陝西省北部的民謠『移民歌』的替代歌曲。一九四九年十月，在中華人民共和國開國大典時演奏。正如歌詞所敍述，對中國民衆而言，毛澤東是「太陽」。

毛澤東是中國共產黨的最高領導者，引導四九年的中國革命，得到勝利，實現民族的解放與獨立。由於從二〇年代開始的激烈權力鬥爭與革命鬥爭的勝利，而獲得這地位。所謂的「定一尊」，是由毛澤東本身奪取來的。

在一九四五年第七屆黨代表大會中，正式被選為黨中央委員會、政治局、書記處的主席。在黨中央的秘密決議下，「推翻了黨的決定」，獨占了主席的超越權力。「毛澤東思想」不僅是他個人的思想，也成為黨的公式思想，一切活動的指針，主席掌控一切的解釋權。四九年的革命勝利，帶來民族的解放與獨立。身為領導者的威信，由黨擴及國民與國家全體，建立「建國之父」的威信。如果沒有毛澤東，就沒有新中國。因此，如果沒有毛澤東，就沒有新中國的體驗、發展與失敗了。

一九五五年的農業集團化、五八年的大躍進、人民公社、大衆煉鋼運動，以及文革等激烈的政策改變或持續實行，不只是毛澤東的權力，也代表著無法動搖的權威。由於其威信獲得全面的信賴，因此能確保大衆與末端單位幹部的積極動員，而這種行動使對於轉換或持續實行感到躊躇或抵抗的領導者與幹部保持沉默，最後只好走上轉換或持續實行的實現道路。

一九五九年夏天，由於人民公社政策失敗，而遭到批評時，毛澤東說：「看來，我只好再次上井崗山了。」並說：「如果因而滅亡，那麼我就離開，到農村去，推翻農民與政府。如果解放軍不想跟著我，那麼就由紅軍跟著我好了。」他既出此言，領導者只好沉默不語。這無異是說，「解放軍都跟隨著我」。這種超越性的權威，任何人都無法抵抗。

我對於批評他的彭德懷抱持無限的同情心，而黃克誠（解放軍總參謀長）、張聞天（外交部副部長）等數人，也陷入孤立無援的狀態中，受到毛澤東激烈的責難。

個人崇拜方面，毛澤東本身並沒有全面予以肯定。尤其是一九五六年，俄國共產黨第二十屆大會中，提起批判史達林以後，在中國也禁止相同的個人崇拜的出現。同年，中國共產黨第八屆大會中，改修正後的黨規，消除成為黨指導思想的「毛澤東思想」，他本身也想要退休，所以設立「名譽主席」的地位。但是，並不是全面否定個人崇拜，毛澤東也承認其效用。

開始控制大躍進的全面展開，一九五八年三月九日，毛澤東說：「個人崇拜有二種，一種是正當的個人崇拜，例如：馬克思、列寧、史達林，對於這些正確的人，我們不得不崇拜，不崇拜是不行的。」促使「現代中國的馬克思主義」發展的毛澤東，當然自認為是「正確者」，而認為衆人也「不得不崇拜他」。接受這種意向，在四五年七全大會中，對於毛澤東與毛澤東思想權威化有貢獻的領導者之一劉少奇，在五九年夏天廬山會議中，也說：「如果沒有特定的個人威信存在，則革命與建設無法獲得勝利。」

文革前後，林彪成為毛澤東個人崇拜的推進者。一九六〇年九月，林彪在中央軍事委員會擴大會議中決議，要打起毛澤東思想的紅旗，認為「毛澤東同志是現代最偉大馬克思、列寧主義者」。國防部長林彪在六四年，向軍方發行『毛澤東語錄』，證明在文革時期，對毛澤東的忠誠表現。將朗讀『毛語錄』儀式化。七六年九月九日去世以後，毛澤東在晚年一手造成的文革十年悲慘的「內亂」，一直受到批評。儘管如此，庶民們仍對他崇敬萬分。文革期間，『毛澤東語錄』發行了六十五億萬本，毛澤東徽章製造了八〇億個。一九九三年十一月出版的『鄧小平文選』第三卷在上市後，於短短一個月內銷售了二〇〇〇萬本，但是仍遠不及『毛語錄』。

在農村中，即使進入一九九〇年代，農民把毛澤東畫像與祖先牌位列於相同的位置，似乎把毛澤東視為「真命天子」與「觀音菩薩」一般地祭拜。駕駛們把放在塑膠盒中的毛澤東像掛在車內，當成「交通安全」、「平安祈願」的護身符。廣西奇汪族自治區交界的道路上，貼著一張小紅紙，寫著「毛澤東在此」，把毛澤東當成橋的守護神。

毛澤東死後，衆人違背他的意思，保存其遺體，收藏在水晶館內。死後半年，安置在毛澤東紀念堂。紀念堂的建設係由七七萬八八〇六人義務勞動，由二九省市區所捐獻的材料建設而成，其中包括福建南安的花崗岩、雲南的綠色大理石、北平房山漢的白玉彫刻座像，台灣花蓮蛇紋的大理石所做成的花盆、由大興安嶺林區所送來的木材、韶山少年先鋒隊所送來的毛主席舊居的土壤、南京的雨花石等等。起初，參拜者限制為組織單位，但是後來能以個人自由的方式前去。

一九八五年時，參拜者為九九一萬人。八八年時，為八八五萬人。九一年時，為八一七萬人。九二年時，為七七〇萬人。自七七年九月開放以來，參拜者已超過八五五〇萬人，也有來自海外前來參觀的二三〇萬人。一五五個國家，二六九位元首與政府首腦，也前來參觀。

文德•加斯諾曾說：「他的身體儲備著一種天命的力量。」擔任美國總統保安人員的基辛加，在一九七一年的中美秘密交涉時，曾會見毛澤東，他說「從毛澤東身上散發出來的力量的感覺，實在難以筆墨形容」、「好像發出一種強大的力量與意志的波動」、「他的存在就宛如本身是一種意志力一般」。

的確，他是有如此驚人的資質，身為鎮壓著人民，使人民降伏的領導者的威信，卻是累積了他長時間革命與戰爭勝利的實績，以及在黨內與政權內權力鬥爭，排除競爭對手或候補者，確保唯一領導的地位，才能夠得到的力量，建國以後，也必須不斷保有絕對的地位，進行強化作業，不能有二位主席出現。因此，推進毛澤東個人崇拜的二位後繼者，全都被肅清了。

一九五八年末，毛澤東決定退居第二線，因大躍進失敗，而引咎辭去國家主席一職。五九年四月時，正式由劉少奇就任。因此，他被視為是毛澤東最有力的後繼者。但是，劉少奇卻說「在我們的黨，只有一位主席」，不讓別人稱他為國家「主席」，其妻王光美也說：「我們的黨主席，只有毛主席一人」。五五年時，出任東北局第一書記，並兼任國家計劃委員會主任的高崗，成為要奪取毛澤東權力的「反黨分子」，而被肅清。因為和俄國有關，他被視為想要謀奪國家主席的寶座，這是他遭到肅清的理由。

不論劉少奇是多麼小心謹慎，仍被視為是威脅毛澤東權力與權威的存在。在文革時期，被視為是「最大的賣國分子，背叛的資產階級頭目」，而遭到肅清，最後悲憤而死。同樣的命運也發生在林彪身上，在黨規內，他被視為是「毛主席的親密戰友」。一九七〇年八月第九期二中總會（中央委員會總會）中，林彪一再提出向來被毛澤東否定的國家主席職位的恢復，結果被視為是對毛澤東的國家主席一職有所企圖。七一年九月，他暗殺毛澤東的政變未遂，而計劃逃亡到俄國去，卻在蒙古邊境墜機而死。

屹立不搖的「定一尊」的恍惚，就是在這種激烈的權力鬥爭下而產生的，而這些恍惚又加深了孤獨感。毛澤東本身就曾有這樣的告白：「我無法入睡，許多事都浮現在心頭。」根據其侍醫的證言，毛澤東因失眠症而感到煩惱，甚至有時候會長達二四小時，或三六小時都無法成眠。「在很多人的地方或緊張的時候，或是一個人獨處於廣大的場所時，經常會出現昏眩的毛病。這都是由於神經衰弱與失眠症所引起的」。

尤其是在迎向重大事態以前，健康會受損。第一次就在文革前，一九六五年十一月至十二月，因失眠症而引起了肺炎。第二次是在七〇年秋天，林彪要求恢復國家主席一職。這時，毛澤東因失眠症而併發了嚴重的肺炎。第三次是在七二年一月，美國總統尼克森二月訪中國時所發生的。一月六日，遽然出席陳毅元外交部長的追悼會，似乎只是在睡衣外面套了一件外套而已，結果罹患了肺炎，同時出現了心不全的毛病。尼克森訪問中國時，他還躺在病床上。七四年時，曾陷入失明的狀態。第四次則是七五年十月，在對鄧小平的批判高漲時，罹患了肺炎。第五次是七六年一月，周恩來死去時，他的病情也全面惡化，如支氣管炎、肺氣腫、心臟功能減退、肝不全或神經障礙等。五月、六月、八月下旬，並出現心臟發作的現象。

「始作俑者必無後，我也無後。一個兒子戰死，另一個兒子發瘋了。」自一九二〇年代後半期井崗山鬥爭以來，一直成為戰友的彭德懷國防部長，在五九年秋天的廬山會議中，向毛澤東遞上大躍進批判的信函時，毛澤東憤怒地公然批判他，彈劾其為「反黨分子」。當時，毛澤東哽咽地說了以上的一番話。

毛澤東的確是孤獨終老一生。其長男毛岸英在一九五〇年時，參加朝鮮戰爭，在軍中戰死。次男毛岸青則精神有毛病。二個人在母親——即毛澤東的第二任妻子楊開慧，被國民黨處刑以後，得到共產黨的救助，然後到俄國去留學。毛岸青現年七十三歲，從事馬克思、恩格斯著作的翻譯工作，妻子邵華是服務於軍事科學院的上校，擔任中國人民政治協商會議全國委員。三男毛岸龍和岸英、岸青一樣，在母親處刑以後，收容於上海地下共產黨所經營的幼稚園中，三一年，上海的地下黨組織遭到破壞以後，流浪街頭，後來行蹤不明。

第三任妻子賀子珍所生的第四個孩子是女兒，但是不幸夭折。第五個孩子毛岸紅（幼名毛毛），長征時被留在福建，第六個孩子也夭折，甚至尚未取名，第七個孩子在長征中誕生，途中留在貴州苗族的村落，但是卻夭折。第八個孩子李敏，在一九三六年冬天長征後誕生，很小的時候，就和母親賀子珍一起被帶到俄國，四七年時回國。李敏的名字是使用毛澤東的筆名李得勝，在歸國後所取的名字。李敏畢業於北京師範大學，與同期生孔令華結婚，毛澤東臨終時隨侍在側。第九個孩子在三八年十月時出生，是賀子珍被趕到俄國，不久後生於莫斯科的孩子。這個男嬰因感冒，在十個月大時死去。

第十個孩子是第四任妻子江青的孩子，名為李納，在一九四〇年八月時出生。六五年時，畢業於北京大學歷史學系，進入『解放軍報』擔任編輯。七〇年時，進入江西的「五七幹部學校」，七四年至七五年時，擔任北平市黨委書記（書記處書記）。辭職以後，轉到黨中央辦公廳，負責圖書資料整理的工作。母親江青下獄時，每二週就會去探訪一次。九四年春天，被選為北平市政治協商會議委員。

毛澤東有三個孫子，其中一人名為毛新宇（毛岸青的長男），畢業於人民大學歷史系以後，在研究院就讀，發表關於毛澤東思想的論文。另一個孫子王效芝（李納的長男）在八八年時，畢業於初中，然後進入旅行業的專門學校就讀。九〇年在亞運大會時，在選手村實習，現在服務於外資飯店。

第一任妻子留滯於故鄉，第二任妻子在一九二八年時被處刑；第三任妻子被趕到俄國，離婚。回國以後，直到八四年逝世為止，都住在鄉下。第四任妻子江青，在六〇年代時，二人分居。她在毛澤東死後，組成四人幫。七六年十月時，遭到逮捕，最後判處死刑，在九一年五月時自殺。毛澤東晚年時，在他身邊的人，只有警衛、秘書，以及照顧他的年輕女性而已。沒有孩子隨侍在側。在家庭生活方面，過著寂寞的晚年。長年服務的秘書側近們，也大多在文革前離去。秘書田家英自殺。

周恩來死時，按照其遺言，遺骸撒在國內數個地方，也撒在天津。鄧穎超的遺骨也撒在天津，而裝骨灰的骨壺，按照鄧穎超的遺言，和丈夫使用相同的骨壺。

「健康非常重要。能夠長生，才能夠工作。但是，甚麼是萬歲，甚麼是萬壽無疆呢？相信你們聽都沒聽過吧！人都會死，不論是七三歲或八四歲。如果人都不會死，孔子和老子還會活著。」

毛澤東視之為最終後繼者，把中國託付給他的人，是華國鋒。而且，他寫下字條，說「有你在，我就安心了」，證明其為毛澤東後繼者的正統性。他想要維持這地位，必須依賴死去的毛澤東，因此揭示「二大應做原則（毛主席所決定的事，全都要遵守。毛主席所下達的指示，全都不可以改變，一定要遵守）」，並建立毛澤東紀念堂，出版『毛澤東選集』第五卷。

但是，能發揮中國統合機能的「定一尊」，是不能夠轉讓的，而是由競爭與鬥爭中所獲得的。這人物就是鄧小平。鄧小平也曾面臨與劉少奇、林彪相同命運的危險性。在以往的生涯中，鄧小平曾經歷過三次的肅清。一九三〇年初期，由於他是毛澤東團體的一員，而遭到肅清。但是，六〇年代文革時期，又因繼劉少奇以後，「另一位黨內實權派」，而遭到肅清。但是，在七三年七月，在毛澤東決定下，得以平反，代替病弱的周恩來行總理之職，厲行文革混亂的整頓。

對毛澤東而言，他的文革整頓是收拾混亂。雖然把希望寄托在他身上，但是他卻否定文革的目的。毛澤東的側近團體為了確保在文革時期，擴大權力的四人幫，認為鄧小平的存在非常危險。於是，在一九七六年四月五日，以追悼同年一月逝去的周恩來為理由，學生與市民發起在天安門廣場批判四人幫的運動時，被認為是「反革命行動」，而把「幕後指使者」鄧小平除了黨員資格以外，解除其所有職務。

這是在八九年六月天安門事件發生以前的第一次天安門事件。但是，在全面抹殺以前，毛澤東本身在同年九月九日死去。一個月以後，四人幫也被反政變組織所逮捕。

3 近代化與現代化——救國、解放與富強、民主

亞洲的近現代史，是面對西洋文明衝擊的亞洲文明對應史。西洋列強在亞洲尋求市場，亞洲諸國因無法抵抗「帝國主義」的支配，而變得殖民地化，或是瀕臨亡國的危機。亞洲在面臨危機時的對應之道，就是近代化，而其內容很諷刺的是西洋化。西洋化的近代化包括經濟面的產業化、政治面的近代國家形成，即擁有主權的國民（民族）國家的獨立與統合，以及民主化、思想面的合理主義的個人確立等等。雖然不能一概而論，但是經濟、政治面的近代化，亞洲的表現非常顯著。

但是，在西洋化的近代化過程中，各國土著的傳統文明與文化之間，無可避免地產生糾葛。糾葛的過程及其結果，形成亞洲地區近代化的獨自性與達成度的差異。中國近現代史也是相同的情形。中國近代史從一八四〇年的鴉片戰爭到四九年的新民主主義革命的實況為止，共一〇〇年。現代史則由四九年到現在為止，共五〇年。在近代史方面，中國受到歐美、日本等列強，在經濟、軍事文化方面的入侵。王朝體制喪失了與其對應的統治能力，經濟停滯與飢餓狀況持續出現，農民或少數民族等的國內判亂相繼出現，國內出現分裂的狀態。毛

澤東把這些狀況定義為半殖民地，半封建主義。中國近代史要解決的主要課題，是克服「半殖民地、半封建主義」的狀況，實現國家、民族的獨立、繁榮（「自強」），克服西洋的衝擊。這是中國近代史中，近代化的主要內容。

十九世紀的後半期，由清朝官僚所推行的洋務運動，以「中體西用（中學為體，西學為用）」當成口號，利用西洋技術與機器的導入，而實行近代化。變法自強運動在中日戰爭中失敗，而受到打擊。於是，以日本的明治維新為典範，嘗試制度的改革。總之，這是王朝體制內實行改革的近代化的嘗試。這些嘗試並無法使衰退中的中國重新站起來。

一九一一年，希望打倒異民族統治，樹立民族國家的反體制辛亥革命爆發。這革命推翻了異民族清朝，致使持續數千年來的王朝體制終於結束。除此以外，中國近代史的課題幾乎都沒有解決。

未解決的課題有孫文與蔣介石的國民黨完成至某種程度。政治的國家統一則利用北伐，解決軍閥割據的問題而達成。在經濟發展方面，也以浙江財閥的「四大家族」為中心，而由民族資本家推進。但是，國內在一九三〇年初期，中國共產黨的革命根據地，以及後半直到四〇年代前半期，解放區各自據有人口一〇〇〇萬與三〇〇〇萬，「國內國家」形成了，揭示國家不同的目標而存在。對外方面，以日本為主的列強仍然嘗試要瓜分中國。三七年以後，真正的中日戰爭開始。不論是國內分裂或對外威脅問題，都沒有獲得解決。

結果，中國共產黨接手這問題，而嘗試解決。一九四九年，由於新民主主義革命，而達成一部分。象徵土地平均分配的土地革命，使農民從飢餓中解放出來，藉著抗日愛國戰爭，從列強支配下的狀況獨立出來，培養了國民意識。由於國共內戰的勝利，在共產黨指導下的民族獨立與國家統一實現了。中國革命的成功，使搖搖欲墜的中國國際威信恢復至某種程度。達成本課題，指導新民主主義革命的毛澤東，指導思想就是毛澤東思想。毛澤東思想的定義是：「把馬克思、列寧主義的普遍原理與中國革命的具體實踐結合」的思想。

這意味著毛澤東思想是西洋化（馬克思•列寧主義）的。但是，並不是完全接受，而只是接受「普遍的原理」而已。接受的是馬克思所揭示的，當成理想的共產社會的實現，而主要的目標則是列寧所提起的打倒帝國主義與民族解放、獨立，和當成認識社會基準的唯物史觀或階級對立。當成革命戰略的前衛集團（共產黨）的指導性，以及無產階級、大衆、階級鬥爭與統一戰線等。

毛澤東思想的普遍原理也與土著傳統（中國革命的具體實踐）相結合，即馬克思、列寧主義的中國化。理想的共產社會是中國傳統思想的「大同社會」。當前的目標則是反帝國主義與民族解放、獨立，可以視之為傳統中華復興的愛國主義。在新民主主義革命階段，現在也獲得極高評價的「中國化」，首要條件就是統一戰線。取得動搖的民族資產的支持與中立，在特殊的條件下，也包括大資產階級在內的統一戰線結成的理論化。

由此可知，毛澤東思想是在中國近代史中，承襲嘗試近代化傳統的思想。洋務運動中所提倡的「中學為體，西學為用」，也就是「中體西用」，也由毛澤東思想繼承。「中體西用」的「中學」與「西學」，包括各種文明在內，卻是處於同一程度的「學」。如果能把同一程度的「學」結合在一起，嚴格的對決是不可避免的。但是，「中體西用」的邏輯，在剛開始時，就說到了限定。說到「中學為體，西學為用」時，要先以中國傳統文化的「中學」的優越性為前提，再導入西洋近代的「西學」。導入的「西學」在以中學為淵源的解釋範圍內，不得抵觸「中學」。但是，何謂「中學」的優越性，其判斷基準率非常含糊，因時代的變遷而有所不同。

以毛澤東思想而言，基本上前者是「馬克思、列寧主義的普遍真理」，後者是「中國革命的具體實踐」。但是，何者是應該吸收的普遍真理，是當保持、發展的具體實踐，其基準並不明確。

不過，並非沒有選擇的基準，只是有的並非外來文化，西洋近代的普遍真理，而是中國的文化遺產、中國的特色。至於取捨選擇的決定權，是在於毛澤東，他才是中國的傳統。毛澤東思想的「近代化」與「現代化」實現的戰略，像由農村進行都市的包圍或人民公社化運動等等，都是利用傳統的農村共同體這種中國特色。與中國特色相抵觸的西洋近代的普遍真理，其戰略根底就會崩潰，因此本身就會拒絕被「吸收」，所以不論「近代化」、「現代化」的進展如何，會一直堅持這戰略，一定要具有中國的特色；而被吸收的西洋近代，只有適合於中國革命或建設的部分，才會被當作「小菜」來吸收，而不是全面性根本地「吸收」西洋近代的普遍真理。

毛澤東本身對於西洋近代吸收的典型例子之一，就是接受當成理想社會的共產主義。如前文所述，受康有爲的『大同書』洗禮。就是一九五八年的人民公社化，以及六六年開始，持續十年的文革。

擔任毛澤東秘書的歷史學家李銳表示，毛澤東在一九五六年提起「十大關係論」，摸索與俄國型不同的中國型社會主義典範。進入五八年以後，開始摸索超出社會主義的共產主義的展望，而其可能性則出現在人民公社中。五八年二月，更擴大高級合作社，發展出「鄉社合一」，作為共產主義的雛型。成為包括工業、農業、商業、學校、軍隊一切機能的共同體組織，人民公社成為開闢共產主義之路的新組織。毛澤東的政治秘書陳伯達，也接受毛澤東的意向，主張「我們的方向必須以階段性的方式，組織包括工、農、商、學、兵在內的大公社，構成我國社會的基本單位。」雖然經歷大躍進與人民公社運動的大失敗，但是毛澤東並沒有捨棄這種理想。發動文革時，在六六年五月七日也揭示這種理念。

雖說是公社，但是他的人民公社觀絕不是來自巴黎公社。一九六七年一月，在上海提起以巴黎公社為理想，揭示政治民主化的公社的成立時，受到激烈的批評，因而作罷。因此，他所說的公社是受到康有為『大同書』影響的人民公社觀。一九五八年六月，劉少奇曾說：「毛主席曾有二次舉出康有為的『大同書』，說家庭應該被消滅。」根據『大同書』的說法，男女同居不得超過一年，只要消滅家庭，就能消滅私有財產。理想的社會是在男女成人以後，因政治因素而分開，分擔農工業等生產事業，擁有公共宿舍、公共食堂，死了以後，予以火葬。毛澤東在少年時代，曾受到這本書的影響。

一九一九年，以「學生的工作」為題的論文中，所提到的「新村」，就是指「結合若干新家庭，創造新社會」。而且，介紹在「新社會」中，有公共的育兒院、學校、圖書館、醫院、公園、博物館、自治會等。

成為革命家以後，毛澤東仍然給予康有為很高的評價，認為「他是在中國共產黨出現以前，朝西方探求真理的人物」，並說「康有為寫『大同書』，所以一定能找到達到大同之道」。一九四九年六月三十日，毛澤東所出版的『毛澤東選集』中，認為康有為的「大同」社會只是理想，而尚未實現。但是，毛澤東卻想要實現，因而產生了悲劇。

中國這種以小農經濟為主體，生產力落後，商品經濟未發展的農業大國，想要一口作氣，把生產關係改為公有制與供給制，利用組織只有二萬七〇〇〇閉鎖式自給自足的基層單位（人民公社），就想要由社會主義轉換為共產主義社會，結果到一九七〇年末的中國，一直上演著類似的農村悲劇。

4 傳統的束縛——依賴農村、農民的革命

毛澤東思想與中國傳統具有密切關係，也可以視為他徹底重視農業、農村、農民的革命戰略。他的戰略就是以「農村包圍都市」。毛澤東在當成指導中核的共產黨的基礎下，運用分配土地的革命（土地革命），獲得農民成為無產階級的同盟軍，而在農村建立革命根據地，以農民為主體，利用紅旗部隊（紅軍）建立長期的武器鬥爭。透過革命的實踐，將致力於革命勢力的發展與成長，予以理論化。

將重點置於農村工作的革命戰略，是積極利用中國傳統農村的共同體原理。毛澤東係以「一窮二白」來表現。「一窮」就是指「貧窮」，既無工業，農業也不發達。二白即「空白」，也就是「文化水準和科學水準都很低」。「就發展的觀點來看，這沒甚麼不好。貧窮才能進行革命，富裕就很難進行革命。科學技術較高的國家太過奢侈，而我們就如一張白紙一樣，可以寫下任何文字」。對毛澤東而言，這是革命的條件。

毛澤東思想對於西洋化（馬克思、列寧主義）能接受的，只是部分而已。不論是有意或無意地，總之他拒絕接受普遍真理以外的西洋文化。問題是在於無法明白表示出何謂普遍的

真理，因此其接受與拒絕的境界也是非常含混。如果有境界，則這境界乃在於是否有中國革命的具體實踐，是否能有中國傳統合而為一。如果不能合而為一，為了形成大部分的西洋化，而產生摩擦的困難土著傳統修正作業，剛開始時就放棄了。應該是能利用土著傳統，而其結果能溫存土著傳統，這才是他願意使用的方法。農村工作重點主義，就是「一窮二白」的典型例子。

一九四九年中華人民共和國建國以來的現代史，是以未達成的「近代化」，也就是「現代化」為主要課題。經濟的發展、政治的民主化都是如此。在次章為各位詳細敘述的一九八一年六月的六中全會（中國共產黨第十一期中央委員會第六屆總會）採取的「建國以來，關於黨若干問題的決議」，這是所謂的「歷史決議」，列舉建國以來的十項主要成果。

(1)人民民主主義獨裁國家權力的確立。
(2)國家統一與國民統合。
(3)國家安全與獨立的確保。
(4)社會主義經濟的確立。
(5)較完整的獨立工業體系與國民經濟體系的確立。
(6)農業生產的提昇。
(7)商業與對外貿易的發展。

(8)教育、科學的發展。

(9)解放軍的發展。

(10)國際的貢獻。

據說引導這種成果的思想，就是毛澤東思想。毛澤東思想具有這一面的效果，的確能夠展現解決留下「近代化」課題的成果。但是，也許可以說這思想的目標就是在追求「近代化」的相反主題。

建國以後，毛澤東的目標是新民主主義革命成果的保全與強化，尋求象徵「大全、小全」的自給自足，以及「自力更生」，以平等為優先，不注重豐富的平均主義。不追求合理性或制度，而追求依賴大衆、革命主動、主觀動員性的政治。不要求近代的自我，而要求為人民奉獻，無私精神的確立等集團主義的實現。以前，這都是利用毛澤東的主導，依毛澤東思想的方式而追求的。這種新民主主義革命期「近代化」課題的達成方式，也適用於現代史。

在「十大關係論」中，毛澤東曾說：「為了使帝國主義、封建主義與官僚資本主義的統治結束，為了使人民民主革命獲得勝利，要實行能動員所有積極要素的方針。現在，為實行社會主義革命與社會主義國家的建設，同樣也必須實行這種方針。」也許，的確是如此吧！但是，時代狀況卻不同了。在國家建設時代，要動員一切積極要素的方法，與昔的革命時代並不是完全相同的。如果新民主主義革命時代的經驗，能直接適用於社會主義建設時代，則無可避免地會犯過錯。新民主主義革命時代，依據農民大衆的利益，透過階級鬥爭（土地革命）的觀念與實踐，集結大衆的意志與力量，發動廣泛大衆的政治熱情，擴大革命根據地或解放區。但是，這種經驗並不適用於社會主義建設。

然而，毛澤東卻執著於這方法，動員大衆，不改變以階級鬥爭為主要方針的方法，擴大反右派鬥爭，實行大躍進與人民公社化，並發動文革。

建國以後，毛澤東仍然懷念革命時代所採取的「農村作風」與「游擊戰的風氣」，並想積極予以維持。他說：「進入都市以後，有人說我們採取的是『農村作風』與『游擊戰的風氣』。這種說法證明資產階級的想法已經腐蝕我們，想要把我們擁有的好東西全都捨棄。」不論是「農村作風」或「平均主義」，他都給予肯定的評價，並提出反駁，說道：「有人說，平均主義會製造出懶人，但是會產生多少懶人呢？」

又說：「我認為農村作風與游擊戰的風氣非常好。」因此，想要一口氣推進農業集團化與人民公社化。農業集團化預定利用一九五二年的計劃，費時十八年來完成。但是，五五年七月末毛澤東演說時，初級合作社在僅僅三個月內，就完成於全國農村中。五八年時，已經銷聲匿跡的人民公社在同年八月，北戴河會議進行以後，數個月以後就實現了。換言之，在短期內，已經「達成了成果」。因此，毛澤東在同年十月說：「大約是三、四年，或五、六年，總之不需要太長的時間，共產主義的建設就會結束了。」

雖然毛澤東的指導與其思想有部分受到西方文化的影響，但是某部分卻予以拒絕，而繼承著土著傳統的溫存。接受方面，僅止於普遍的真理，而拒絕與土著傳統溫存的傾向較強。對毛澤東而言，產業革命所帶來的豐饒是無可否定的。他並且呼籲：「不需要太長的時間，應該努力地改變我國的社會經濟、技術面的落後狀況，否則我們就會犯錯。」是強調「社會主義現代化強國」的建設。

一九五五年三月三一日，毛澤東在全國黨代表大會中說道：「社會主義工業化、社會主義改造、現代化的國防。」八○年代，視為國家最重要課題的「四個現代化」的原型已經浮現了。五六年一月二五日指出，「社會主義革命的目的，在於解放生產力」。六二年一月的七○○○人大會中，毛澤東對於大躍進或人民公社的失敗進行自我批判，並說「中國人口太多，基礎太弱，經濟落後。要使生產力迅速發展，追上世界最先進資本主義諸國，不花一○○年的時間，是不可能達到的。」在此，顯示出八七年的第十三屆黨大會中，正式提起的「社會主義初級階級持續一○○年」的原型。

但是，當成實現「現代化」推進力，而予以利用的，依然是「一窮二白」。毛澤東在一九六四年時曾說：「我們在一窮二白的基地上，經過十五年的努力，卻仍未達到社會主義革命與社會主義建設各方面的水準。」但是，由產業化而出現的豐饒實現，卻使當成革命實現推進力的土著傳統的一窮二白，也被消滅了。面對這種進退維谷的局面，當然是傾向後者的溫存，而選擇「貧困的烏托邦」，仍然堅持「窮才能進行革命，富很難進行革命」，並說「我們是白紙，能夠寫任何字」。

他並不否定透過社會主義階段，而實現無產階級社會。但是，其實現卻會把能當成革命主觀能動性泉源的階級鬥爭消滅。在這進退維谷的局面下，尤其是在一九五七年的「百花齊放，百家爭鳴」中，受到知識份子與黨外人士給予嚴苛的反黨意見之後，他把共產主義實現為止以前的階段，全都視為是過渡期，不注重「人民內部的矛盾」，反而重視「敵對矛盾」與階級鬥爭，選擇在「資本主義與社會主義二條道路」上階級鬥爭的長久持續化。

他並不想否定下部構造決定上部構造的馬克思邏輯，卻想利用生產關係的變革（社會主義的改造）促使落後的生產力發展（社會主義的工業化），強行逆轉邏輯。這些改造是以階級鬥爭為手段，利用大衆運動來推進。

如此一來，生產關係的改造，就不會破壞土著傳統，只要看人民公社的典型，各位就可以了解到，凡事利用土著傳統的農村互助體原理而推進。結果，卻造成社會主義工業化的停滯，使中國條件落後的農業生產力仍然維持原狀。也許，他也和中國歷史上的判亂者、革命者一樣，侵蝕中國農村與農民的傳統吧。

5　脫離俄國模型——以中國本身的社會主義為目標

一九九三年十二月二十六日，毛澤東誕生一百周年。這一天，在北平召開紀念大會，包括共產黨總書記江澤民在內，主要領導者完全出席。前國家主席楊尚昆等退休的長老也出席了。大會中，江澤民稱讚毛澤東與毛澤東思想，並稱讚予以發揚光大的鄧小平與「鄧小平同志的理論」。

江澤民稱讚為一九四九年中國革命帶來勝利的毛澤東與毛澤東思想的貢獻，並強調四九年以後肯定的做法。「新中國成立以後，以毛澤東同志為核心，黨中央領導全國人民，迅速治療戰爭的傷痕，以國民經濟的恢復為基礎，使中國歷史不斷前進。」

一九四九年十月一日。毛澤東宣佈中華人民共和國成立。毛澤東成為新國家的中央人民政府主席，首先致力於國家統一與荒廢經濟的恢復。中日戰爭中的四五年四月，他勾勒出戰後國家的構想。不是社會主義，而是緩和的「由革命諸階級而形成的聯合政府」。新國家成立以前，四九年九月二十一日，召開中國人民政治協商會議，選擇堪稱暫定憲法的『共同綱領』，提出「新民主主義，也就是人民民主主義的國家，指導勞動者階級，以勞農同盟為基礎」。向內外表示除了共產黨確保主導權以外，新中國也要集結共產黨以外的廣泛勢力，成為以統一戰線為基礎的國家。

同時，不具有轉移為社會主義的條件，這期間稱為新民主主義社會，據說這時間會維持非常長的一段時間。在這時期，稱為國民經濟的復興期，直到一九五二年為止。共產黨柔軟的姿態，也表現在新國家的政治體制上。體制的母體是中國人民政治協商會議，並網羅各界的人士。所謂「協商」的意義，就是協議、商量，表示尊重國民的總意。這會議選出最高權力機構中央人民政府委員會、行政機構的政務院。政府主席為毛澤東，政務總理為周恩來。此外，也挑選其他黨外人士擔任其成員。

新中國成立時的經濟，面臨崩潰的危機。一九四九年的生產量與建國前的最高年產量相比，工業約減少五〇%，重工業減少八〇%，輕工業減少三〇%。農業方面，糧食減二五%，生產量大幅度減少，出現財政赤字，結果導致通貨膨脹。

對於中國經濟，毛澤東曾指出：「近代工業約佔一成，農業與手工業約占九成。」以此作為經濟復興的出發點。換言之，近代工業掌握於官僚資產階級的手中，因此予以沒收，形成國營經濟。在農業與手工業方面，則以合作社的型態漸漸集團化。在近代工業中，佔有副次地位的私有資本主義企業（「民族資本」），則採用「利用與限制」政策。但是，實際上著力點卻置於「利用」上，對於在國民黨政府下工作的人，給予原有的地位、職業、工資等保障。復興期三年內的成果非常顯著。一九五二年末，工農業生產已經超過建國前最高水準。以這成果為背景，政權也漸趨於穩定。

一九五三年以後，毛澤東完成新民主主義社會，開始通往社會主義的過渡期，並宣佈「過渡期的總路線」。包括以農業的集團化、工業或商業的國有化為主的社會主義改造的實施，並開始以重工業為重點的五年計劃。旦是，五三年以來所展開的社會主義革命與建設，由於中國共產黨在以往沒有經驗，所以唯一的模型就是俄國。不論是資金或技術方面的協助，都必須依賴俄國。五〇年時，韓戰爆發，以及中國決定參戰，使美國採取對中封閉政策，所以除了依賴俄國以外，也別無選擇。

建國前一九四九年七月，毛澤東就已經宣佈「向俄國一面倒」的選擇。建國宣言翌日，也就是十月二日，俄國也是最先承認新中國的國家。同年十二月，毛澤東訪問俄國。翌年二月，和史達林簽訂中蘇友好同盟相互援助條約。在建國以後非常繁忙的時期，也留在俄國二個月以上。由這些事實，可明顯看出對中國而言，這條約非常重要。

條約的有效期間為三十年，保證對於中國的復興與建設的經濟援助。總額達到三億美元，並決定年息一％的借款。結果，將發電廠、工廠設備、鐵道，以及其他的運輸設備導入中國，對於中國的經濟復興貢獻很大。中國把俄國視為社會主義國家的兄長，而把「向俄國一面倒」的政策視為外交方針。

在毛澤東誕生一百周年紀念大會中，江澤民在演說中提到：

「黨中央依循毛澤東同志的提議，未錯過任何時機，落實國家的社會主義工業化、國家農業、手工業與資本主義工商業的社會主義改造實現過渡期的總路線。在總路線的指導下，我國鞏固工業化初步的基礎，開闢適合中國國情的社會主義之路。基於中國的特徵，透過國家資本主義的形式與和平購買政策，而改造資本主義工商業，以漸進過渡的方式改造個人農業與人手工業。在社會主義的改造中，社會生產力持續發展，廣泛提昇人民的生活水準。這是中國共產黨獨特的創造。在社會主義改造的基本完成與社會主義制度的全面確立方面，在我國歷史中，這是最深、最偉大的社會變革，成為新中國的進步與發展的一切基礎。」

由於這項成果，在一九五六年，毛澤東宣佈「社會主義的基本完成」。基本的完成中國已經接近無產階級社會，主要矛盾不再是階級間的對立，而成為先進社會主義制度與後進的社會生產力之間的鴻溝，主要任務為生產力的開放與發展。

在這前後，毛澤東對於俄國型的社會主義建設開始產生疑問，而認真地摸索中國獨特的建設模型。五三年開始的三年內，實踐以俄國為模型的計劃經驗，使毛澤東開始嘗試修正軌道。五五年末，毛澤東就提出了反面教師「以俄國為鑑」的思想，而發展出來的，就是五六年四月的「十大關係論」。

當然，剛開始時，毛澤東並不是想要否定俄國模型，他曾說：「中國人是由於俄國人的介紹，而發現了馬克思主義。」並說：「拜俄國十月革命之賜，使全國與中國的先進分子，能把無產階級的宇宙觀當成觀察國家命運的道具，重新考慮自己的問題，而結論就是要走俄國人的路。

不過，在這同時，毛澤東反對以十月革命為模型，認為該革命不能強制適用於中國革命，不能遵循一切俄國的模型。他所採取的農村工作重點主義，就是反對的象徵。

一九三八年，毛澤東認為中國共產黨「必須把馬克思、列寧主義的理論，應用於中國具體的環境」，同時也主張「與偉大中華民族血肉相連的共產黨員，若脫離中國特徵而訴說馬克思主義，那只是抽象空洞的馬克思主義而已。因此，馬克思主義在中國必須具體化，所以所有的表現必須要具有中國特性，即要依循中國的特徵來應用」。

一九五六年，中國完成社會主義改造的基本，而開始面對該如何推進社會主義建設的問題。在此之前，一面進行農村與資本主義工商業社會主義的改造，另一方面則已經開始實施第一次五年計劃。社會主義的改造所採用的方法與政策是嶄新的。但是，基於在新民主主義革命時期，具有分配土地，對於農民予以組織的經驗，以及對於民族資產階級實施團結政策的經驗，因此在社會主義改造中，有助於找尋符合中國國情之路。

在「十大關係論」中，毛澤東曾說：「最近，在社會主義建設的過程中，俄國暴露出若干的缺點與過失，我們還想走他們所走過的錯路嗎？昔日，我們曾依循他們的經驗與教訓，能夠避開若干的旁門左道。但是，現在卻必須引以為戒。」

在社會主義建設的過程中，到底中國接受了俄國哪一些教訓呢？中國在哪一方面與俄國不同呢？在這講話中，他列舉了數項要點。

第一點，即「他們一向偏重重工業，而輕視農業與輕工業」。

第二點，是「俄國的做法會使農民痛苦。他們所採取的義務交易制做法，會使農民取得過多生產的東西，但是所給予的代價卻太低了」。「以俄國為前車之鑑，我們必須更加謹慎地處理國家與農民關係」。

第三點，即「我們不能像俄國一樣，一切都集中於中央，喪失地方活力，沒有任何的自主權」。「一切都集中於中央或省市，工廠只給予少許的權力、自主權或利益，這並不是妥當的做法」。

第四，「在俄國，俄羅斯民族與少數民族之間的關係並不正常，我們必須要記取這個教訓」。

第五，「想要有一個黨或幾黨呢？現在應該要有幾個黨較好，以前如此，將來也應該如此。要長期共存，互相監督」。「這一點，我們與俄國不同」。

第六，「昔日，以王明為主的教條主義者掌握實權時，我們的黨對於這問題（處理有過失者的問題）會經犯了過錯，學習史達林作風中不好的一面。他們不允許社會中有中間勢力，在黨內不允許改過，也不允許革命」。「他們不讓犯過錯的人實行革命，無法區別犯過錯與反革命，甚至殺害一部分犯過錯的人」。在這問題上，毛澤東與周恩來等人，不可以像俄國一樣，由上往下，單方面地發出命令，想要確立由各級黨指導游離的「治安」機關。

第七，「我們提出要向外國學習的口號，這是正確的想法。現在，一部分的國家領導者並沒有提起這種想法，也不算提出這種口號。在此，他所說的「一部分國家」，很明顯地是指俄國。「對於外國資產階級的腐敗制度與思想作風，必須要予以抵抗。但是，我們在資本主義國家的先進科學技術與企業管理方法，也必須學習符合科學的一面，不能予以妨礙」。

當時，毛澤東就已經看出了過度的集中，按照國家計劃，配置一切的經濟體制，過度統一集中的政治體制、社會主義經濟，以及與其他世界的分離傾向，想要做出對國內外社會主義建設有益的積極要素的動員，是很困難的。因此，毛澤東認為中國與俄國不同，應該要找尋符合中國狀況的社會主義建設之路。

例如：毛澤東認為工廠與其他生產單位必須要具有統一性與連帶的獨立性，以為藉此能使工廠活絡地發展。在中央統一指導的前提下，地方權力給予地方更多的自主性。這是突破俄國模型的思想的萌芽。其他的領導者也擁有各種新的想法。例如：陳雲在一九五六年提出「三個主體，三個補充（即國家經營與集團經營、計劃生產、國家市場這三者為主體，個人經營、自由生產、自由市場這三項為補充）」。

一九五〇年代前半期的中國，一方面在中俄同盟之下，採取「向俄國一面倒」政策。但是，另一方面，毛澤東卻摸索中國獨特的建設模型。在五八年，發展人民公社化與大躍進運動，致力於共產主義的早期實現。對於俄國的領導者而言，這一連串的動作與俄國社會主義的性質不同，因此產生不快感。五三年史達林死後，赫魯雪夫開始批判史達林，包括對美關係的改善在內，大膽提出和平共存路線。因此，由於兩個各自產生不同的變化，中俄關係漸漸地由友好變化成對立。

中俄的「蜜月關係」的轉機，尤其是在一九五六年的俄國共產黨第二十屆大會中。這大會提出新的路線。在國際上，帝國主義較弱，和平勢力較強，因此提出應該迴避世界戰爭的和平共存論，認為由資本主義轉變為社會主義，不需要採行暴力革命。利用議會得到多數大衆支持，就能夠實現的和平轉移論，並暴露堪稱偉大領導者的史達林的錯誤，開始批判史達林。這些都令中國感到不滿，尤其是對於史達林的批評做法，雖然表明對俄國全面的批判，但是卻無視於史達林的功績。而且，事前也沒有和中國商量批判問題，因此中國對俄國開始產生不滿。

內部爭論的表面化，出現在一九五七年十一月的莫斯科會議。俄國的十月革命，四十周年紀念大典中，毛澤東率領中國代表團出席，參加這一項盛會。到了莫斯科時，卻提出「關於和平轉移問題的意見綱領」。而和平轉移論卻被批判為與敗北主義有關，強調社會主義陣容的優勢，主張「東風壓倒西風」。因此，俄國方面也不讓步，在會議中產生了糾紛，結果只好並列中俄雙方的主張，發表宣言，達成了妥協。

中俄對等的時代已經到來了。對於中國的批判，俄國的反抗也非常強。但是，新路線卻在匈牙利或波蘭等東歐國家，誘發了要求自由化的動亂，為了解決，必須要尋求中國的援助。中俄意見的不同，雖然經由內部處理，並未表面化，但是不同點卻陸陸續續擴大。一九五八年以後，中國以自力更生為基礎，展開大躍進、人民公社化與社會主義總路線的「三面紅旗」政策，明顯地走出與俄國社會主義不同的路線。

五八年八月，赫魯雪夫結束訪問中國之行以後，中國在毛澤東的主導下，想要武力解放台灣，開始砲轟金門島、馬祖島。此時，美國也表明了防衛台灣的強烈意志，然而這時俄國卻違背了中國的期待，並不表明支持中國。如此一來，避開了戰爭的危機。

五九年時，中國與印度之間爆發了國境戰爭，俄國採取中立的立場。俄國對於中國的好戰態度心存危機感，並背棄包括核子武器開發的技術援助在內的「國防用新技術相關協定」。對於俄國的態度，中國在失望之餘，走向自行發展核子武力的抱負。

一九六〇年四月，中俄的對立開始表面化。中國方面發表「列寧主義萬歲」的論文。二十屆黨大代表大會以後，將俄國的路線視為修正主義，公開發表批判。俄國也提出反駁的理論，爭論變得非常激烈。問題並不止於理論的爭論而已，甚至昇華為國家的對立。六〇年七月，俄國把停留於中國的俄國專家一四〇〇人，全部帶回國。中俄之間所締結的數百項協定、契約全部廢棄，並決定停止物資、設備的提供。這措施對於因大躍進失敗與自然災害，而深陷苦境的中國經濟，造成莫大的影響，使中國對俄國的反感更加深了。當然，為了和解，也開始進行會談，但是卻沒有任何效果，反而使對立更趨白熱化。六二年的古巴危機，六三年部分停止核子實驗的條約，使中國開始批判俄國的態度更烈。

一九六四年十月，俄國的赫魯雪夫失勢，布里茲涅夫政權誕生，但是中國認為新政權仍然是修正主義者，並沒有積極地想要改善中俄關係。反而為了防止中國變質為第二個俄國，而致力於打倒國內的修正主義者，開始文化大革命。

6 中美接近──回歸國際社會

一九六六年春天，中國開始展開文革。這革命是毛澤東所發動的，並定義為「對於上部構造的社會主義革命」。但是，實際上其目標是「打倒走向資本主義道路的實權派」，也是毛澤東對於國家主席劉少奇與黨總書記鄧小平等實務派官僚的奪權鬥爭。

毛澤東動員青年或學生，組織「紅衛兵」，並給予「造反有理」的免罪符，砲轟「黨司令部」，多數黨幹部都視為是「實權派」，而遭到肅清。三〇〇萬人以上的幹部失去了地位，同時遭到逮捕、監禁，肉體也受到戕害。毛澤東也讓軍人介入文革，當時的國防部長林彪被選為後繼者，改正黨規約，明記其主旨。文革一直持續到一九七六年九月，毛澤東死去為止，在政治、經濟、社會各方面，都使國內陷入大混亂中，國家瀕臨崩潰的危機。這影響並不止於國內，紅衛兵鬥爭甚至擴大到國外，利用不能算是外交的「造反外交」，使中國在國際上陷入孤立化的狀態中。當時，中國反對帝國主義的美國與現代修正主義的俄國，採取二正面對決路線。

從一九四六年開始，美國大批軍人投入越戰中，真正介入了越戰。對北越也開始採用空襲的作戰方式，尤其是在六七年八月，甚至空襲到中越國境附近。因此，使支援北越的中國，直接面臨到直接衝突的危機。

中俄對立已經嚴重到不可解的地步。一九六八年八月，由於俄國武力侵入捷克，因此使關係超過了形勢上的爭論，而變得更為惡化。毛澤東把俄國視為「社會帝國主義」，將俄國與「美國帝國主義」列在同等地位上，不把它視為是社會主義國家。

不僅是在意識思想或國際共產主義運動方面，中俄對立甚至擴大到國家關係的領域，爆發戰爭的危險。俄國考慮對中國發動核子攻擊，而中國對於俄國的奇襲攻擊，也抱著極深的警戒心。

實際上，在中俄邊境，已經面臨非常緊張的局面。一九六九年三月，黑龍江省的俄國邊境上的珍寶島，二國國軍發生了武力衝突。戰鬥在短期內就終了，但是由於俄國壓倒性的火力，而使中國徹底遭到失敗。對中國而言，更加受到俄國的威脅。國境衝突並不僅止於此，甚至也在新疆維吾爾自治區爆發衝突。

一九六九年九月，濶別十一年的科司伊金與周恩來中俄二國總理展開會談，暫時迴避了戰爭的危機。但是，毛澤東對於俄國的奇襲攻擊並沒有放鬆警戒心，而提出「防止敵人的奇襲攻擊」、「挖深洞穴，貯存糧食，不可屈服於霸權之下」等等的口號，而進行戰爭準備的姿態。

在對俄臨戰的姿態中，對於美國的敵對，也使因文革而混亂的中國無法忍受。俄國、美國都是主要的敵人。這時，美國的尼克森政權也採取對中政策的轉換方式。尼克森總統就任以後，立刻構思與中國接近，指示要與中國直接接觸。

一九六九年八月，尼克森拜託巴基斯坦的總統，傳達欲與中國接近的意志。對於想要訪問中國的人，給予緩和護照限制的措施；自韓戰以來，第七艦隊駐守台灣海峽的行動亦告終止；全面解除中國製品購入限制，允許非戰略物資的對中貿易等等，這些措施發表於六九年。七〇年一月，在波蘭華沙再度展開中斷已久的中美大使級會談，接受美國想要接近中國的訊息，毛澤東也開始摸索對美政策的轉換。

六九年六月到十月為止，接受毛澤東與周恩來的委託，包括葉劍英與陳毅等軍人在內的領導者，組織「國際情勢研究組」。以對美政策為主，開始成立新的對外戰略。

從反美到親美一八〇度的轉變，即使毛澤東具有壓倒性的威信，也不是輕易就能進行的。在這時期，包括國家主席復活等問題在內，毛澤東、周恩來、林彪集團的權力糾葛非常嚴重，而在對美政策轉換的問題上，指導部內部也有意見對立的情形。真正的決定是在一九七〇年八月至九月的黨第九期二中全會。一年後的九月，林彪由於毛澤東暗殺計劃的失敗，而在逃亡至俄國中途，因墜機而死。

二中全會以後的一九七〇年十月一日的國慶節，坐在觀賞遊行毛澤東鄰座的是，美國駐中國特派記者艾德加•司諾。在與他會見時，毛澤東表明「歡迎右翼人士尼克森總統訪問中國」。後來，中國也透過巴基斯坦和羅馬尼亞，而與美國接近。

七一年四月，在日本名古屋召開的世界桌球大賽，中國自文革以來，首次派遣選手到海外參賽。大會終了以後，中國招待包括美國在內的選手團到中國。美國選手團是自四九年新中國成立以來，最初的美國公式使節團。

美國方面，也利用對中禁止運輸的緩和，以及中國人到美國簽證發給的促進等等，對中緩和措施的追加，來表明對中國的友好態度。

中美的秘密交涉到了一九七一年七月九日到十一日，美國國務卿季幸吉訪問中國時，達到巔峰。季幸吉與周恩來相談甚歡，達成尼克森訪問中國的協議。在七月十五日正式發表，對於不知中美秘密交涉的日本等世界各國，產生很大的衝擊。在十月的國連總會中，美國確保台灣加盟聯合國，並支持中國的加盟。事實上，是代替台灣同意中國回歸聯合國。總會中，並以壓倒性多數票，讓中國加盟聯合國。

一九七二年二月，尼克森總統訪問中國，並發表了規定中美關係的上海共同公報，而至於焦點的台灣問題，中美雙方主張兩論併記的方式。

中國認為「中華人民共和國政府為中國唯一合法的政府，台灣是中國的一省」、「台灣的解放是中國的內政問題」、「美國的所有兵力與軍事設施，應該由台灣撤回」。美國則主張「中國只有一個，並承認台灣是中國的一部分」，避免用中華人民共和國是中國「唯一合法的政府」，台灣是「中國的一省」來表現。撤回美軍的建議，則有「台灣地區緊張緩和」的條件，而同意「漸漸縮小」。

中美接近，對於以後的國際情勢造成很大的影響。一九七二年九月，日本剛就任的首相田中角榮訪問中國大陸，實現與中國的國交正常化。美國取得中國的同意以後，致力於越南和平交涉。對於俄國，則使用「中國卡」，推進緊張緩和政策。

實際上，中國又再度回到了國際社會，雖然文革在進行中，還是有權力糾葛，但是已經開始致力於現代化的對外開放政策了。

7

固執於階級鬥爭——從無血革命到有血革命

「在社會主義社會的階段，還是存在著階級、階級矛盾或階級鬥爭，社會主義與資本主義兩者的鬥爭是存在的，資本主義復活的危險性依然存在。」

這是毛澤東在一九六二年九月第八期十中全會中的發言。將階級鬥爭視為是發展社會主義社會的原動力，主張持續以階級鬥爭為要的「不斷革命」。以此為動力，給中國帶來為期十年全面內戰的文革時期。暴力伴隨著將「死活階級鬥爭」視為絕對必要的姿態，是毛澤東在革命一開始時就有的表現。

一九二一年一月，毛澤東根據自學的唯物史觀，訴說「只有四個字，就是階級鬥爭」。四一年在延安演說，說明在二十年閱讀考司基的『階級鬥爭』與『共產黨宣言』時，了解到自有人類以來，就有階級鬥爭，階級鬥爭是社會發展的原動力。因此，宣佈「我只拿出四個字，亦即階級鬥爭，同時開始實際研究階級鬥爭」。

這個想法，透過從一九二〇年代後半期開始的農村革命根據地的武裝鬥爭的經驗，使他確信「革命並不是宴會」。在建國以後的一九五七年的「百花齊放、百家爭鳴」與反右派鬥爭中，再度確認這個信念。毛澤東將此稱為「鬥爭哲學」。

晚年的他，也經常訴說共產黨哲學就是鬥爭哲學。建國後，認為絕對不可能脫離「鬥爭哲學」而展開行動。這個事實，只要看五七年的「雙百（百花齊放、百家爭鳴）」，即可了解。五六年，宣佈完成社會主義的基本。在無產階級社會之中，資產階級與無產階級這種階級對立的敵對矛盾，已經不再是主要矛盾，主要矛盾，乃是「人民內部的矛盾」。

一九五六年發生了波蘭、匈牙利事件，同年九月到五七年三月，中國都市也發生示威、罷課、請願等事件。五六年，在二十八個都市的大學與中學中，有二十九所學校七〇〇〇多位學生發動罷課等事件，並有五十幾件的勞工示威遊行，在農村也發起了請願運動。這些活動，使得包括領導者在內的許多共產黨員感到迷惑。部分的人說：「好人不會引起騷動，引起騷動者不是好人。」認為對政府發動騷動，是一種敵對矛盾之舉。在此偏見下，以兩種方式來面對問題，一是表現出「恐慌」，二是認為「簡單地處理，採壓制或壓迫的方法，抑或是要動員武力」。

一九五七年一月，毛澤東在省市區黨委書記會議中做如下的演說：「人民引發騷動的部分原因，是我們政治、經濟主觀主義、官僚主義的過錯。」他認為這種騷動並不是「敵對矛盾」，而視為是「人民內部的矛盾」，認為要採柔軟的姿態來解決。

而明顯表現出這種姿態的，就是在五七年二月二十七日於最高國務會議所進行的「如何正確地處理人民內部的矛盾」之演說。他強調，要解決矛盾，需要採用柔軟的姿態。對於共產黨或政權的批判，絕對不是「敵對矛盾」，因此，不可視其是「死活的階級鬥爭」。

一九五六年，受到在波蘭與匈牙利所發生的自由化行動的影響，毛澤東認為「在中國也會發生一些騷動事件」。在中國六億人口之中，一年有一〇〇萬人發生騷動事件，也並非什麽驚天動地之事。就算今後發生，也不足為奇。但是，他斷言絕對不會像匈牙利那般發生批判人民政府的顛覆活動。其理由是，中國的情勢不同於匈牙利。

「數十年來，歷經革命鬥爭的鍛鍊，在根據地，有解放軍、共產黨及愛國民主人士紮穩了根基，因此，即使出現反革命家，也為數不多，可能只出現一%的反革命家而已。不論是香花或毒草，都可能會生長，何懼之有呢？」他甚至還說：「讓他們儘量地騷動吧！」對於這些騷動事件或反革命份子，毛澤東認為絕不可以「死活階級鬥爭」方式來處理。同時說道：「大部分的騷動者，並不是想要反革命，主要是因為我們的工作中有缺陷。」

「現在，我們部分的同志，想以『武力解決』人民內部的問題。不過，這是很危險的事情，一定要修正這種想法。如果無法說服的話，該怎麽辦呢？這時就一定得學習才行。」

「即使採用說服的方法，而人民依然騷動，又該怎麽辦呢？會不會造成天下大亂呢？我認為這是不可能的。要堅持我們的說服，只要能充分地說服，就不會產生混亂。」

其理由是，基本上已經完成社會主義了，因此，基本上，大規模的大衆階級鬥爭已經結束了。「如果我們採取壓迫的方法，那就是我們沒有道理，屆時，失敗的是我們。因此，要採用說明的方法。」

一九五〇年代初期，毛澤東利用反革命肅清運動殺害了八〇萬人。但是，由這段演說，我們知道他認為這種暴力的階級鬥爭已經結束了。

接受這段演說的沈默的民主黨派政治家與知識份子，於一九五七年五月一齊開口對於現狀進行批判，對於包括毛澤東在內的共產黨領導者加以非難。批判與非難，超乎毛澤東的想像，十分激烈。並且指出，即使共產黨毀滅，中國也不會毀滅。如果所有的黨員不能夠承認，則工作難以進行，要求「黨清一色（黨天下）」改正，要求交換政權。

六月八日，毛澤東在『人民日報』的「這是怎麼回事」的社論中執筆。說明一部分的人想要進行階級鬥爭，因此，認為要以階級鬥爭的方式來處理這些人。社論中將這「一部分的人」稱為「右派」，當成「敵對矛盾」加以處理。於是，開始進行「反右派鬥爭」。

六月十九日，大幅地修正二月時「如何正確地處理人民內部的矛盾」之演說，並刊載於『人民日報』中。修正的演說中，提及階級鬥爭尚未結束，並強調其再發的可能性。同時提到「反右派鬥爭」是早就料到的事情，也嘗試主張佈下誘出「毒草」的陷阱。

進入七月後，毛澤東一口咬定右派事實上就是反動派，為了避免民主黨派一意孤行，絕不寬容，並指出在攻擊之中打倒其指導權。即使右派份子為數不多，也不得寬赦。對右派份子，要如同剝筍皮般地處理才行，並且強調只要是「反革命份子」，格殺勿論。對他而言，「如果不能戰勝，社會主義就無法獲得勝利。若在教育界有二百萬人、經濟界有二百萬人、政府有一百萬人、資本家有二百萬人造反，則就會引發匈牙利事件。資產階級有三百萬人，秦始皇只活埋其中的四六〇名儒者，其結果當然難以順利進行。」

在進行右派鬥爭之前，毛澤東認為會顛覆共產黨政權的匈牙利事件等，在中國不會發生。而且斷言道：

「如果我們採取壓迫的方法，就是我們沒有道理，失敗的是我們。」

但事實上，他卻對五五萬二八七七人押以「右派」的烙印，將他們從共產黨中除名，奪走職權，讓他們鋃鐺入獄或放逐邊境，其家人也遭到悲慘的命運。直到一九七八年四月，這些人才重新得到名譽，但恢復名譽的作業，直到八一年末才告結束。不過，仍有少數人被貼上右派的標籤。被毛澤東任命反右派鬥爭指導者的鄧小平，也反省鬥爭過，但是目前仍然主張「基本上而言鬥爭是正確的」。

一九五七年十月七日的三中全會總括這個鬥爭。在五六年的八全大會決議中，毛澤東指出，基本上結束社會主義主要矛盾的階級鬥爭的宣布，是不正確的。確認主要矛盾依然是敵對的階級矛盾，並提出在都市或農村仍在這兩者的鬥爭。

在五八年的「工作方法六十條」中，仍提起「不斷革命」，認為鬥爭與革命是從社會主義到共產主義這個過渡期的主要任務。五九年的廬山會議中，出現於廬山的鬥爭，乃是階級鬥爭。過去十年來，仍然持續社會主義革命中所展開的資產階級與無產階級兩者對立階級的死活鬥爭，至少要歷經二十年，甚至半世紀的作戰才能結束。

六二年的十中全會中，提出「以階級鬥爭的觀點、階級分析的方法來觀察一切，並進行分析」。然而，這種擴大化，卻導致「全面內戰」──文化大革命。

在黨規中，也納入對於階級鬥爭的執著。一九六七年五月十八日，毛澤東透過『人民日報』的社論批判史達林，並說：「儘管理論上無產階級通過了獨裁的歷史時代時期，也不能就此承認階級與階級鬥爭的存在。」甚至否定史達林的思想──即使到了社會主義社會，階級鬥爭依然激烈化。認為他是「右派」份子。

毛澤東參加革命之初，並未肯定階級鬥爭方式的暴力革命。在他年輕時代，以瑞士的直接民主主義為理想，與美國的門羅主義共鳴，主張湖南獨立，否定暴力革命，提倡和平革命。

一九二〇年六月，在辛亥革命後國內分裂的狀況下，反對「大中華民國」，發表主張建設「湖南共和國」的論文。他說：「現在唯一的方法是『打破沒有基礎的大中國，建設許多小中國』。」並且認為「湖南人自決主義者是門羅主義」。認為其故鄉湖南是湖南人的湖南，湖南省不該干涉他省的問題，而其他省也不得干涉湖南的問題。他在今後的二十年內，不談中央的政治，認為各省要注意自己的省，採用省門羅主義，且提出全國分為二十五省與兩個藩地，形成「二十七國」。湖南人擁有自我處理的完全主權，自中央的控制中自立。政治組織方面，則以直接選擇的聯邦國家瑞士為模範。同時，提出如下的宣言，「將瑞士視為『理想湖南』的反映，從今天開始，三〇〇〇萬人（湖南的人口）需要改變自己的心意，積極前進，實現以往沒有達成的理想。」

照說，藉著追求這兩種原則，應該能夠實現他的理想。一是對中央採自決主義，由湖南人管理湖南。另外一種，則是利用湖南內部的民治主義，以人民為主人。十五歲以上的湖南人，皆有發言權，享受民主的權利。這個憲法與美國的州憲法或德國的憲法相同。

想要實現湖南獨立、民治主義的毛澤東，認為非暴力革命才是理想的實現方式。若以強權打倒強權，結果就會成為強權。他將此稱為「自我矛盾」，主張「用聲音革命」或「無血革命」，否定「砲彈革命」或「有血革命」。

但是到了一九二〇年代後半期之後，他的革命實踐，已經粉碎這種理想。說道：「政權是在鎗口下產生的。」從此以後，「砲彈革命」、「有血革命」成為他的革命觀，終其一生，都執著於死活的階級鬥爭。

8 模範的發現與宣傳——大寨的悲劇

毛澤東從革命時代到現在，於推進大衆動員之際，發現、創造及宣傳許多的「模範」。利用模範，堪稱是毛澤東政治的特徵之一。

毛澤東從各人物、單位或地方中，抽出對各個時期的黨路線、方針、政策的製作與實行有貢獻的模範事例。藉著對此事例的讚賞與宣傳，而督促其他的人物、單位、地方起而傚之，致力於路線、方針、政策的實現、滲透、固定化。

毛澤東就此模範的特徵與作用，分為三項加以說明。那就是「率先」、「骨幹」與「橋樑」。「第一是率先的作用。因為你們特別努力創造許多的東西，故你們的工作能夠成為一般人的模範，提高工作基準，大家都會向你們學習，你們成為生產運動及各種建設工作的先驅者。第二種是骨幹的作用。雖然你們還不是真正的幹部，但已經是衆人中的骨幹，是大衆中的核心，由你們開始工作，較容易推進。你們都會成為幹部，現在是幹部的預備軍。第三種是橋樑的作用。你們是上級領導者與下級廣泛大衆之間的橋樑，大衆的意見經由你們傳達給上級，上級的意見透過你們傳達給下級。」

大寨與陳永貴是毛澤東最稱讚的模範。一九六四年，毛澤東提出「農業向大寨學習」，尤其在文革中，更將這種「自力更生」的精神絕對化、神格化。以大寨和陳永貴為模範，最初是在一九五九年登場。

在晉中地區由昔陽縣的黨委宣傳，將其當成幹部參加肉體勞動的模範。六〇年時，山西省黨委指示向模範支部書記陳永貴學習。六二年，晉中地區黨委提出「向大寨學習」的口號，將其當成生產發展與強化集團經濟的模範。六三年，毛澤東與中央也注意到昔陽縣與大寨的幹部參加肉體勞動。同年十一月，山西省黨委呼籲要學習大寨「自力更生」的精神。六四年，大寨與陳被選為全國的模範。而當成全國模範的大寨與陳永貴，在社會主義教育運動及其後文革的黨內糾葛中，被選為重視以毛澤東為主的黨中央急進派階級鬥爭政策的象徵。以後的大寨命運，嚴重地受到這個選擇過程的影響。

大寨被選為模範之後的發展，因為與中央直接的關係和援助，的確得到很大的力量，然而，自一九五〇年代開始，大寨本身的生產實績，以及以陳永貴為主的領導者和村民之間強烈的信賴關係，能夠維持村內的團結，並確保其獨自性與獨立性。

與昔陽縣或晉中地區等上級的關係非常微妙。一九五九年召開「大寨現場會議」，陳被選為模範幹部的一大要因，就是與昔陽縣黨委第一書記（張懷英）之間長期以來有密切的關係。不過，在張被調走的六一年之後，陳開始受到上級的束縛。地區黨委與新任的縣黨第一書記懷疑大寨的成果，進行土地、生產額與國家購賣額的調查，指示生產額報告數值下降。不過，陳透過認識的『山西日報』記者，向省黨委關說，成功地撤回指示。

新任的第一書記除了展現自己的業績以外，也要得到下級的忠心。雖然是以大寨為模範進行一般的政策，但其與前任者之間有強烈的糾纏，再加上昔陽縣大寨都是幹部參加勞動的模範，因此難免會爭奪模範的主導權。因為是模範，所以會直接受到中央政治紛爭的影響。

從一九六四年十月開始，「四清」工作隊歷經兩個月，將五〇〇〇人送到昔陽縣與大寨。這是劉少奇等人基於「桃園經驗」而肅清基層幹部。在昔陽縣，張懷英等八〇位以上的幹部被視為「反黨集團」，受到黨除名、公職卸任或逮捕等的處分。愈是先進，問題就愈多。在大寨，也尋求村民的內部告發，致力於破壞村內團結。陳也遭到「並未實行大眾路線」的責難。不過，其與大寨的團結並未因此而瓦解。

這種情形在一九六五年一月的「二三條」指示下，由毛澤東陣營加以反擊而扭轉情勢。毛澤東在中央接見陳，正式提出「向大寨學習農業」，同年一月十三日，毛澤東自北平回來，二月由中央派遣其他工作隊來收拾混亂的局面。

文革之後，大寨與陳永貴果真成為農村革命的唯一模範，被大事宣傳。生產單位的採算制、「自報公議」的勞動點數評定方式、自留地或自由市場的廢止、幹部參加肉體勞動、副業的限制、共同住宅、堅持階級鬥爭、建設「海綿田」或科學實驗、飛躍的生產業績及革命的「自力更生」精神，都當成「大寨經驗」，廣為宣傳。

在一九七五年九月第一屆「向大寨學習農業」的全國會議中，決定到八〇年為止，要將全國三分之一改變成大寨型的縣。在毛澤東死去以及四人幫被流放後的七六年十二月所召開的第二屆會議中，再度確認推廣這種大寨型縣的大衆運動。陳永貴不僅是昔陽縣、山西省的領導者，也被提拔為中央領導者，成為黨中央委員、政治局委員，並兼任負責農業問題的國務院副總理。

但是，自一九七八年末的三中全會轉移路線後，大寨的評價有所變化。當時所商討的是「決定有關黨中央發展農業的若干問題」，也談及大寨型縣的普及運動。在七九年九月的四中全會中，正式採用「決定」，削除了這項建議。剩下的則是周恩來在六四年所提出的「大寨的基本經驗」而已。

其後，由於排除華國鋒等左派而確立鄧小平的指導體制，於農村導入生產責任制，進入真正的改革政策，使得中央也開始指向新的方向，認真地批評大寨。對於大寨及以陳永貴爲負責人的昔陽縣，自一九七九年開始受到嚴厲的批判。到八一年初為止，黨中央所承認的山西省黨委提出最後的評價。當然，有關自留地、自由市場的廢止與「自報公議」等大寨生產大隊的「經驗」，而受到批判。

然而，批判乃是對於文革以後的「大寨經驗」進行批判，對於文革以後「學習大寨」運動的過錯進行批判。

批判的第一點，是對文革後「學習大寨」運動進行批判。運動的過錯，在於扭曲「大寨的經驗」。事實上，已變成實行左傾路線的典型而加以神格化。

批判的第二點是，大寨的領導者適應四人幫的極左路線，改變了大寨的做法。據說推進「階級鬥爭擴大化」、「貧窮狀態的轉移」、「鼓吹平均主義」等行動。大寨與昔陽縣變為特權化，利用「西水東調」工程等，私下向中央與地方政府尋求大量的資金援助。自一九七三年到七七年為止，昔陽縣的糧食生產額比實際的生產額虛報出二四%以上，因而遭到非難。

第三項批判是，陳永貴等領導者的派閥形成與幹部肅清。他將大寨和昔陽縣的大量幹部派遣到上級機關與地方，鎮壓反對派幹部，掌握權力。這項行動也遭到非難。

七四年二月，「四人幫」以劉少奇復權為由，批判山西省指導者（謝振華、曹中南）。而陳永貴也加以呼應，加入批判與肅清的行列，這項行動亦遭責難。

一九七九年十二月，昔陽縣黨委進行領導部調整，解除陳永貴的書記職務。另外，在八〇年二月，也從政治局委員的名單中被除名，九月，被撤除副總理的職務。到十二月時，從黨十二屆全大會的代表候補中除名，並於大寨黨支部委員的選舉中落選。但是，並不是因為這種批判或陳永貴的失勢而全面否定大寨。大寨只不過是山區建設的先進典型之一，仍存在很多界限。然而，成果終歸是成果。黨中央認為在文革前，大寨是農業戰線的先進典型，而其基本經驗與經驗的普及，具有積極的作用，受到肯定。表明要恢復大寨與昔陽刻苦創業的好傳統。社會主義集團經濟的根本任務，在於發展生產。以此觀點來看，文革前大寨的模範性是可以肯定的。

當成模範被加以讚賞，又被加以批評，對於過去的光榮產生鄉愁，對於模範擁有自信，以陳永貴為主的一些領導者，還是擁有村內團結的心態。陳永貴並未對大寨人進行自我批判，這是他在一九八〇年十二月的黨支部選舉中落選的原因。不過，事實上，遠離故鄉而住在北平的他，與村民之間仍有密切的連繫。村民稱他為「老陳」。

「農民只有在被推拉的狀況下，才會走向社會主義之路。如果任其而為，那麼他們會走到哪兒去呢？稍一鬆手，他們就會滑到資本主義的方向了。」認識陳永貴，也就是認識毛澤東。對於一九八〇年代政權的農村政策而言，這也許是危險的認識。由於他想回到故鄉的願望並沒有被允許，於是在八六年三月二十六日，因肺癌而病逝於北平。其遺骨被送回大寨。村中的領導者或農民大都出迎。他的遺言中指示不要開追悼大會。但若不開追悼大會，大眾無法了解。於是，在遺骸到達時，會場發出響徹雲霄的嚎啕聲。

「你不該是以這樣的姿態回來的。我們還希望你能夠回來和我們說話，和我們一起工作。但是，現在你都不能了。天啊！這真是不公平啊！」

「沒有老陳的話，我們大寨該怎麼呢？」

村民的哀泣聲此起彼落，並且說：「你只不過是一介農民，是誰拉著你，阻止你回家呢？」

「我們的子孫們，絕對不能夠再步老陳的後塵了。不可以在政治舞台上扮演悲劇角色。」

陳永貴自己在生前也說：「被任命為副總理，是自己未曾料到的事情。我只具有小單位的實踐經驗，根本不具有成為大官的資格。」因此，他早就預料到會被解除副總理之職，擁有如釋重負之感，欣慰地回顧以往。他的遺骸被撒在最初開墾的山中田園、人造貯水池，西水東調的橋樑上，剩下的，則撒在大寨的天空。

今日的政權，也並未完全否定他，也沒有完全否定毛澤東。但是，雖然這種「自力更生」的精神受到毛澤東與黨中央的稱讚，而事實上，他們最想稱讚的是，保持中國農民固有的傳統美德，亦即「勤勉、純樸」。陳永貴本身也是想自求變革的中國傳統農民。（只不過是「稍一鬆手，就滑到資本主義的方向了」）。

9 毛澤東獨裁的背景——傳統與革命

那麼，為何共產黨獨裁與經過收斂的毛澤東個人獨裁仍然存續著呢？

建國以後的中國，共產黨與毛澤東的個人獨裁體制仍舊存在，其要因頗多。大致包括中國共產黨中國政治客體條件，以及黨本身主體努力這兩方面。前者是指中國近現代史的歷史環境、課題與政治風土。後者則是革命與戰爭搏鬥的黨本身經驗的累積，換言之，即是指導實績與指導技術的蓄積。

簡單地將前者整理敍述如下，首先是滲透於中國近現代史的中國傳統的存在，並沒有被忽略。中國共產黨所溫存的中國政治特色，可說是封建的專制主義。

毛澤東本身也承認：「我國是脫離半封建、半殖民地的社會而朝社會主義前進的國家，幾千年來經由封建專制所形成的傳統，仍然根深蒂固地殘留在思想、文化、教育及法律等上部構造的各領域中。」

中國仍然存在傳統的封建專制主義，故而能夠形成共產黨與毛澤東的獨裁。封建專制主義的最大特徵之一，即是給予皇帝權力、權威的集中，而中國共產黨也繼承了這種特徵。在金字塔頂點的毛澤東，被視為是「人民的救星」、「紅太陽」，受到人民的崇拜，獨占堪稱無謬存在的思想解釋權，衆人給予他推翻黨中央決定的權限。民衆將「紅太陽」的毛澤東當成是領導者，接受其指導。而能夠達成這一點，即因為仍留有封建主義的色彩而進入社會主義的緣故。

雖然黨領袖＝皇帝的構圖在毛澤東死後受到批判，但是，鄧小平日前仍然承襲部分的特徵。一九九八年在「北京的春天」中叫囂著「中國數千年的歷史，是打倒皇帝又製造皇帝的歷史。而我們不能再重複這種歷史」，並且呼籲「萬里長城有兩個。一是抵禦外敵的長城，一是秦始皇及其後繼者維持其獨裁支配的精神長城——亦即封建專制主義的理論體系。後者宜去除」。

第二個要因是，經過清朝末期到辛亥革命而自一九四九年新中國誕生以後，近代一百年來的半封建、半殖民地社會的狀況。經濟發展落後，以農村、農民為中心的全國貧困及低的文化水準、國家統合與國民意識的不存在、外國列強的經濟、軍事的支配擴大等，皆是原因。近代中國的課題，就是要解決這種狀況，亦即要實現近代化。不過，這個課題在新中國誕生之前並未解決，因此，要尋求能夠消除國家分裂而統一全國、能夠集合國家與國民而推進近代化建設的主要政治勢力的出現，同時，確立完成這種政治體系。然而，中國共產黨只能完成這個時代要求的一部分。

第三點是，革命與戰爭的時代環境，造成政黨政治的不存在。

自一九二〇年代以後，致力於近代化課題的政治勢力，分為國民黨與共產黨兩大勢力。兩者都努力地推翻舊體制，以革命來解決課題。但是，不論是革命目標、參加勢力、戰略、戰術都是不同且對立的。兩者各自形成國內國家，各別主張正統性的革命、建設。同時，學習俄國共產黨的組織論，不允許反對黨的存在，只有一黨獨裁的理論與體質。兩者為了實現目標與組織防衛，各自擁有軍力（國民軍、解放軍），並想要獨占權力。然而，能夠控制或調節兩者對立的勢力（第三勢力），並不具系統性地存在。對立並不能夠以物理的暴力來決定，允許競爭強烈的政治勢力的存在，卻無法確立利用選舉解決對立的政治制度。利用妥協所達成的聯合（國共合作），只是暫時的、戰術的運用而已，雖然二度嘗試，但結果都不堪一擊。要消除對立的根本，還是要依賴使對方屈服或進行物理性消滅的戰爭（國共內戰）。在此戰爭中，中國共產黨獲勝。

第四點是，內戰後對抗勢力的不存在。國民黨被驅逐離開大陸，除了中國共產黨以外，剩下的政黨即是民主黨派。而這八個黨派，合計人數也只不過十萬人罷了，對於人數超過五〇〇萬的共產黨而言，根本無抗拒之力，因此，能夠解決問題並擁有指導經驗與能力者，只有共產黨而已。

第五點是，需要一黨體制的新中國面對的問題狀況。在建國以後，新中國及其政權面臨死亡的危機。在全國路上完全統一的路途上，新政權才剛剛產生。國內還殘留國民黨等敵對勢力，必須一掃而空（反革命肅清）。對外則是受到美國等威脅增大，必須確保獨立與保障安全（抗美援朝戰爭）。持續三十年以上的革命與戰爭，使得社會與經濟的混亂益形嚴重，必須要加以改正（土地革命）與復興（新民主主義經濟）。要解決這些當務之急，需要一個能夠壓住抵抗的強大政治勢力與指導體制。必須要與中國共產黨採取一黨體制。而後者，則要蓄積共產黨主體的努力。

後者的要因，第一就是要蓄積共產黨及其領導者毛澤東的指導實績。黨指導革命鬥爭、抗日戰爭、國共內戰而獲勝，建立新中國，實現民族的解放、獨立、對農民的土地分配與消除飢餓等等。透過解決這些問題的成果，使得黨獲得對於黨指導的人民之信任。

第二點是，解決問題而獲得人民信任的黨的指導技術之蓄積。中國共產黨規定是「無產階級的政黨」，不過，就量的意義而言，其實難以辦到。除了一九二〇年代前半期黨創立初期以外，黨員與擁有多數支持者的領導者，大都是非無產階級。不論是指導實績或技術，幾乎都於農村建立，與農民大衆直接相關而蓄積的。革命戰略是以「由農村包圍都市」為農村工作重點主義，革命的主要舞台是農村，主要形態是經由土地革命而建設、擴大農村革命根據地，主要對象，則是獲得農民大衆的支持並打倒視為敵人的地主。所以「無產階級政黨」與實際農民黨之間的矛盾，在於「改造思想」，並使農民透過教育、教化而在精神上無產階級化，如此才能解決問題。

革命戰略的實施，適用於大衆路線，同時，重視以農民士兵為主的軍力的利用。大衆路線是指「取之於大衆，用之於大衆」。在製作政策方面，利用面對接觸，集合大衆的意見，在執行政策方面，則以利用大衆參加。動員的運動爲主要內容，以此做為指導的技術。除此之外，設定中國革命的階段（從新民主主義革命到社會主義革命）、問題的認識（發現主要的矛盾）與解決（階級鬥爭）方法等，則當成指導技術，藉此蓄積革命戰爭的經驗。

要保證這些技術的具體化，則要利用權力手段的獨占，亦即黨一元化指導。在一九四二年九月將其公式化，決定「黨是各地的最高指導機構，統一進行各地黨、政府、軍及人民的工作指導」。黨指導一切。關於此，在臨戰體制中加以確立、適用，並於建國後強化。

第三點是公認「建國之父」的毛澤東與「建國統合神化」的毛澤東思想。以個人的方式提昇黨指導的實績者，即是黨主席毛澤東；而將指導技術加以理論體系化的，則是毛澤東思想。人人在毛澤東與毛澤東思想中發現黨指導的實績與技術，對黨指導賦與信任。賦與他推翻黨組織決定的權限，是超越黨的主要指導者。毛澤東思想不僅是神話，同時，藉著他能實現一切活動，由毛澤東獨占其解釋權。

第四點是，蓄積革命、戰爭中的統治經驗。黨不僅是從建國以前就致力於破壞體制的革命黨，也是致力於建設與維持體制的政權黨，蓄積各種的經驗。在一九三〇年代前半期，統治人口超過一〇〇〇萬的中華蘇維埃共和國。從三〇年代後半開始到四〇年代前半期，則是統治以延安為主的三〇〇〇萬人口的解放區。

這些客體的條件，再加上蓄積解決課題的指導實績與指導技術的主體努力，成為成立一黨體制的諸要因。基於這些要因，大衆對黨的指導功能和核心地位給予信任，並接受一黨體制。當然，信任的內容各有不同，包括因鎮壓或威脅沈默消極地表明同意、積極地表明支持，或自動自發參加到一體化為止的程度，各有不同。獲得信任的指導實績與技術的蓄積，成為黨無謬的遺產，建國之後，也加以繼承。

而解決課題的實績，也提昇黨指導的自信。這些設定目標、分析情勢、戰略、戰術等指導技術的正確證明，也適用於建國以後的新狀況和課題解決。

10 成為非常時體制的毛澤東政治——持續個人獨裁

建國以後將近三十年來，在毛澤東的指導下，持續存在共產黨獨裁體制。然而，這個體制的正統性與有效性，經常出現疑問，也產生了信任的危機狀況。不過，依然存續的理由，則在於建國以四十幾年的客體條件，以及黨的主體努力。

客體條件的第一點，就是建國以前成為主體條件的過去黨指導的實績。過去的實績是，如果沒有中國共產黨，就沒有新中國。這一點，一直存在於衆人的記憶中。這個記憶，使得大衆對於在黨指導下的將來實績抱持期待之心，也成為建國以後一黨體制正統性的根據。

第二點是，建國以後課題的緊急性與重要性。中國近現代史課題的近代化方面，除了民族的解放、獨立與國家統一之外，其他幾乎都未達成，成為建國以後的課題。包括經濟的發展、國民生活或文化水準的提昇、政治民主化等皆是，而現行憲法也承認，要建立一個帶給中國富強康樂、高度民主與高度文明的現代化強國。以近代化來看是建國以前的課題，變成了建國以後的課題，因此，我們也可以說它是「現代化」的課題。

第三點是持續建國以前的時代環境。專制主義的傳統及與共產黨競爭的政黨不存在的狀況，在建國以後，幾乎仍然殘存。

黨主體努力的第一點，就是建國以後四十幾年來的國家建設與統治的實績。透過黨的指導，使得經濟復興與發展、確保「溫飽」（最低限度的生活）、提昇生活水準、貫徹平等主義而消除格差感、國家國民的統合、確保安全、提昇國際的威信。這些成為建國以後黨指導的實績，使得民衆再度對黨賦與信任。

換言之，這是一黨體制正統性的現實根據。

第四點是建國以後的指導技術，包括因循過去技術與改善。對前者的革命與戰時臨戰體制中形成的技術加以改善，似乎就能夠適用於建國以後的建設與和平時代。當成建設目標，同時也是破壞舊體制的社會主義革命。農民黨的本性幾乎未改，仍然依循動員大衆運動或階級鬥爭來執行政策。由具有革命經驗的領導者負責各種建設工作。而毛澤東的權力、權威，則具有強大的影響力。獨占包括「黨軍隊」解放軍在內的一切權力手段，進行一元化指導，並加以強化，使得可以對抗的他黨存在之可能性極小。

但是，指導技術面也並非是一成不變的。在建國以前的一九四九年三月，黨決定將工作的重點由農村移向都市，亦即進入轉換統治黨的準備。統治黨指導的重點並非在於農村，而是在於都市；並非在於革命，而是在於建設；並非在於破壞秩序，而是在於維持秩序。亦即為了自農民黨的性格蛻變，開始提拔都市勞動者或知識份子，使其入黨或進入指導部。由老齡化的革命第一代，移交給建國以後的新世代，完成指導體制。加入領導者可恣意進行的狀況主義運動或鬥爭等大衆路線方式，嘗試政策形成與執行過程的制度化。整頓中央集權的官僚機構，使得命令、權限的分業法制化。同時，利用集團指導的合法化來取代毛澤東個人的獨裁支配。

這種主體努力的結果，強化民衆的信賴，認為如果沒有中國共產黨，就沒有現代化社會主義的中國，並且對現在與將來黨的指導抱持信心。為了確立一黨獨裁理論的正統性，必須累積主體的努力。像「人民民主主義獨裁」或「無產階級獨裁」與其正統化的前衛論皆是努力的內容。

一九四九年九月中國人民政治協商會議共同綱領，實質上，就是最初的憲法。共同綱領敍述中華人民共和國是「新民主主義，也就是人民民主主義的國家」，以無產階級為指導，以勞農同盟為基礎，規定實行人民民主主義獨裁。而四十幾年後的現行憲法，也規定以無產階級進行指導，以勞農同盟為基礎，成為人民民主主義獨裁的社會主義國家。

總之，將中國政治權力的性格，定義為人民民主主義獨裁。而其主要的構成要素是「以無產階級指導，以勞農同盟為基礎」。四九年的人民民主獨裁，利用無產階級、農民階級、小資產階級、民主資產階級及其他愛國民主份子的人民民主統一戰線而行使。但是，毛澤東在同年七月的「人民民主獨裁論」中，說明民族資產階級不能成為革命的指導者，在國家權力當中，也不該占有主要地位。並說明除了無產階級以外，參加統一戰線的階級，必須置於無產階級與共產黨的指導之下。

一九五四年憲法也肯定人民民主統一戰線，規定政治權力的性格為人民民主主義。但是，再確認由共產黨指導統一戰線。在宣佈「人民民主主義獨裁」為轉移至社會主義階級大致完成的五六年黨八全大會中，規定無產階級獨裁的形態。在一九七五年文革末期所制定的憲法中，接受這個再規定，敍述「無產階級獨裁的社會主義國家」。八二年憲法則說「人民民主主義獨裁」，並附帶說明「也就是

圖2-1　黨的組織圖

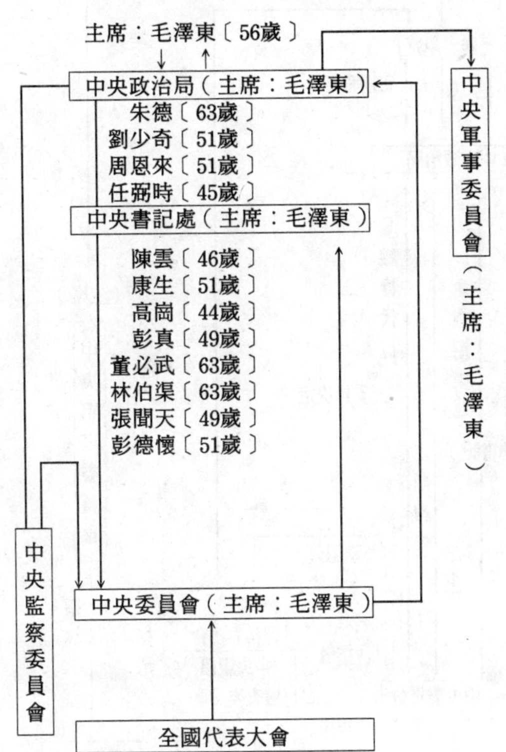

資料：『黨的組織工作詞典』、『歷屆中共中央委員人名詞典 1921-1987』。

圖2-2　黨的組織圖（1993 年的 14 全大會）

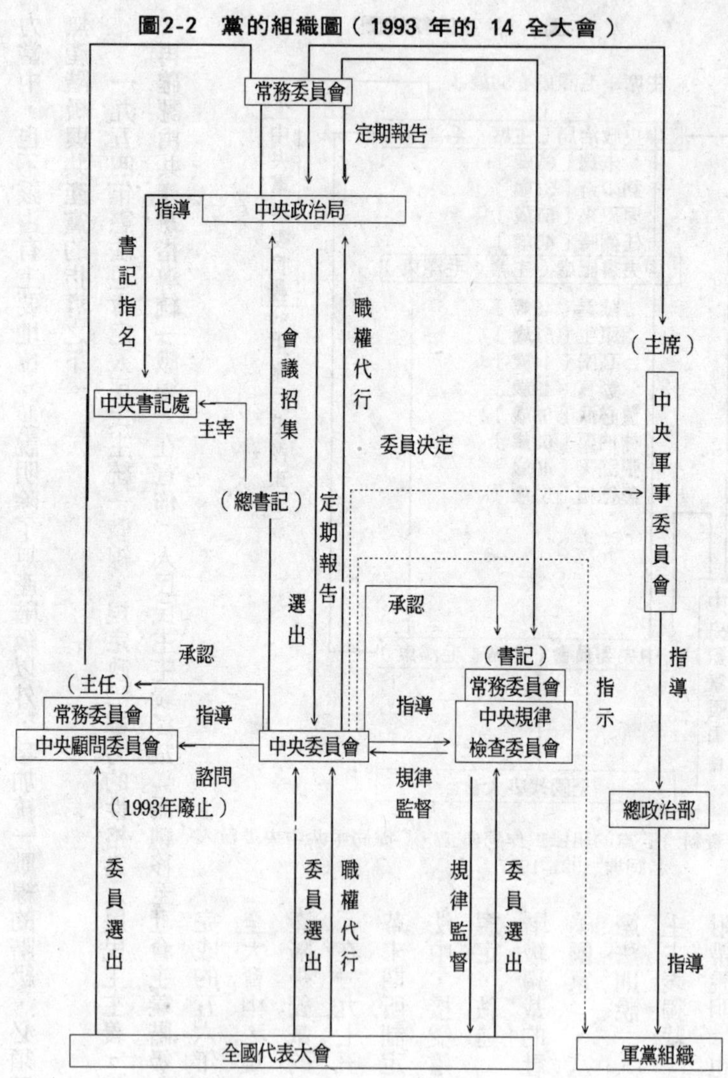

資料：『中國總覽 1992 年版』。

實質上的無產階級獨裁」。

不論是人民民主主義獨裁也好，是無產階級獨裁也好，實際上，獨裁是由代行獨裁的中國共產黨進行一黨獨裁體制。根據以往的憲法與黨規，共產黨已經成為全中國人民與社會主義事業指導的核心。

這種意識思想的正統性，是由馬克思、列寧主義所賦與的。就馬克思、列寧主義的論理而言，無產階級前衛代行無產階級獨裁。共產黨為其前衛，是無產階級的政黨。在一九四五年的七全大會與五六年八全大會的黨規中，規定中國共產黨是無產階級的前衛部隊，為階級組織的最高型態。六九年的九全大會、七三年的十全大會與七七年的十一全大會中，也稱為無產階級政黨或前衛。八二年的十二全大會所改變的現行黨規，也稱為無產階級前衛。

這種一黨體制存續的諸要因，同時帶來存續的危機狀況。首先就是黨的遺產隨著時代而風化。擁有建國以前壓抑貧窮與解放、救濟記憶的世代逐漸消失，取而代之的，多半是沒有這些記憶的世代。記憶的繼承，則依教育、強化及建國以後黨的指導實績而得以確保到某種程度。

不過，第二點是由於黨指導的成功，使得建國以後的時代環境也產生了變化。但是，令人覺得諷刺的是，卻加深了對一黨體制的不滿與懷疑。共產黨達成了「現代化」的一部分課題，確保並強化衆人對黨指導的信任。隨著達成課題，時代環境產生了變化。生活與文化水準提昇。人們的欲求、利益的量擴大，質也變得多元化。欲求不僅只集中在從飢餓獲得解放這一點上，而開始尋求質的多元化，要求精神面的充足。思想解放、擴大個人的自由、政治民主化等的要求，逐漸地增強。

第三點是，這些要求卻因未達成「現代化」課題而增強。雖然黨達成部分的「現代化」，但是，未完成的部分仍占多數。經濟發展，仍然不出開發中國家的水準。教育發展落後，依然存在二億人以上的文盲。仍然沒有實現政治的自由、民主化。

第四點是，黨的政策反覆出現變動、混亂與失敗，也加深了衆人對一黨體制的失望與批判。

導致變動、混亂、失敗的原因之一，即是對於過去遺產的執著。在臨戰體制下的革命目標，或為了達成目標的革命黨之指導技術，在建國之後不見得適用。然而，建國以後，時代環境產生了很大的變化。戰時體制變成平時體制，所致力的問題，也從革命轉為建設，所尋求的黨的指導技術，亦從革命黨轉為統治黨。例如，對於農村、農民而言是成功的農村工作重點主義的指導技術，不見得一定能給都市、勞動者帶來成功。革命目標得到成功的動員、運動方式，不見得一定能給社會秩序帶來安定。

其次是，不斷出現的黨內的對立與紛爭。政策的優先順位與指導技術的適用等問題，在黨內一直存在著對立的意見與權力紛爭。一方是執著於過去的革命、戰爭的業績和指導技術，為了想要急進發展而重複進行動員、運動的指導集團。另一方是雖未否定繼承過去的遺產，但是，基於建國以後的時代環境變化與課題的轉換，因而致力於指導制度化（確立黨官僚體制）的實務官僚集團，以劉少奇、鄧小平等人為主。這兩個集團的力關係，導致政策不斷地變動，而其對立與紛爭的極限，即是文革。

三是，毛澤東恣意地擴大指導。毛澤東是超越黨的存在，經常無視於黨的制度、構造、手續，展開直接結合大衆的動員、運動政治，推翻黨的正式決定。農業集團化、人民公社化、社會主義教育運動與文革等，都是最好的例子，結果多半導致嚴重的混亂與失敗。

四是，不存在競爭的他黨，這樣就會喪失政權被剝奪的緊張感，使得黨領導者之間忙於應付黨內紛爭而懶於解決課題。無法接受挑戰的統治黨過於安定的治政環境，使得指導幹部的世代交替落後，相反的，卻造成幹部的特權階級化與腐敗、墮落的構造化。

對於黨有所不滿或批判，被視為是「敵對矛盾」，可能會透過階級鬥爭而被抹煞。另一方面，也不存在具有號召力的他黨。在這種情況下，又有誰願冒著對黨不滿、批判而遭抹煞的危險去否定一黨體制呢？只是更加深對政治的絕望罷了。這種被抹煞的恐懼及反體制的意識在衆人的內心深處翻騰，於文革時達到巔峰狀態。

為悼念前總書記胡耀邦之死而未經許可就在天安門廣場前集會的北大學生（一九八九年四月十七日）

第三章

鄧小平的經濟思想與改革、開放

1 鄧小平思想的核心——思想的解放與生產力論

鄧小平的思想與行動模式，與毛澤東具有明顯的對照。

毛澤東社會主義像的淵源，源自於在解放區時代所增加的烏托邦社會主義。是種幻想，是種觀念，也是非常純粹，極左派的思想。在解放區可以統治的小地區，能夠具有實現性的這種思想，在建國後擁有超過五億的人民，而且在非常落後的初期條件之下，開始建設大中國，其結果可想而知是非常悲慘的，只要回顧以往便不難了解。但是，毛澤東是一個絕對權威者，獨占社會主義的解釋權；而想要阻止這種「左」傾思想的勢力全被視為「右派觀望主義者」、「修正主義者」而被葬送了。

毛澤東純粹的烏托邦社會主義，另一方面卻是嚴苛的暴力主義而壟斷中國社會。這樣的社會主義像既然非常烏托邦化，其行動也脫離了中國社會的現實狀況。毛澤東思想的現實化，使得中國社會、經濟陷入窮苦；而不顧這種悲慘的現狀，毛澤東卻在那兒拼命「冒進」，那麼，與實務派官僚「實權派」之間的爭權奪利，也就無可避免了。欠缺現實基礎的烏托邦思想，當然只是遙不可及的夢想而已，但毛澤東卻想將其實現，因此，需要運用一種社會的勢力。而毛澤東對於另一個社會勢力「實權派」，卻認為是與自己刀刃相向的「階級敵人」，因此，階級鬥爭對毛澤東實如家常便飯，是正確無誤的指標。毛澤東與階級敵人之間的鬥爭就是整風運動、反右派鬥爭，在廬山會議、文化大革命中，建國後毛澤東的政治力量，幾乎就在毛派的階級鬥爭中給浪費掉了。

鄧小平的社會主義像，與毛澤東相比之下，是屬於現實主義派的。鄧小平的現實主義與其他領導者相比，是更為徹底的。這個現實主義，越是加以追求的話，當然就會完全脫離社會主義，而倒退到讓人不得不懷疑是否為社會主義的階段。後面所敍述的鄧小平於一九九二年春節的「南巡講話」，可說是他現實主義的精髓。

鄧小平心目中的社會主義究竟是怎樣的社會主義呢？關鍵字正是「生產力的發展」，他所到之處都在強調這一點。一九八四年六月三十日，在第三屆中日民間會議，日本方面的委員代表團與鄧小平談話時，鄧小平的談話在在傳達他生產力論的訊息。

「社會主義的優位性，就是其生產力與資本主義相比更高，更能迅速發展。如果建國後我們有缺點的話，就是對生產力的發展會抱持某種輕視的態度。社會主義會根絕貧困。貧困不是社會主義，也不是共產主義。社會主義的優位性，就是會逐漸發展生產力，使人民在物質、文化方面的生活逐漸改善。中國正處於落後的狀態，如何發展生產力，如何改善人民的生活，才是當務之急。」

在經歷過天安門事件這個改革、開放時期最大的政治危機之後，鄧小平的生產力主義卻絲毫沒有動搖，反而更加強化。在新出版的第三卷文選中，鄧小平有如下的說法。

「我要說的就是，光是依賴已經取得的安定政治環境是沒有用的。必須強化思想政治工作，提倡刻苦奮鬥。但是光靠這些還是不夠的。最根本的要因在於經濟成長速度，而且反應於人民生活的穩定提升上。發現能夠為人民帶來安定局面的真正利益，發現能夠為現行制度和政策帶來利益的方法，才能得到真正的安定。不管國際情勢如何變化，只要我們能夠戰勝這一點，就能穩如泰山。」

生產力主義很明顯地違反了毛澤東的主義。一九八五年四月十五日的發言中說：「毛澤東同志是偉大的領導者，中國革命在他的領導下獲得成功。但是，他有一大缺點。那就是輕視社會的生產力。」同時又說：「根據馬克斯主義，社會主義為共產主義的第一階段，有非常長的歷史階段。」

他反覆地說明，利用激進主義來推展社會主義最重要的任務，就是生產力的發展、人民物質生活水準的提升，是很危險而且不可能辦到的。

想要使生產力發展，提升人民生活，以社會主義的方式來加以捕捉的話，鄧小平的社會主義像與毛澤東的相比，後者是屬於多義的、經驗主義、矛盾的社會主義像。因此，毛澤東會把自己的社會主義觀不同看法的人視為階級敵人，但鄧小平不會。鄧小平確信今日的中國已經沒有階級鬥爭的存在了。在一九七九年三月三十日著名的講話「堅持四大基本原則」中就說到：

「我們反對擴大階級鬥爭，也不認為黨內有資產階級存在，在社會主義制度之下，搾取階級與搾取條件確實消滅以後，當然，資產階級或其他搾取階級就不可能存在。」

再加上對鄧小平而言，所謂的共產黨就是為了促使中國「現代化」的「前衛黨」，絕對不是為了階級鬥爭的前衛黨。同時，黨本身應該是權力的中樞，而他的主張與態度則是絕不能依賴大衆運動來展開革命運動。他在一九七九年三月三十日的講話中也說：

「除了中國共產黨，還有誰能推進社會主義的經濟、政治、軍事、文化呢？誰能推進中國的四個現代化呢？今日的中國；脫離黨的指導而讚美大衆的自然發生性是絕對不可能的。」

透過文化大革命這個瘋狂的大衆運動，使得中國共產黨的權威大受動搖，遍嚐流放辛酸的鄧小平，對此自是別有一番滋味在心頭。

第二，是毛澤東一直在向「一窮二白」的貧農追求烏托邦社會主義實現的主體，期待以貧農為中心，掀起大衆運動的狂熱。對毛澤東而言，「一窮二白」的貧農是「比整體的中國人更為落後，不會因物質充足而腐敗，對近代世界的一切無知。因此，他們很明顯地具有優越的道德革命的資質。」生產力落後，背負被壓抑歷史的中國貧農，在土地解放的時代，它本來的性格應該就是一種革命的存在，因此，也可以說是毛澤東為了實現其理想的革命道德的存在。包圍貧農的革命大衆的「主觀能動性」，則是毛澤東烏托邦社會主義革命實體化最重要的主體。

鄧小平所描繪的社會主義像，距離烏托邦的世界非常遙遠，而其中心則是生產力的發展，人民生活的提昇。鄧小平並不認為發揚大衆的主觀能動性就可以促進發展或提升生活，反而認為大衆會配合物質的刺激而發展、提升，這才是鄧小平思想的中心。與毛澤東以理念或道德觀掌握革命主體是完全不同的，鄧小平的革命主體論就是所謂的「即物論」。

促使中國改革、開放，並建立後述的第十一期三中全會基調的就是鄧小平。基調的成立在於一九七八年十二月十三日鄧小平的報告「解放思想，採取實事求是的態度，團結一致，保持積極的姿態。」

在這個報告中，他強調近年來礦工業企業與生產隊的自主權擴大的必要性，並且說明：「所謂革命，必須誕生在物質利益的基礎上。只有重視獻身精神，不重視物質利益的話，只是一種觀念論。」對鄧小平而言，「物質文明帶來精神文明」。因此，以「主觀能動主義」的方式建國，與鄧小平的思想是背道而馳的。

第三點就是毛澤東的行動重複急進與漸進，最主要為急進。急進一旦為殘酷的現實所打破，為了加以呼應而開始以實務派官僚為主的「反冒進」，藉此想要使經濟穩定下來。但是，如此一來又會再度回到採取急進路線的形態。急進主義可以說是不以客觀的立場觀察烏托邦社會主義的毛澤東思想中已經構造化的獨特行動模式；再加上這個急進主義是經常受到美蘇等強國的威脅下，持續建國的毛時代固有國際政治環境的產物。

鄧小平的行動模式與此相反，係採漸進主義，他的漸進主義最大的特徵就是實驗主義性的實用主義。像大躍進運動、人民公社運動和文化大革命時期毛澤東所揭示的巨大口號，大規模動員大衆，想要一舉實現目標的方式，並不是鄧小平的做法。

他所採用的如後述的農業生產責任制，或國營企業的經營自主權賦與，對廣東、福建兩省採用「特殊政策、彈性措施」，或設置經濟特別區、開放區，此外，近年來許可證券市場的開設，承認不動產市場等等，為改革、開放時代的中國經濟帶來活性化的嘗試，而非高舉口號、動員大衆，想要一夕之間推廣到全國的方式。

先在某個單位、地方初步開始嘗試，確認對別的單位、地方都有效時，在大家都認定其有效性以後，再將這個嘗試加以制度化、法制化，普及擴大於全國，這種實驗主義性的實用主義是鄧小平的方式。他的實用主義便是重複實驗，在成功之前，絕不會貿然地認定為制度。這的確是一種漸進主義。

在前述的一九七八年十二月十三日的報告中，關於「解放思想，採取實事求是……」已經敍述過該如何改善社會主義經濟管理的方式，並且提到如果經濟管理的方式不分明，則要積極地從外國導入，並加以學習。後來鄧小平又說：

「在還沒有出現全國統一案之前，只要局部地在各個業種一步一步地實驗進行即可。中央部門對於這種試驗要許可，並加以鼓勵。在試驗的階段，假如產生各種矛盾的話，必須迅速發現並加以克服才行。這樣才能得到迅速的進步。」

鄧小平現實主義的方式一目了然。

並非烏托邦社會主義，而是重視生產力的社會主義，不是主觀的能動主義，而是物質刺激的即物主義，不是激進主義，而是實驗主義性的實用主義，這就是鄧小平經濟思想的真髓，和毛澤東的經濟思想的不同點就在於此。而鄧小平的經濟思想和毛澤東的經濟思想，其梗概同樣的在晚年都比早期更為鮮明。

2 農政轉換——即物主義的勝利

鄧小平所主導的真正經濟體制改革，始於一九七九年十二月的第十一期三中全會。改革的著眼點首先出現在農村改革上。在毛澤東時代的末期，農民由於非常殘酷的「國家搾取」，幾乎徘徊於「維持生存的水準」邊緣，已經完全喪失提升農業生產力的欲望，農村疲弊達到極點。

這個時期中國農村的低迷狀態所顯示的數值，請各位參照前面的圖1－1、1－8。在圖1－1中，與工業生產額的發展相比，農業生產額的發展明顯降低，一九五二年時以一〇〇為指數，七八年時前者的值為一九五九，而後者只有一九九。圖1－8為個人糧食生產量，建國後的中國最大值為五八年的三〇六公斤，七七年為三〇〇公斤，七八年有三一九公斤，也就是說，只比五八年稍微超過一點，事實上，三十年來農村情況一直持續低迷。不只是糧食，連經濟作物也一樣，例如棉花，在七八年之前都是顯著停滯的狀況。各位看看圖1－16就會明白了。七八年之前，棉花、油料、糖料的最大值分別出現於五六年、五七年、五八年，超過這個數值的，之後是八二年的棉花，八一年的油料，八七年的糖料。與糧食的情況

圖3-1　農民・非農民消費指數

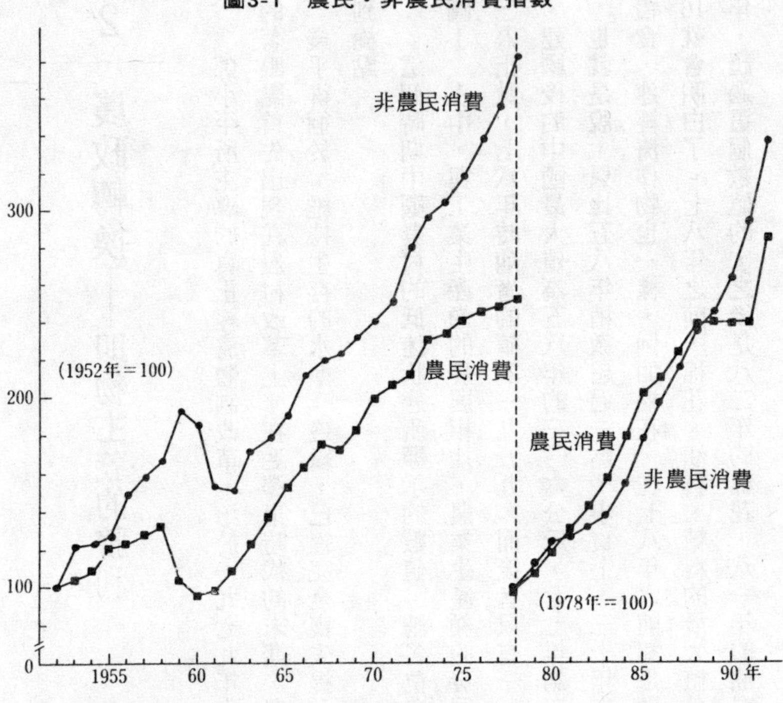

註：實質價格評價。
資料：國家統計局總合司編『歷史統計資料匯編（1949-89）』、國家統計局『中國統計年鑑』。

同樣，經濟作物在二十～三十年間持續低迷。

生產性（個人生產量）持續低迷，農民收入，即農民消費水準當然無法提升。如圖3－1，是農民消費水準與非農民消費水準比較的指數化。一九五二年為一〇〇的話，七八年的指數前者為二八三，後者為二六一。七八年的非農業人口的個人消費水準為三八三元，而農民只有一三三元，當時已有二・九倍的所得差。農村長時間停滯的理由，在第一章已經為各位詳述過了。總之，當時中國經濟建設係以鋼鐵業為主，進行重工業國營企業，傾注全國的總力投入此項資源中。而提供國營重工業資源的產業部門，非常貧窮，因此，除了農業以外沒有辦法向其他部門索求。而原本應該維持生存水準的農業剩餘，因為糧食的低價格強制收購，以及農工間的價格剪刀化，而被搾取得體無完膚。這就是建國後的中國農業、農村低迷的原因。由於農業低迷，而使得工業發展本身也受到強烈的限制，這在第一章中已經敍述得很明白。

想要尋求中國經濟發展的基礎，必須求諸農業，利用農政質的轉換，致力於農業的復興。這是鄧小平時代改革的開始。事實上，除此之外別無他法。一九七八年末的第十一期三中全會中，鄧小平對農業改革的重要性有非常明確的說法。

「總會，目前，全黨必須要集中精力於農業發展上。為什麼呢？因為成為國民經濟基礎的農業，若干年來遭到嚴重的破壞，目前整體而言，呈現極端弱體化。要大大恢復農業生產，並同時發展農業、林業、畜牧業、副業、漁業，以『糧食為要，全面發展，配合當地實情，適宜集中』為方針，全面實行，逐步實現農業的現代化，就能保證國民經濟整體的急速發展，提升全國人民的生活水準。基於以上的目的，首先必須要引出我國幾億農民的社會主義積極性，在經濟方面要充分考慮他們的物質利益，在政治方面則必須確保他們的民主權利。」

在這個新政策的指導理念下，當前的農業發展的政策措施則是「對農業發展的若干問題提出中共中央的決定（草案）」與「農村人民公社工作條例（試案）」。主要的想法有以下六項：⑴人民公社、生產大隊、生產隊的所有權與自主權由國家法律確實保護。⑵生產隊的勞動力、資產、生產物、物質等不允許無償轉用或占有。⑶人民公社的各級經濟組織，必須真正實施配合勞動分配的社會主義原則，對於勞動的量與質加以計算報酬，克服均等主義。⑷公社成員的自留地、家庭副業、市交易，必須補充社會主義經濟，任何人不得加以干涉。⑸人民公社以生產隊為基礎，實施三級所有制，必須穩定才行。⑹人民公社的各級組織，必須實施民主的管理、幹部的選擇、帳簿公開才行。

基於第十一期三中全會的決定，立即將相當具體的兩項措施付諸實行。其一為農業副產品的國家收購價格的提升，其二為生產隊的自主權保障。關於前者，⑴今後的長時間內，全國的糧食收購指標依照從一九七一年到七五年的收購水準，絕對不允許超過的收購價格。⑵應致力於農工生產物的價格差的縮小，糧食的統一價格從七九年夏季的收割糧食出貨時以後，提升二〇％，關於超過供給分，則再提高五〇％。⑶棉花、油料、糖料等經濟作物，以及畜產品、漁產品、林產品等、農業、副業生產物的收購價格，配合狀況提高價格收購。⑷農業機械、化學肥料、農樂、農業用塑膠等傾向於農業使用的工業製品的出貨價格和銷售價格，在降低成本以後，降七九年～八〇年的十％到十五％，把成本下降的利潤反應給農民。

決議付諸實行。如圖3－2所示，以一九五〇年為一〇〇的農村農副產品的銷售綜合物

圖3-2　農家交易條件

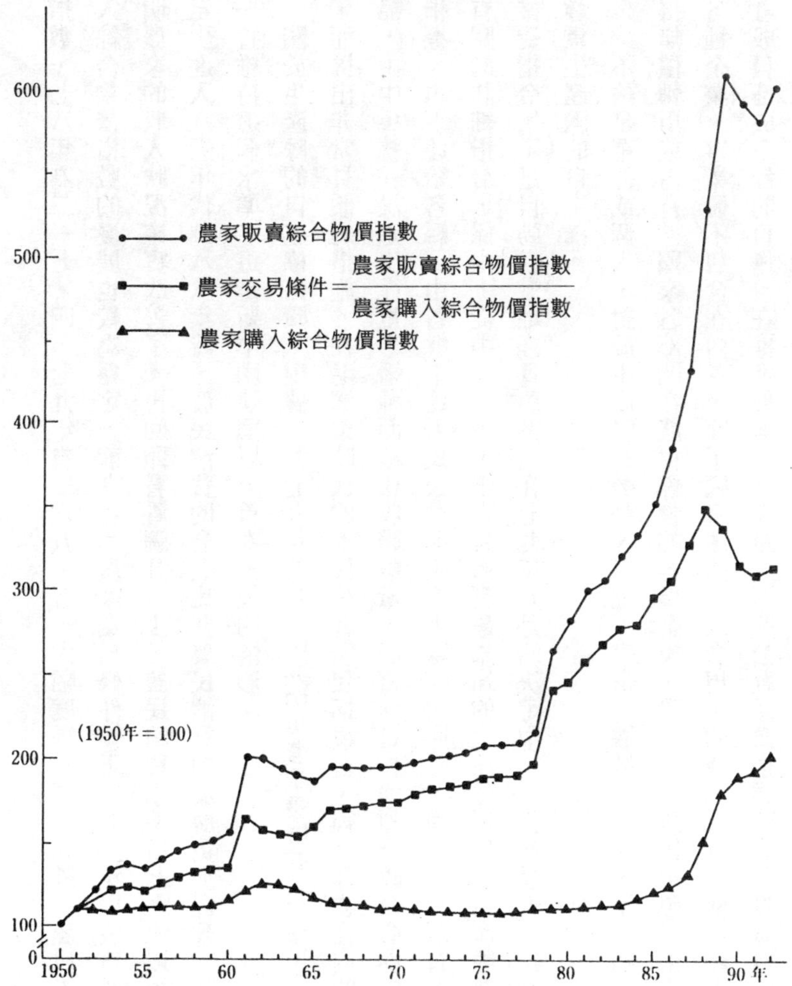

資料：國家統計局『中國統計年鑑』。

價指數，七八年為二一七•四，七九年為二六五•五，大幅度提升了。此外，農村工業製品購入綜合物價指數的發展也較為穩定，前者在「農家交易條件」下，七九年以後急速改善，證明農家的收入狀況確實改善了。再回頭看看圖3—1，農民消費水準自七九年以後上升了，至少進入八〇年代到八八年時，農民消費的發展比非農民消費的發展更加提升。將近十年來一直維持這個水準，這是新中國建國以來首次出現的情形。

關於生產隊的自主權保障，根據一九七九年九月「中共中央農業發展的若干決定（草案）」，而提出非常具體的措施。在毛澤東時代的人民公社，包括糧食、經濟作物在內的主要農產品，由中央統一決定生產量、播種面積和收購數量，而這種具有強烈行政命令性格的指令性指標，再下達給各縣，由各縣下達人民公社、生產大隊、生產隊，換言之，所有與農業生產有關的詳細指令，係由上從中央往下，垂直貫徹到最末端的生產隊單位。生產隊農民被動的接受指令，不是自動自發地經營農業。在七九年九月的決定中，曾強烈反省這點，並規定要尊重生產隊的自主權。

「不論是單位或個人，對於生產隊的勞動、工地、家畜、機械、工資、生產物、物資等不得無償轉用或占有。國家各部門在農村經營的各種企業、事業體（農民按照自由意志經營的各種企業、事業體不包含在內），除了國家法律、法令規定的情況之外，絕不能對集團或公社成員造成多餘的負擔。在推進農業基本建設、振興公社隊營企業時，要貫徹自由意志、互惠的原則。任何單位除國家計畫之外，不可徵發公社、隊的勞動力，在計劃內徵發的契約工、臨時工、也要訂立契約，規定合理的報酬。」

在農副產品的國家收購價格的提升和生產隊的自主權尊重這兩項政策上，鄧小平的確是做了畫時代的嘗試。最重要的嘗試就是農業生產包工制的導入與擴大，藉此事實上消滅了人民公社。其次就是「以糧食為要」的糧食一面倒的毛澤東時代的農業政策，已經大大地轉換成包括經濟作物、林業、畜牧業、漁業在內的農業多角化政策和農業開發戰略了。

鄧小平的根本想法就是要增強生產力，像毛澤東那種以集團化當成自己目的的方式，並不是鄧小平的做法。生產力的增強是判斷的最重要基準，不管是集團農業或個人農業，其選擇權都是以這個判斷基準為主。

一九八〇年五月，鄧小平與中央指導幹部談話時，對農業生產力的提升有幾點說明。(1)推進機械化。(2)培養具有高管理能力的幹部。(3)多角經營的發揚與商品經濟的發展。(4)占農村總收入的集團收入比率的增大。這些都是必要的。

關於第(4)點集團收入的擴大，鄧小平並不是以自己為目的，而是希望藉著發展農業生產責任制而「提高生產，發展農村的社會分業與商品經濟，就能使低水準的集團化進步為高水準的集團化，鞏固集團經濟」。而且，責任制並不是以行政手段來加以督促，而是以生產發展的方向自動自發地進行。也就是說，「只要具備這四項條件，現在實施生產量各戶包工制時，這個形態就會出現變化與發展。這種轉變並不是在上位者叫下面的人做的，不是以行政命令來做的，而是生產發展本身必然會導出的要求。」亦即鄧小平考慮到關於⑷這個宛如一九八〇年毛澤東時代「母斑」的東西，不可以因為多餘的游離農政轉換而引起混亂，這個指摘毋寧是適當的。

在同一談話當中，鄧小平想說的是：「從當地的具體條件與大衆願望出發是非常重要的。在我們宣傳時，並不是只採用一種方法宣傳，也不是在任何地方都使用同一種方法。要宣傳好的方法必須在不同的條件下，配合當地的狀況清楚地加以說明。也不是說這樣一來，任何問題都可以解決，但是，絕對不能夠不管當地的條件，把完全一樣的要求放在其他地方。」也就是說，要以當地的具體條件與大衆願望為主，再與生產力的發展、商品經濟的登場建立關係，給予當地和大衆選擇權。

關於農業生產責任制的導入和人民公社的解體方面，建國後擁有長時間集團農業歷史的中國，對於個人農業的選擇當然抵抗力較少，但是這個制度一旦公開化以後，相信農民個人農制度採用的速度就會加速。在思想觀念的抵抗下，當初生產責任制是採用「組」的包工形態開始的。亦即將生產隊再編成幾個「作業組」，配合作業組作業的量與質給予報酬，推動「作業組勞動包工」制度，試著讓生產隊來負責生產量。這種由生產隊負責生產量的做法，能夠配合包工生產量而得到報酬，這種方法就稱作「作業組生產包工」制。這些制度的推廣非常的快速，自一九七九年末採用這種制度以來，「作業組勞動包工」達全國生產隊的半數以上，而「作業組生產包工」也達到四分之一以上。

其次是包工的主體由「組」轉為「戶」，產生了「各戶包工制」。包括「各戶生產包工制」（包產到戶）和「各戶經營包工制」（包乾到戶）。前者是由農家從生產隊包攬生產量，後者則是農業經營本身包工的制度。兩者稱為雙包制。前者的方法是，農民達到包工生產量以後的生產量，歸自己所有；後者則是農民進行所規定的農產品繳納、農業稅、公積金、公益金等支付，完成包工義務以後的農業產品，都歸自己所有的方式。

個別農家對於農業生產，以及農業經營負有責任，因此，在負責之後為了確保生產量，都會努力增產，這是一種新嘗試。

但是，中國自建立為社會主義國家以後，禁絕土地私有化，因此，的確明顯地出現家族農業。採用「雙包制」的農家佔農家總數的比率，自一九八〇年代初期開始急速增加，到了八四年，幾乎一〇〇％的農家都採用這種方法。這個事實說明了人民公社下的集團農業受到農民的忌避，但是相反的，雙包制卻能符合農民的要求。

在人民公社制度下，如先前所說的，國家制定了指令目標，下達人民公社，人民公社再經由行政命令，對各生產隊下達更詳細的關於農業生產的指令，完全否定生產隊農民的自主裁量。行政命令對於農作物的量、種類、單收、家畜數和播種、灌溉、施肥的時間等農業生產過程，全部加以干涉。因此，採用雙包制以後，農民從這些限制中獲得很大的自由，所以，農民們會努力增產自是不難想像的。

由於雙包制的急速導入，使得土地的互助化與集團農業所形成的人民公社一舉解體。也就是說，到一九八四年末，全國九八•三%的人民公社已經解體，而直到最後仍殘存的西藏自治區的人民公社，亦在八九年解體，可以說人民公社到此完全落幕。

同時，中國共產黨一黨支配的農村最末端單位人民公社，也脫離了政治機能，形成所謂的「政治分離」。關於這點，在八二年十二月第五期全國人民代表大會第五次會議上所批准的新憲法中，明白地記錄著。

農民不只從人民公社的經濟與政治束縛中得到自由，中央經由人民公社對生產隊下指令的農作物項目也銳減了。在一九八二年以前，有四十六項之多的指令制農作物，到八三年以後減少為二十一種，到了八四年只有十二種，之後更降為零。八五年開始由農家與中央締結契約收購制度來取代生產指令制。契約收購制度的對象包括糧食、棉花、油料三種。

所謂契約收購，就是中央在收穫期以前與生產隊農家締結收購農產物契約的制度，除了這只契約的部分以外，全歸農家自主處分。以糧食為例，契約收購的比例，從這個制度開始實施的八五年以後，已經達到二十%。

但是右述的雙包制擴大及伴隨人民公社的解體，要以綜合計畫來實施是有困難的。但是，鄧小平卻擁有一流的實驗主義戰略的成果，在各地區累積實驗，有成果以後再逐漸朝其他地區推廣，因而達到實用主義的成果。當然，親自進行實驗的結果是接近真實的。

在改革、開放時期，農業生產責任制的發祥地在安徽省鳳陽縣。當時人口為二十五萬人，為貧窮的農村。在解放前，從鳳陽縣流出的乞丐據說一年就超過十萬人，人民公社成立後，貧困程度增加，大量外流農民是絡繹不絕。從一九五六年到一九七八年的二十三年間，鳳陽縣依賴一貫政府的返銷糧食、借貸金額、生活救濟措施才得生存。

這個農村在一九七八年遇到嚴重的旱災。在人民公社這種非常「粗糙」的集團農業下，當然無法度過這個難關。但是，又沒有嘗試引出個別農家的積極性等任何方法，因此，鳳陽縣居民無法生活下去。不得已，一部分生產隊只好破「禁」，採用前述的作業組生產包工制，以求度過困難時期而達到增產。

第十一期三中全會過後，七九年在鳳陽縣黨委員會召開的會議，承認這個作業組生產包工制的方法，並鞏固積極推行的方針。七九年時，這個作業組經營包工制已有八十一・五％的鳳陽縣生產隊採用。從作業組開始，甚至出現了採取戶經營包工制的方式，即前述實驗性的雙包制的生產隊。這全都是以農民的意向為主，在地方下層幹部強烈的意志下才有的成果。這個意志由當時的安徽省黨第一書記萬里在七九年以後公開加以承認，成為雙包制在全國普及、擴大的第一步。附帶一提，在同時期，擔任四川省黨第一書記的趙紫陽，也在四川省積極推動同樣的嘗試。

而這些新的嘗試的成果最後也為中央所承認，成為積極的評價對象。總之，在人民公社下難耐貧困，與中央的意志無關，甚至可以說是抵抗中央的意志而以實驗的方式進行的地方人民的企圖，由於其實驗成果而得到公開承認，並擴及全國。這可以說是鄧小平時代的經濟政策一貫方式，農業生產責任制採用的原型。

一九八三年十月十二日，鄧小平在談話中說到：「在農業方面採取大規模包工制，我非常贊成。但是現在，下定決心、大膽嘗試的勇氣還不夠。總之，是否有助於具有中國特色的社會主義的建設，是否有助於國家的繁榮與發展，是否能夠為人民帶來富裕與幸福，以及是否表示我們的諸活動正確，這就是一個測量的基準。」於是開始大膽地嘗試包工制。同時他還說：「農村或都市，的確已有一部分人過著富裕的生活。因勤勞而致富，這是很正當的事。只要一部分人、一部分地能夠豐富，就是好方法，是大家都應該支持的新方法。新的方法比舊方法更好。」

而這個大膽的構想，與農業包工制度實施相結合，全都是由鄧小平做出的正確判斷。應該說是非常接近鄧小平的實驗主義與合理主義的「結合」。

3 實驗主義的實用主義——「大而化之也無妨」

毛澤東時代的中國經濟和鄧小平時代的中國經濟，其基礎的支撐都在於農業，關於這個事實並無多大的差別。因此，重點應該是在於用什麼樣的手段來支撐這個基底，也就是說兩者的經濟思想才是決定的重點。毛澤東把農地的合作化和農民的集團化當成是自己的目的，不厭其煩地加以追求。

相反的，鄧小平判斷的基準則是集團農業和個人農業何者對生產力的發展會有較好的影響。鄧小平透過實驗主義的手段，結果採用的是個人農業，而其成果與毛澤東時代相比，的確是有很大的差距。

兩者農業政策的對照，為各位探討一下。毛澤東時代的農業戰略是集團化農業，同時以糧食生產為第一主義。糧食是進行國營重工業的都市居民供養的最重要「工資財」，所以糧食一定要便宜地供給，才能將國營重工業勞動者的工資壓到較低的數字，才能順利地發展一切。此外，在遭到美、蘇兩超級強國的夾擊，面對沈重的政治、軍事國際環境的壓力而必須建國的毛澤東時代的中國，當然察覺到這些問題了。所以，糧食的確保以國防觀點而言，的

圖3-3　糧食、經濟作物的生產指數＊

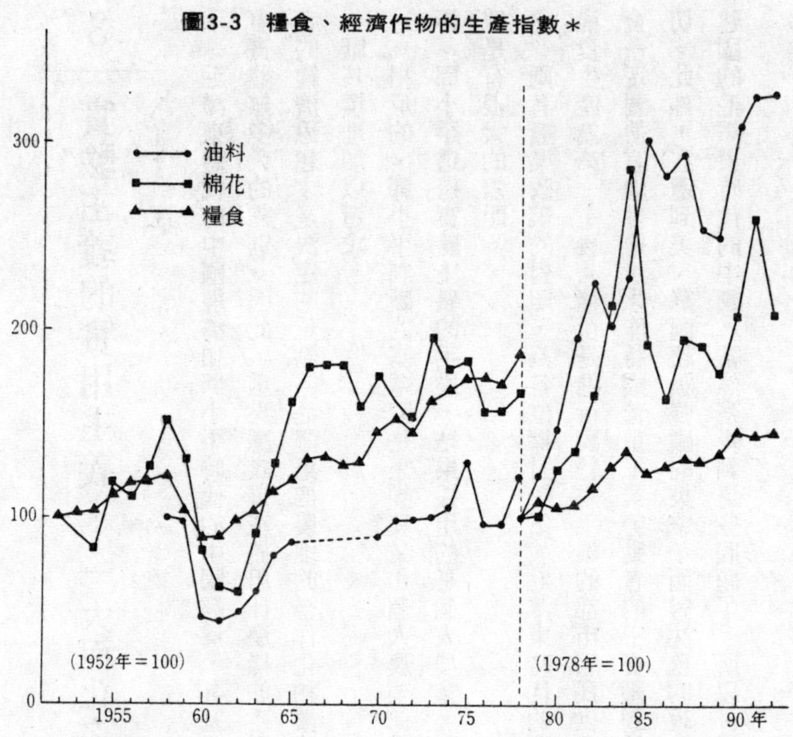

註：＊物量基準。
資料：國家統計局『中國統計年鑑』。

確也是不可忽略的問題。

但相反的，要求高度生產力的鄧小平則以尋求具有更高收益性的商品經濟化農業的建設為第一要義。其原因是鄧小平時代是比較平和、安定的國際環境，因此能夠追求這種目的。其所採用的是農業生產責任制，但在收益性較高的農業範圍，農民對於生產能發揮何種效果，則選擇不加以限制的方向，讓他們盡情發展。其結果便是農業的「全面發展」，也就是多角化的發展。

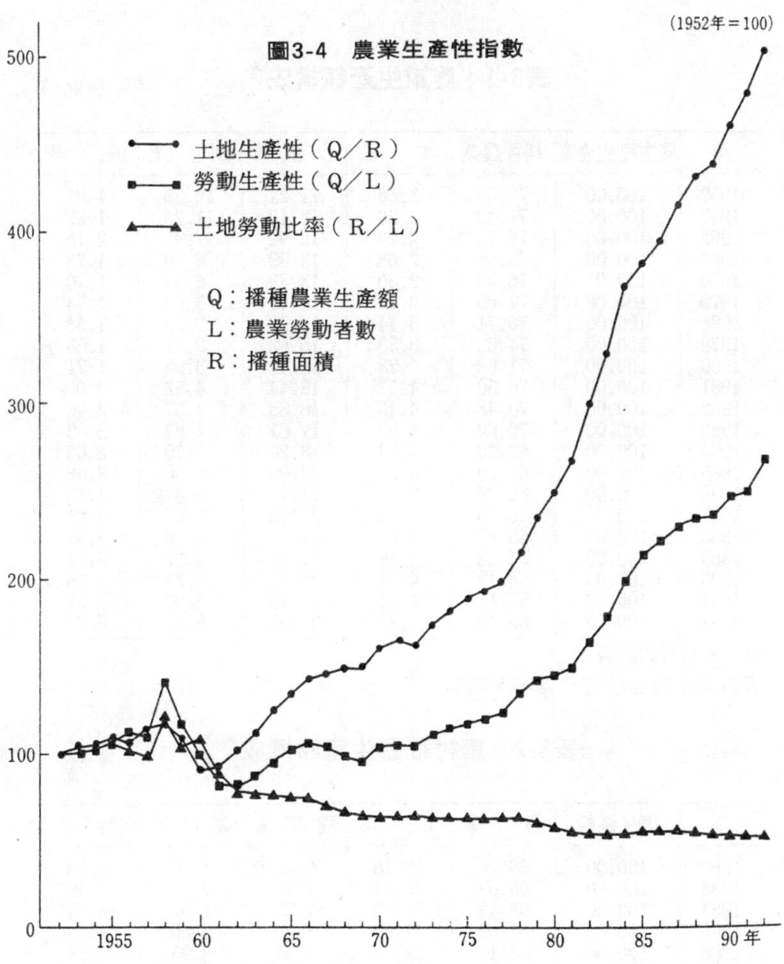

圖3-4　農業生產性指數

資料：農業部計量司編『中國農村經濟統計大全（1949-86）』、國家統計局『中國統計年鑑』。

請看表3－1，到一九七八年為止，反映毛澤東時代的糧食生產第一主義的播種農業的比重佔壓倒性多數，而林、牧、副、漁業則呈低迷狀態。在

表3-1 農業生產額構成*

（％）

年	農業總生產額	播種農業	林　業	牧畜業	副　業	漁　業
1952	100.00	73.54	1.58	11.22	12.35	1.31
1957	100.00	71.42	3.26	12.18	11.25	1.89
1962	100.00	76.75	2.23	10.92	7.95	2.15
1965	100.00	75.65	2.68	13.39	6.50	1.78
1970	100.00	76.73	2.80	13.38	5.39	1.70
1975	100.00	77.00	3.11	14.16	3.99	1.74
1978	100.00	76.71	3.44	14.98	3.29	1.58
1979	100.00	74.65	3.58	16.82	3.42	1.53
1980	100.00	71.68	4.23	18.42	3.95	1.71
1981	100.00	70.50	4.53	18.44	4.52	2.00
1982	100.00	70.48	4.43	18.35	4.67	2.06
1983	100.00	70.60	4.63	17.61	4.87	2.30
1984	100.00	68.30	5.03	18.24	5.79	2.65
1985	100.00	62.99	5.21	22.02	6.30	3.48
1986	100.00	62.26	5.01	21.77	6.87	4.10
1987	100.00	60.70	4.75	22.79	6.95	4.81
1988	100.00	55.87	4.69	27.24	6.70	5.50
1989	100.00	56.23	4.36	27.51	6.57	5.34
1990	100.00	58.49	4.31	25.63	6.21	5.36
1991	100.00	57.16	4.51	26.43	5.97	5.93
1992	100.00	55.48	4.65	27.05	6.07	6.75

註：＊名目額評價。

資料：國家統計局『中國統計年鑑』。

表3-2 農村社會生產額構成*

（％）

年	總生產額	農　業	工　業	建築業	運送業	商業、飲食
1980	100.00	68.86	19.48	6.45	1.69	3.53
1983	100.00	66.69	20.04	7.78	2.00	3.49
1984	100.00	63.43	22.92	7.31	2.62	3.73
1985	100.00	57.09	27.60	8.05	3.00	4.25
1986	100.00	53.12	31.52	7.84	3.25	4.28
1987	100.00	49.57	34.83	7.67	3.55	4.38
1988	100.00	46.79	38.14	7.14	3.47	4.46
1989	100.00	45.13	40.65	6.35	3.56	4.31
1990	100.00	46.10	40.43	5.89	3.49	4.09
1991	100.00	42.92	43.50	6.01	3.48	4.09
1992	100.00	35.79	50.09	6.18	3.57	4.37

註：＊名目額評價。

資料：國家統計局『中國統計年鑑』。

圖3-5　農業的勞動生產性（Q/L）、土地生產性（Q/R）、土地勞動比率（R/L）指數

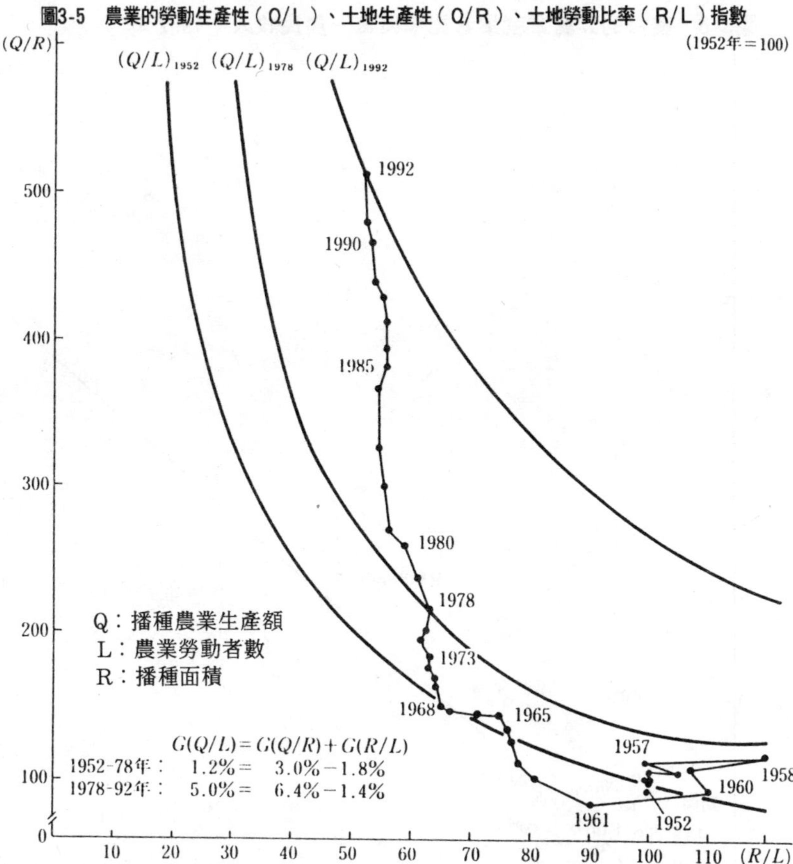

資料：農業部計畫司編『中國農村經濟統計大全（1949-86）』、國家統計局『中國統計年鑑』。

七九年以後，這個傾向很明顯地產生了變化，播種農業的比例不斷地減少，而其他農業部門則顯著地成長。

此外，光看播種農業中最重要的糧食和棉花、油料等經濟作物，在一九五二年與七八年當成一〇〇的指數

圖3-6　農村的非農業就業者比率與每一農民收入（1992 年）

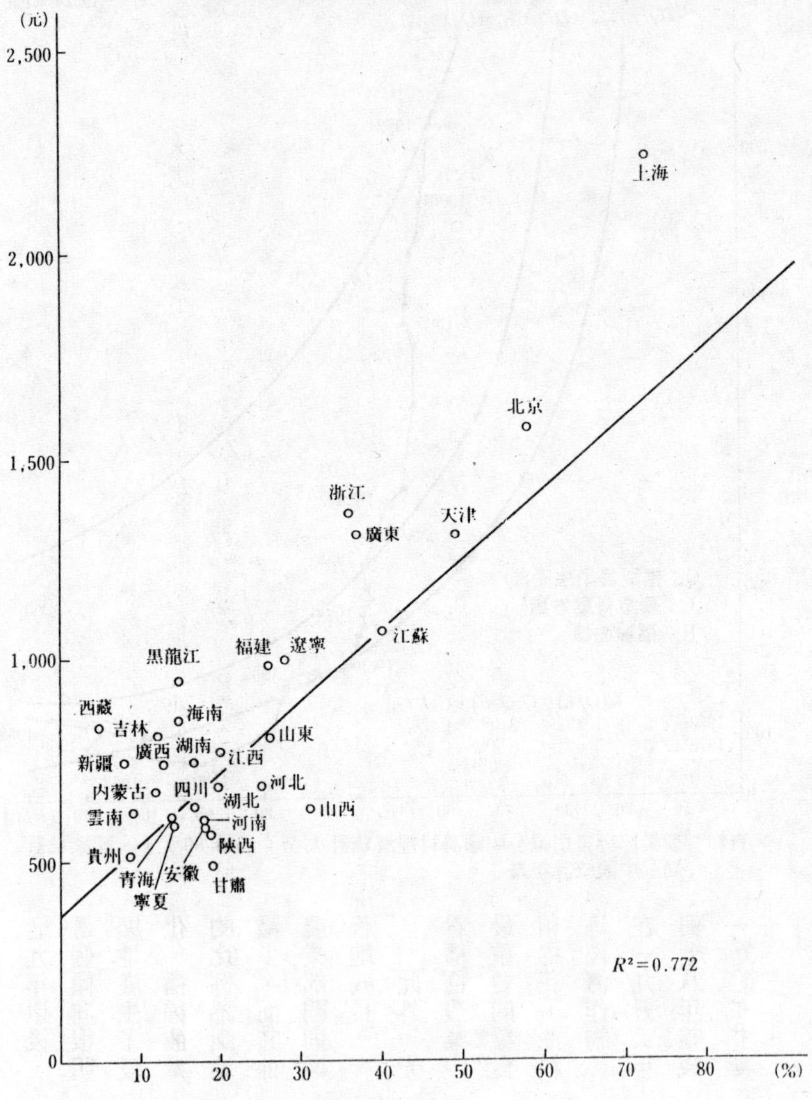

資料：國家統計局『中國統計年鑑』。

，然後觀察其變化，如圖3－3。在七八年以前，糧食的生產有凌駕棉花、油料的趨勢，而在七九年以後則明顯地完全倒過來。

農業經營的系統也從集團農業轉為個人農業，農產品的國家收購價格提升，使得農家交易條件對農民大大地有利化。而且，與糧食相比其收益性較高的經濟作物生產包括在內的農業多角化，使得農業生產擴大，而農民想要提升農業生產性的意願亦大增。如圖3－4，是表示相當於單位面積收量即土地生產性，與農業勞動者個人收量即勞動生產性的農業生產性。土地生產性指數自一九七八年以後，加速地上升。但在勞動力過剩的中國，一旦在一定的農地上聚集了過多的勞動力，則勞動生產必會長時間停滯不前。但是這個帶動生產性在一九七八年以後，由於土地生產性提升而漸漸走入上升的局面。

播種農業生產額為Q，農業勞動者數為L，播種面積為R。則勞動生產性為Q／L，土地生產為Q／R，土地勞動者比率為R／L。勞動生產性是土地生產性與土地勞動者比率的積，即Q／L＝（Q／R）・（R／L）。圖3－5是各年這三個變數的結合值，結合值右上方的軸線表示勞動生產性上升。在這個圖中也概略地表現出建國後中國農業發展的情形。從一九五二年以來到七八年的勞動生產性低迷，與七八年以後急速上升形成非常明顯的對比。以年平均增加率來看右述的恆等式，則為G（Q／L）＝G（Q／R）＋（R／L）。G是括號內變數的增加率。如圖3－5下方所記錄的，到七八年為止，土地生產性的若干上升因土地勞動力比率的上升而被沖刷掉了，結果勞動生產性一直處於低迷狀態。但在七八年以後，這個傾向產生很大的變化。土地勞動比率減少，而相反的，土地生產性卻以極高的比率增加，所以勞動生產性急增。反映勞動生產性上升的圖3－1，顯現農民消費水準也脫離了到七七年為止仍嚴重停滯的狀態，其後明顯地進入上升局面。這可以說是劃時代的發展。

但是，由於農業部門生產擴大和生產性上升，農村的構造也產生很大的變化，這也是鄧小平時代農政另一個值得注意的結果。

請看表3－2所示，一九七八年以後，農村總生產額所佔的農業生產額比率減少了，而另一方面，農村工業生產額的比率則明顯上升。前面已經說過，農民收入與農民消費水準在一九七八年以後，急速上升，其原因是由於農業生產和勞動生產性的上升，同時，也是由於農村內非農業生產顯著增加的結果。圖3－6顯示每一農民收入指數及農村內非農業就業者比率的一級行政單位的結合值，由這個圖可充分推測到這點。

中國農業現今已朝多角化的方向前進，生產性不斷提升，這個事實是我們必須注意的。採用各戶經營包工制的結果，有意願的農民就能得到多餘的資金，藉此便能進行收益性更高的多樣化經濟活動，使得以糧食為第一主義的中國農村的構造產生多樣化的變化。象徵這個事實的就是「專業戶」的出現。物質豐饒的農民，將多餘的資金投資其他事業，包括棉花在內的許多經濟作物，豬、雞等養殖業，搾油、精米等加工業，農機耕作等技術服務業，以及運輸業、建築業、商業、飲食業等，都出現許多「專業」的農民。

更需要注意的就是，這些專業戶開始組織成具有更大規模組織的事業單位。尤其是「鄉鎮企業」的誕生，更是劃時代的發展。鄉政府、鎮政府所經營的企業，以及獲得自主經營權的專業戶，為了尋求高收益而自主性地結合成企業家的聯合組織。而在工業方面，這種鄉鎮企業現在也已經顯著發展了。

一九七八年，第十一期三中全會以後中國的經濟體制改革所產生最重要的經濟主體，就是這種鄉鎮企業。在三中全會農政當中，農業生產性的上升一方面使得農家產生剩餘貨幣，另一方面則出現了農民朝非農業範圍勞動移動限制緩和的事實，證明了農村剩餘勞動力的明顯化。農村勞動力移動限制緩和的象徵就是八四年的「關於農民進入集鎮，遷移戶籍的國務院規定」。在三中全會農政下，大規模產生的貨幣剩餘和勞動力剩餘，其宣洩口就是向鄉鎮企業尋求，因而促使鄉鎮企業爆發性的擴大。

鄉鎮企業對於因輕工業產品恆常缺乏和為高價格而煩惱的中國農村而言，是脫離人民公社制度的束縛，而以自由販賣生產為主體所形成的新經營主體，所以其生產性與收益當然比農業更高。因此，農民會對鄉鎮企業大量投入剩餘資金和剩餘勞動力。事實上，從一九七八年開始到九二年之間，鄉鎮企業已經從農業部門引出很多勞動力。到七八年時，鄉鎮企業只不過雇用二八二七萬人而已，但在九二年卻達到一億五八一萬人，這中間創造了七七五四萬人的雇用。這是全人民所有制企業，從五二年到九二年為止，三十幾年來所吸收的勞動力九三〇九萬人的八三％。

鄉鎮企業雖然才形成沒多久，但已在中國經濟上佔有很重要的地位。鄉鎮企業生產額在全國農工總生產額所佔的比率短期間內急速上升，一九九二年其生產額已超過農業生產額。鄉鎮企業的中心為工業部門，到九二年時，已佔鄉鎮企業生產額比率的七六％，而鄉鎮企業在中國總出口值上，現在也佔了三十％。

一九七八年的新農政，由於人民公社解體、個農復活、新價格制度導入，因而使得農民生產增加，同時也形成包括鄉鎮企業在內的生產多角化，對於農業生產性、農民收入、農民消費水準的提升，有很大的貢獻。

而七八年的新農政所造成中國農業的變化，的確是非常大。

鄧小平時代顯著的農業、農村經濟發展，與毛澤東時代相比，的確展現了高度的實績。但是，這是由十分明確的實用主義造成的。在鄧小平的一些發言當中，雖然沒有出現過關於鄉鎮企業發展等等的敍述，但事實上鄧小平時代的中國農業政策，確實是在進行當中。

鄧小平認為應該改善毛澤東時代農業悲慘的狀況，尊重生產隊的自主權，廢止對於農產品的國家強制收購制度，提升農副產品的收購價格，在這幾方面的確是發揮力量並成功地實現了。在第十一期三中全會中做出決議，像「關於農業發展的若干問題中共中央的決定（草案）」、「農村人民公社工作條例」等，就是全面承認這種措施的法律基礎。但是坦白說，這都是鄧小平農政轉換的做法。以這些措施為基礎，從作業組生產包工制、經營包工制推廣到客戶的生產包工制和經營包工制的出現，並非政策使然，而是擁有自主權的生產隊，在農民自動自發的勞動之下，而展現了生產隊、農民創造活動的軌跡，中央只不過是加以追認而已。

也就是說，造成人民公社制度下集團主義農業經濟崩潰，個農重新嶄露頭角，與其說是黨中央的意識變革，不如說是農民本身的表現，這才是真正的本質。主要原因不在於黨，而是在於尋求家族性小農經營的農民展現積極的行動而帶來農政轉換。而造成農業生產責任制普及的關鍵就在於安徽省鳳陽縣，在這兒所進行的責任制，於一九七八年由同省黨第一書記萬里加以公開承認，並擴大於周邊，這在前面已說過了。假定責任制的出發點是從這時候開始的，則其最終形態即各戶經營包工制，有九五％的中國農家採用，是八三年的事，這中間僅隔了四年的時間。

在廣大的中國，而且是在人民公社制度下的中國農村，在這麼短的時間內就使家族從小農經營復甦，真是令人驚異的速度。當然，光依賴行政措施是不可能實現這些的，因此，我們可以推測農民相當歡迎責任制，並積極地推行。

反而是黨中央害怕這種責任制度普及、擴大而加以抑制，這才是事實的真相。事實上，一九七八年的「關於農業發展的若干問題的決定（草案）」明白指出，不可推廣各戶生產包工制。到了七九年的四中全會，也只限於對偏僻的山地或貧窮落後的地區承認採取這種制度而已。直到八二年四月，由中共中央批准前年十二月全國農村工作會議決議以後，才承認農民包括各戶經營承包制在內，可以導入任何形態的責任制。

但是在這時即八二年六月時，各戶經營承包制已佔中國農民六七・〇%的比例了，也就是說以超過決定的速度在進展著。所以，較為適當的表現應該是現代中國的個人農化，「並不是來自黨中央具有先見之明的領導，而是農民對於個人農化的渴求與狂熱所產生的表現，中央不過是加以承認罷了。」

在鄉鎮企業的發展上，鄧小平坦白地指出，這的確是個令人感到意外的事實。第十一期三中全會中，不論是對社隊企業或鄉鎮企業，都沒有促進其發展的文章出現，本身也沒有預期到雙包制的出現。但是，這種顯著的成功是由於增產意欲強烈的農民，對於收益性較高的非農業部門投下大筆的剩餘貨幣，因而產生鄉鎮企業，再吸收一九九二年中國全農村勞動力的二四・二%而成為一大經濟主體。這確實是出乎意料之外的發展。

農村的自由化不是在一開始就有明顯的道路來處理問題，而是一直尋求生產力的發揚，因而導致農村經濟的自由化，大致產生明確的道路以後，再由中央加以追認，這也是鄧小平表現出提倡自由構想與思想解放的適當行動。

對於意識思想並不加以嚴格地控制，這才是鄧小平的做法。對於任何事情都以「大而化之」的態度加以處理，如果結果良好，日後再以法律的方式加以承認，這種重視實例的方式便是鄧小平的做法。

在前節中所引用的「解放思想，採取實事求是的態度……」中，鄧小平是這麼說的：「一味地要求解放是無理的做法，也不應該這麼做。必須著眼大處，大而化之也無妨。不可能每一個細節都非常明瞭、清楚，況且也不必這麼做。」「剛開始時法律條文應該稍微大而化之，然後再慢慢地整理。一部分的法規首先在地方上進行試驗性的實施，然後再總括制定出可以在全國實施的法律。」

可能這些說法最足以象徵鄧小平融通無礙的思想吧！

4 關於經濟體制改革中共中央的決定——「放權讓利」

第十一期三中全會上，在農業、農村改革上產生很大的成效，證明鄧小平戰略的確是發展順利。創造三中全會基調的就是鄧小平，而關於工業企業改革方面，並沒有推出類似農業的新戰略。在此只認為國營企業管理的民主化與企業自主權的賦與等初步改革是必要的。

前面提及的鄧小平談話「解放思想，採取實事求是……」中也說了：

「現在，我國的經濟管理體制在於權力過度集中，所以應該有計畫地大膽放下這種權限。否則，對於國家、地方、企業和勞動者個人這四者的積極性充分發揮而言，相當不利，對於現代經濟管理的實施和勞動生產性的向上提升也不利。對於地方、企業、生產隊，在經濟管理方面必須給予較多的自主權。我國有這麼多省、市、自治區，即使只是中型的省，也可以與歐洲的大國相匹敵，因此，在認識、政策、計畫、指揮、統一行動的前提下，在經濟計畫和財政、貿易方面也要給予更寬廣的自主權。」

以農業而言，生產的過程就產業性格來講，原本並不複雜，如果給予作業組或戶（農家）生產與經營的自主權，再加上抬高農產品國家收購價格，就能使得農家的增產欲望急速提高，效果立刻會顯現出來，這是可以想像得到的。農業基礎的經營主體為戶，戶產生意願進行農作業的話，要使生產擴大或生產性提升，並不是什麼困難的事。事實上，對於生產隊自主權的尊重和國家收購農副產品價格提升的決定，是在一九七九年的「關於農業發展的若干問題中共中央的決定（草案）」、「農村人民公社工作條例」中公布的，但是，基於這個決定所採取的措施，卻使同年的農業生產額以七〇年的不變價格來看，成為一三八六億三千萬元，比前年七七年的一二八八億七千萬元更多出了七・六％，八〇年的對前年增加率為一・四％，而八一年則為四八・八％，八二年為十一・三％，八三年是七・八％，八四年則以十二・二％持續相當高地增產。

但是相反的，都市工業企業，尤其是佔中樞地位的國營大中型企業，由於企業體非常複雜，具有多樣化的投入及產出的關係，因此，其改革不像農業那麼簡單。再加上中國的國營企業長時間進行集權統制，因此，企業內的幹部或勞動者，甚至各企業與中央的指令系列之間蓄積的既成秩序、既得利益，重重糾結而理不清頭緒，所以，改革非一夕可竟其功。國營企業的改革事實上也是中國現在最感煩惱的問題。當然，改革必須經由長時間的歷練才能開花結果。

鄧小平深知這一點，只要看看先前的引述，各位當不難了解。他不會一舉成事，而是重複的試驗，採用實驗主義的戰略。在第十一期三中全會以後，到一九八四年的第十二期三中全會，「關於經濟體制改革中共中央的決定」被提出來的期間，訂為工業企業改革的試行期或準備期。在這期間要做的就是如先前鄧小平發言的主旨，亦即給予計畫經濟體制下的末端單位企業自主權，而基於這個自主裁量而使末端單位得到利益的話，則這種做法就是所謂的「放權讓利」政策。藉此，就能引出末端單位的積極性來。

一九七九年七月，在第十一期三中全會中，由國務院提出「關於國營工業企業經營管理自主權擴大的若干規定」，基於此項提議，選擇特定的實驗企業，各自給予指令性計畫以外的自主生產的許可，自主販賣權的賦與，利潤保留的承認，投入財的自主購入權限的擴大，對於職員、勞動者的賞罰與生活福祉提升的企業自主權的擴大等等。到七九年末時，當時四萬兩千所國營工業事業所的四千家做了這樣的嘗試，而到八〇年末已有六六〇〇家成為自主權給予的實驗對象。

在這種強化企業自主權的初步實驗當中，最值得注意的就是企業內利潤保留的嘗試。在毛澤東時代的集權統制經濟下，配合時期會產生若干變化，不過基本上，國營企業的利潤幾乎全部歸於國家，企業所需要的資本也幾乎全由國家來支付。而在鄧小平時代新的嘗試則是利潤繳納制度，由利潤的一定比例保留在企業內來加以代替，藉此可以擴張企業或革新技術，或當作福利基金，採用這種利潤保留制度。也就是說，一旦利潤提升的話，就能夠以一定的比例使企業內的利潤增加，對企業而言就成為生產性提升、技術革新、努力增產的誘因。

不久之後，這種系統進步為一種稱作「利改稅」的納稅方式，配合事前所規定的比率，從利潤中支付規定的稅金，課稅後准許利潤自主運用。在利潤保留制度下，企業內利潤保留率為四～十三%，而導入利改稅這種方式後，增加為十二～十三%。

但是這種企業自主權擴大，卻無法輕易改變企業本身的體質。由於自主權擴大而增加的保留利潤，大都存在於繼承毛澤東時代擴張主義的企業中，因此，並沒有把它用於機械、設備的改造、更新的投資上，而促進了擴張投資的傾向。也就是說，自主權的擴大造成龐大老朽機械、設備效率化的效果非常地低。企業的擴張主義傾向卻使得原有的能源變得更加缺乏，而賦與自主權的改革也有一定的限度。由於這種情形，因而導出西元一九八二年一月，對於這個時期的經濟政策立案施行具有極大發言力的陳雲做出「以計畫經濟為主，以市場調節為副」的發言。這使得當時的中國經濟學者一般以「計畫與市場的結合」的「積極口號」，也因為陳雲的發言而開始消聲匿跡了。不願著手於宏觀經濟管理，而只想強化微觀的經濟企業自主裁量權，使得改革受到強大的限制。因此，對這種狀況加以反省，嘗試改革的就是八四年十月二十日所舉出的「關於經濟體制改革中共中央的決定」，由此決議開始朝向宏觀管理體制改革的真正試驗。

工業企業體制的改革就是所謂的都市改革，第一點就是對於一九七九年以來的農業改革的成果產生勇氣，第二點就是農業發展是工業企業改革的先鋒，這是三中全會的認識。第十一期三中全會決定一共有十章，前述為第一章的中樞，對於九項主題說明改革的必要性。自建國以來，中國的公式化文書當中，這可說是最整合的文書。這份文書現在成為中國指導部經濟改革的「綱領文書」，也是表現鄧小平經濟思想核心的文書，為各位介紹如下。

本決定的第二章，關於改革的目的方面，這兒所主張的重點是在建國後和第一次經濟計畫期（一九五三年～五七年），堅持應循中國經濟現實的方針，並採用發揚中國人民的創意政策，其過程當中所產生的左傾錯誤。阻止後來的發展。也就是說，第一次經濟計畫所造成的「社會主義改造基本上尚未完成，隨著我國經濟發展的規模擴大，為限制、改造資本主義工商業而採取的一部分新措施，無法適應新的國情。在經濟體制方面，統制過度的弊端逐漸表面化……在五七年以後，黨指導方面的『左傾』錯誤的影響，造成企業活性化與商品經濟發展的各種正確措施被視為是『資本主義』……因此，經濟體制方面過度的集中、過度的統一都是長年來無法獲得解決的問題，反而變得更加尖銳化。在這期間，好幾次進行過權限的下放，但是僅止於中央與地方、縱剖管理與橫剖管理的調整而已，無法接觸到給予企業自主權的重點，仍然無法脫離原有的範疇。」

同時，明顯地表現出鄧小平的想法，「社會主義的根本任務，在於發展社會的生產力，要不斷地增加社會的財富，不斷滿足人民日益增大的物質、文化的需要。社會主義是消滅貧困，貧困不能算是社會主義」。想要脫離貧困，要從根本上改革束縛生產力發展的經濟體制。因此，主張「從包括先進資本主義國在內的今日世界各國中，吸收能夠反映現代社會化生產法則的一切先進經營管理方法，並加以參考」。後來的「南巡講話」主張的梗概，在此時期，亦即一九八四年時就已經顯而易見了。

第三章則主張企業改革宜成為經濟體制的核心。毛澤東時代對於企業的國家管理的錯誤，是一直誤認為全人民所有性企業是國家直接經營的企業。對此，他明言道：「馬克思主義的理論與社會主義的實踐，告訴我們要適當地分離所有權與經營權。」亦即闡述所有與經營分離的必要性。當成其根據的主張是，「社會的需要非常複雜，經常產生變化，企業的諸條件各有不同，由於企業間經濟連攜錯綜複雜，所以國家機構想要完全把握這些狀況，迅速加以適應，是不可能的。如果全人民所有制的各種企業由國家機構直接經營管理，無可避免的，就會產生主觀主義與官僚主義，而抑制企業的生氣與活力」。這是十分合理的解釋，他洞察經濟的實體與動態，腦海中也納入一些先進資本主義國或ＮＩＥＳ、ＡＳＥＡＮ諸國的實體。這也證明鄧小平確實擁有實用主義的想法。基於這種想法，而推薦更加賦與促進國營企業的自主權，同時，也要選擇國營企業以外的多樣化經營形態。

第四章則是做出價值法則重要性與基於價值法則的商品經濟發展要求方針的指示。在此明白指示出，社會主義與資本主義之間的區別，並不在於商品經濟的存在與否，價值法則是否能發揮作用，乃是在於所有制的不同點。除了這一點之外，沒有任何有關資本主義與社會主義的區別。回顧採用嚴格集權統制經營經濟的毛澤東時代，鄧小平的這些理論的確是非常大膽的構想。這種想法就必須完全否定與計劃經濟和商品經濟完全對立的昔日想法。

而且，行政手段與指令計劃也完全不同於以往，認為必須要採柔軟的方式。而其認識，就是「在長久歷史的期間，我們對於國民經濟計劃，必須要以大而化之而富於融通性的方式來加以處理。經由計劃，運用綜合均衡的經濟手段進行調節。在大的方面，確實有效地進行管理，小的方面，讓他們擁有自主性與融通性，藉此能夠適度保持重要的比率關係，使國民經濟均衡調和地發展」。我們絕不可忽視這一點。

第五章是建立合理的價格體系，並敍述進行宏觀經濟控制的必要性，堪稱是本決議的核心部分。中國的價格體系，長時間來都無視於價值法則，很多商品都無法反映其價值，無法反映供需關係。如此一來，就無法對企業經營的實績進行正確的評價，也無法提昇生產性，配合勞動的分配，也會變得偏頗。想使企業自主權發揮真正的效用，就必須要以合理的價格體系為前提。宏觀經濟的企業，光是賦與自主權，也無法成功地改革，這是鄧小平的想法。第十二期三中全會，推出第十一期三中全會以來的宏觀企業改革，這即是最好的佐證。明快地做出如下的決議。「價格是最有效的調節手段。合理的價格，不會造成國民經濟混亂，也是使國民經濟活性化的重要條件。所以價格體系的改革，為經濟體制是否能全面改革的關鍵」。調整等價交換原則與供需關係的變化，亦即該降價的東西就要降價，該漲價的東西就要漲價。

除了價格的「合理調整」之外，關於宏觀經濟控制的重要性，則要如下的主張。「在改革價格體系的同時，致力於租稅制度的整備，必須進行財政體制與金融體制的改革。經濟愈是活性化，就愈需要重視宏觀經濟的調整。此外，也要迅速地掌握經濟動態，綜合運用價格、租稅、融資等的經濟槓桿。如此才能使得社會的總供給量與總需要量、蓄積與消費的重要比率關係之調整奏效，有助於資金、物質、人力流通的調節，產業構造與生產力配置的調節，市場供需的調節，對外經濟交流的調節等。我們習慣於以往的行政手段所採取的經濟營運方式，長時間以來都疏忽了由經濟槓桿進行調節。所以，學會經濟槓桿的運用，將經濟活動指導的重點置於此，這才是各級經濟部門及綜合經濟部門重要的任務。」

儘可能讓市場構造自由地運作，而其作用的控制，則是藉著財政、金融所形成的價格、租稅、融資等手段來進行。正如經濟體制改革的「綱領文獻」中所言，資本主義與社會主義分別的唯一基準就在於所有制，除此之外，別無其他的標準。

第六章則是表明行政機構與企業的分離，亦即所謂的「政企分離」。中國長期間以來處於行政機構與企業的職業未分化的狀態。總之，企業只不過是行政機構附屬物的存在而已，無法引出企業的積極性。因此，他在此吐露心聲，認為對於企業的競爭被排除，而且國內統一市場形成不充分的事實，宜強烈反省。同時，表明態度，認為「關於政府與企業的關係，今後，原則上各級政府部門不要直接經營管理企業。國家所指定的少數的直接經營管理企業的政府經濟部門，也要基於行政簡素化、權限下放的精神，正確處理與所屬企業之間的關係，強化企業與末端部門的自主經營，避免高度集中所帶來的弊端」。這即是徹底「放權讓利」的做法。

第七章是強調推進生產責任制與配合勞動的分配原則。在此必須注意的是鄧小平的「先富論」的觀點。「以往，社會主義被誤為就是均等，如果社會部分成員的勞動收入過多，產生較大的差距時，就會認為這是分極化表現，是違反社會主義的表現，像這種均等主義的思想，對於貫徹配合勞動的分配原則來說，會造成極大的障礙。均等主義的氾濫，一定會破壞社會的生產力。」並說：「鼓勵部分的人過著豐饒的生活，這種政策才是適合發展社會主義法則的政策，也是要使全社會豐饒而務必要走的道路。」

第八章是承認多樣化的經濟主體與推進對外開放。雖然全人民所有制應該要擁有經濟中樞的地位，但是，同樣的，也必須要充分考慮集團經營企業與個人經營企業的發展。「在都市與鄉、鎮的集團經濟以及個人經濟的發展的障礙務必去除，要製造出條件，給予法律上的保護。尤其在以勞動為主的經營以及適合分散經營的經濟範圍上，應該要大大地發展個人的經濟。同時，在自由意思與相互利益的基礎上，應該使全人民所有制經濟、集團經濟、個人經濟的相互之間，具有融通性的多樣化合作經營與經濟聯合，廣泛地發展，一部分小型全人民制企業，不論是集團或各勞動者的租借經營或承包經營皆可。堅持共同發展各種經濟形態與經營方式，乃是我們長期的方針，對於社會主義的前進而言是必要的。」

正如這篇文章內容所顯示的，並非在此再次強調多樣化的經濟成分，而是加以承認。在三中總決議後，扮演中國工業化牽引者角色的，是以鄉鎮企業為核心的集團企業群，是私營企業，是個人企業，及與其攜手合作的外資系統的企業。總之，加以承認，是三中總決議的這個部分值得大書特書的事情。

三中總決定是綱領的文獻，具體論則出現在繼決議之後的國務院或中共中央的諸決定中。在此，我們要了解的是，規定諸決定的三中總決議的戰略方位。第一二期三中總決議已給予自第十一期三中總決議以來的宏觀經濟企業自由裁量權，並開始致力於使其活性化。也就是說，為了能充分展開企業自主權，應該要透過價格自由化增大市場構造的作用，為使價格構造不致混亂而能夠順利地展開，因此要強化財政、金融制度。這些堪稱為中國改革的基本要件都予以決定，這才是重點所在。因此，堪稱是歷史性的文書。解說中所顯示的，就是皆以鄧小平的生產力論為基礎。由這個意義來看，這篇文書可說是鄧小平思想的整合展開。

採用第十二期三中總決議的綱領文書，則是在一九八四年十二月二十日，但是，到二十二日所召開的中央顧問委員會中，鄧小平對於決議草案的作成，一開始就說：「雖然我提出了一些智慧，但是負責解決問題，井然有序地處理煩瑣事務者，是與此實務有關的同志們。

」這項指出，正表現出鄧小平以為自己的思想也已經在黨的指導部血肉化，並以此為傲。並說：「這次三中總決議中所採取的『關於經濟體制改革的決定』，這一、兩天產生很大的迴響，大家異口同聲說，這是具有歷史意義的文書。事實上，在這文書中，我一字也未寫，一字也未訂正，然這卻是好的文書。以實況而言，這確實是好的文書。故我不必刻意宣傳這篇文書具有任何特別的作用。如果我刻意地宣傳，恐怕大家會誤以為這是鄧小平所說的話，而造成改變政策的問題了。目前，國外不正就出現這一類令人擔心的問題嗎？還是有一部分的人，例如，胡耀邦、趙紫陽等人則說政策不會改變。這麼說也沒錯。耀邦同志已經六九歲，紫陽同志也六十五歲了，皆是年屆七十的人。我們既定的方針、政策、戰略，任何人都無法改變的道理，應該要向世界說明才對。」

強調第十二期三中總決議所規定的「一連串的方針、政策、戰略，任何人都無法改變的道理」，但卻說與自己完全無關。認為在採用這項決議上發揮極大作用的胡耀邦、趙紫陽也只是循此「道理」而行，顯示出三中總決議的歷史意義是不動搖的。並且，認為這個決議的方向「包括耀邦、紫陽同志在內，在我們這個世代是不會改變的，同時，第三梯團、第四梯團、第五梯團的部隊也無法改變，也不會想要加以改變。」

鄧小平的生產力論，經過第十二期三中總決議之後，已經決定出中國改革的新方向。

5 對外開放與歸還香港之路——鄧小平思想的彈性

第十二期三中總決議中，在第八章，對於對外開放的必要性，有以下的敘述。「自第十一期三中全會以來，將對外開放視為長期的基本國策，視為是加速社會主義現代化建設的戰略措施。而且，在實驗中，也收到了卓效。

今後，將必須更加緩和政策的範圍，動員各方面的積極性，基於對外統一的原則，改革對外貿易體制，積極擴大對外經濟技術面的交流與互助的規模，必須更加開放經濟特別區的偉大營運與沿海港灣都市。利用外資，招攬外商，並在我國設立合資經營企業、合作經營企業、單獨外資企業。對我國的社會主義經濟而言，是必要且有益的補充。」的確，在此充斥著與毛澤東時代似是而非的柔軟構想。

但是，在文中提到的「自第十一期三中全會以來，將對外開放視為長期的基本國策」。可是，在第十一期三中總決議中，並沒有看到任何主張對外開放的推進話語的出現。自一九七九年的第十一期三中全會以來，在鄧小平主導下，採用實驗的方式進行的對外開放政策，展現具體成果，才使第十二期的三中全會中，有這方面的表現。換言之，鄧小平的實驗主義成果，就是對外開放，這也非常符合鄧小平的做法。

一旦廣大的中國全土對外開放以後，這衝擊是中國難以忍受的，因此，應該選擇對自己的發展有利的衝擊，予以享受，開放一部分的地區。實驗成功以後，再把這方法援用至其他地區，這就是鄧小平的方式。首先實行的是，自一九七九年七月實施，在廣東省與福建省所採行的「特殊政策、彈力措施」。廣東省鄰接於香港，福建省則隔著海峽，與台灣相對，二者的血緣、地緣、語言的關係頗深。建國以前的中國資本主義的本質，也流出香港、台灣，這二者堪稱有亞洲經濟的最高隆盛。目標資本主義本質的「內流」。而使中央給予廣東省與福建省「特殊政策、彈力措施」。

另一理由是，香港與台灣歸還中國的問題，是中國共產黨現指導部最大的課題之一。但是，對於已經進行改革、開放的現代中國而言，使用武力統一並不好，所以只有透過交涉達到和平統一。除此以外，別無他法。

事實上，中國在一九七九年一月，全人代常務委就已經公開發表「告台灣同胞書」，說明對於台灣已經由武力解放轉為和平統一路線，而在同年九月，全人代常務委員葉劍英呼籲第三次國共合作，把台灣視為「特別行政區」，在此具有司法、行政、立法、審判權、軍事力的保有，也就是提起所謂的「一國兩制」，一國兩制案除了軍事力的保有以外，預定九七年七月一日歸還中國的香港，也可以使用這種方法。

如果透過和平手段，要歸還香港或台灣，則中國在沿海省市的經濟發展速度必須加快，所得水準要接近台灣、香港。歸還時，必須要把香港和台灣住民的顧慮減至最低程度，這是不可避免的要求。大大導入香港、台灣的經濟力，使廣東省、福建省的經濟變得「香港化」、「台灣化」，希望能達成這目標。當然鄧小平也會想到這種方法。

給予廣東省、福建省的「特殊政策、彈力措施」，主要是給予二省與其他地區不同的經濟自由，促進香港、台灣「外來中國」的資本主義本質的大量流入，利用這力量，而發掘出廣東、福建二省的潛在力。這也是希望能以順利的方式，將香港、台灣歸還中國的實驗。如果這實驗獲得成功，在其他沿海地區，甚至內陸都市都可以展開這方法。實際上，其後所發展出來的事實，也是朝著這個方向去發展的。

何謂「特殊政策、彈力措施」呢?在此，所說的是把「『條』與『塊』」二者結合，以後者為主」。所謂「條」，就是以國家為頂點，地方為底邊，採取縱的行政指令系列。所謂「塊」，則是地方與三十個一級行政地區內部，朝橫的方向擴展的行政指令系統。總之，藉著「特殊政策、彈力措施」的採用，更強化廣東省、福建省的計劃管理權限。甚至包括生產、物質、財政、貿易、外幣等計劃，都由兩省制定。尤其是關於財政和外幣方面，實施五年定額承包制的意義非常大。

藉此大大提高廣東、福建兩省的自主裁量權。一九七九年以後，兩省的固定資產投資總額急增，而且幾乎都是自省內所調配的資金。換言之，藉著財政承包制活潑地引出二省的財政努力，再加上財政資金使用面自主裁量權的擴大，也誘發了二省財政擴大的努力。廣東省對於中央所給予的財政承包制，甚至連下方的市或縣等地方各級政府之間，也進行這種方式。加深了權限的下放，到達末端。命名為「特殊政策、彈力措施」的「放權讓利」，以給予農民或企業等微觀單位的放權讓利互相呼應，使廣東省與福建省等華南沿海都形成較大的市場經濟化，促進經濟資源的流動化。

實施開放政策以後，香港、台灣的人、物、金錢、科技等，在當初以慎重的態度，而到了一九八〇年後半期以後，以飛快的速度，各自朝著廣東省珠江三角洲，以及福建省閩南地方集中進入，基於「特殊政策、彈力措施」，在中國內部顯示最激烈流動化的廣東省、福建省，由於香港與台灣經濟活力的導入，變得更加流動化，成為今日中國中，呈現最高成長率的二省。

原本即使給予「特殊政策、彈力措施」，當初並不打算把整個廣東省或福建省開放給香港企業或台灣企業。一九七九年時，廣東省有五一四〇萬人口，福建省有二四八八萬人口，害怕由於香港、台灣企業的流入，而把含有西方「污染」的資本主義空氣大量地帶到已經慣於社會主義行為的人口中，會造成危險。因此，原先想只要開一個小窗戶，慢慢地把近代化的風送經內部。這就是經濟特別區的創立。八〇年八月二十六日所召開的第五期全人民代表大會中，公佈「廣東省特別區條例」，在廣東省內的深圳、珠海、汕頭三市，設立經濟特別區，嘗試劃時代的改革。

但是，既然這改革是劃時代的，在黨內當然會討論是非，展開激烈的辯論。甚至有的人認為特別區就是殖民地租界的現代版，擔心由於資本主義的攻勢，而使社會主義遭到「腐蝕」的人並不少。對於這一切感到百思不解，而感到痛苦的是鄧小平。一九八四年二月，他視察廣東省、福建省、上海等地，同月二十四日，在北平以「經濟特別區的問題與對外開放都市增加的問題」為題，發表演講，藉此評定關於黨內特別區的議論。

「我們設置特別區，實施開放政策，必須具有明確的指導思想。不是收，而是放。這一次，我到深圳去，印象極度深刻的，就是那裡的隆盛。深圳的建設速度非常快，其原因就是只給予他們少許的權限，讓他們可以決定五〇〇萬美元以下的支出。那裡的口號是『時間是金錢，效率是生命』。深圳的高樓大廈建設，數天內就可以完成一個樓層，不滿數天內就可以建好一座高樓。建設勞動者都是由內陸過去的人。效率之所以那麼高，就是因為採取承包制，賞罰分明所致。特別區就是所謂的窗口，是技術的窗口、管理的窗口、知識的窗口，也是對外貿易的窗口。由特別區導入技術，得到知識，學習管理。管理也是一種知識。依投資項目的不同，現在還無法賺錢，但是以長遠的眼光來看，卻具有優點，能夠得到好處。」這就是鄧小平的主張。鄧小平訴說特別區的利益以後，最終做出這樣的結論：「並不是全國都具有這種條件，但是卻能使一部分的地方豐饒，所以均等主義是不好的。」他是以先富論的觀念，來阻止特別區的爭論。

同時，在一九八四年，對於十四個沿海都市與海南島，比照經濟特別區，讓他們擁有自主權，成為經濟開發區。八六年又加上營口，到了八八年，給予海南島更大的開放特權，並昇格為省。到了後年以後，包括特別區、開發區在內，河川的三角洲地區與半島，都被指定為開放地區，進行了大膽的嘗試。長江三角洲、珠江三角洲、閩南三角區、山東半島、遼東半島等都是。這些經濟特別區或開發區，成為積極導入外國資本、技術、近代經營管理方式的窗口。希望這些地區能夠發揮這些機能的，就是鄧小平。

對遭到美、蘇二大強國夾擊，形成國際封鎖體系的毛澤東時代而言，這根本是不曾想到的嘗試。換言之，鄧小平的對外開放政策，是希望能藉著導入海外的技術、管理方法、知識等，而使國內經濟改革與活性化。在此，必須強調的是，對於可以做這種選擇的國內環境，中國指導部也開始了深一層的認識變化。

鄧小平本身並沒有以合邏輯的方式，來敍述這一種認識。但是，鄧小平認為今日的世界雖然在資本主義與社會主義的對峙兩極體制之下，可是並沒有一方壓迫併吞他方，這種毛澤東所抱持的危機意識的衝動。反而是完全相反的想法。他認為現在應是資本主義與社會主義可以併存的時期，而要將其當成道德的存在，置於自己之上。以經濟而言，自己陣營的方式與資本主義相比，更為貧窮。要脫離貧窮，就必須導入資本主義的「要素」。這一連串的想法形成鄧小平的行動與發言，這一點是無庸置疑的。

鄧小平時代，將國際環境認識理論化，而關於這一點，他最活潑的發言就是，當時中國代表的國際問題專家官鄉。他在一九八四年七月時，曾有以下的敍述。「從現在的世界情勢來看，資本主義與社會主義長期——可能是五〇年或超過五〇年以上——必須持續共存才行。為甚麼呢？因為資本主義體制具有自我調整的可能性，以及一定的生命力。……我們昔日的鎖國政策，具有內在要因與外在要因。但是，對照現在的實際狀況來看，我們昔日所謂『一個社會主義市場與一個資本主義市場，也就是二個市場的並存』的理論，是鎖國政策的根源之一。……以世界的觀點來看，只有一個統一市場，這統一市場當然是以資本主義佔優勢，帝國主義佔優勢。今日，我們還是必須承認，是屬於統一市場的一部分。」這一番話就是代替鄧小平的國際認識所做的辯解吧。

但是，在中國對外開放政策中，具有最大重要性的，就是香港歸還中國的問題。鄧小平對於香港歸還的行動非常柔軟，但是卻能保存自己的面子。充分含有中國經濟近代化的養分的空間，就是香港。中國和英國交涉香港的歸還問題時，提出「一國兩制」、「港人治港」這種「想像力豐富」的歸還方式，一方面，確保香港高度自治，也無損於香港這資本主義的「小宇宙」，這就是鄧小平的希望。

畢竟，香港（包括澳門在內）在一九八四年時，佔中國出口的二六・五%，進口的一〇・九%，由中國導入的海外直接投資（實際利用額）為二七・九%來自香港。附帶一提，到了九二年時，同數值方面，出口為四四・一%，進口為二五・五%；海外直接投資（實際利用額），香港佔六八・二%。對於中國的對外開放政策造成影響力的，與其說是西方先進國家，還不如說是香港。鄧小平也非常了解這意義，這意義非常重大，所以經常考慮到中國的改革、開放的成敗與否，就在於「港人治港」原則的香港歸還中國問題。因此，中國或鄧小平當然無法接受英國所主張的歸還方式——「主權在中國，統治在英國」。

中國方面認為，將香港的統治權與主權一分為二，則自誇在內外具有威信的共產黨的政治權力志向，以及會誘發香港居民「信心危機」的香港資本主義的本質大量流出。如此一來，就會使中國經濟近代化的腳步落後，將來台灣要歸還中國的問題，也無疑是畫餅充饑。這些危機意識使鄧小平產生「一國兩制」、「港人治港」的想法。這可以說是鄧小平一流外交手段的總結。

香港問題的本質，在於香港是殖民地，因此並沒有自主權，很容易受到昔日中英兩國與今日中國的保證「信心」的影響之「脆弱」社會。對於想要逃離國共內戰混亂與共產黨支配下的壓抑，而移居到此的許多香港華人而言，當然不歡迎香港歸還中國的做法。「香港的中國化」可能會把香港華人推向海外，而無法發揮機能。

但是，中國經濟的改革，尤其是與香港關係頗深的廣東省為主的華南沿海部的改革，以顯著的速度不斷地進步。因此，香港企業察覺到自己的將來與背後不斷擴大的華南經濟有關，把此地視為是新商業的沃野，加深想要積極進攻的意圖。

因此，香港企業進攻華南，已經成為非常流行的潮流了。香港沒有廣東省，就沒有經濟，同樣地沒有廣東省，就沒有香港經濟。香港與華南已經進入難分難解的經濟統合過程，按照鄧小平的理想，不斷地在順利發展著。

6 尋求權威主義的開發體制——「四項基本原則」

第十一期三中總決議傳達全面重視生產力的鄧小平經濟思想的全貌，因此這是經濟體制改革的綱領文獻，同時也是鄧小平經濟思想的綱領文獻，這種說法絕不為過。今日鄧小平的思想與行動，就是來自第十一期三中總決議，也是一九九二年「南巡講話」的淵源。

但是，這只是鄧小平的經濟思想，與政治思想另當別論，捲入無產階級文化大革命政治狂風中的鄧小平，非常害怕在自己的主導下，好不容易導入的改革、開放路線，會因為林彪、四人幫等政治極左派的影響，而趨於混亂，所以鄧小平最迫切的願望是，改革、開放一定要秩序井然地營運著。

在一九七九年三月十日的講話，「堅持四項基本原則」中，就已經公開發表自己的這項願望。而且，這是在前年十二月二十二日第一期三中總決議以後，公開發表的講話，當然具有重要的意義。換言之，大膽地進行「思想解放」，刷新舊日僵硬的社會主義印象，而轉換為新農政，呈現工業，企業改革、多種經濟成分。如果經濟的多元化造成社會、政治的混亂，改革、開放的基礎本身就會崩潰，因此他對社會提出嚴重的警告，絕對不能讓事情演變到這種地步。雖然要尋求思想與經濟的多元化，卻必須明白表示出多元化不能超過的政治範圍。以這意義來看，第十一期三中總決議以四項基本原則，對於鄧小平而言，是成雙成對的原則，兩者必須結合在一起，密不可分。

會提出這一段講話，與當時的政治狀況也是有若干的關係。毛澤東時代的大衆階級鬥爭，已經完全成為過去，脫離昔日左傾的錯誤，向社會主義現代化推進，朝向經濟建設邁進。對於眼前的中國而言，這是必須要做的事情。

予以公開發表的，則是第十一期三中總決議。在毛澤東死後，執政的華國鋒政權並無法抹剎毛時代的左傾路線。毛澤東死後，到底中國該何去何從，國民因為不了解，而產生不穩定的感覺。當時，去除國民心中障礙的，就是三中總決議，藉此使自由的空氣開始流入整個中國，這是無可否認的事實。

街頭巷尾出現示威遊行，揭示著「反對飢餓」、「要求人權」口號的人們。「中國人權協會」刊出大字報，甚至來到美國大使館前，要求喚起對中國人權的關心。一個稱為「解凍社」的組織，對於無產階級獨裁提出反對宣言，認為諸惡的根源在於無產階級獨裁，應該要杜絕中國共產黨，徹底批判提出過度激烈的主張，並出現「北京之春」的政治秩序的鬆弛。在北平，這一類大字報處處可見。

在這一種以往備受壓抑的氣氛中，苟延殘喘的民主派人們，對於提倡「思想解放」的三中總決議，當然會予以接受。但是，在此不可忽視的就是，當時代表性的民主刊物『探索』的編輯魏京生、『四五論壇』編輯部的劉青遭到逮捕，以此為契機，「北京的春天」終於結束。

鄧小平四項基本原則的公開發表，當然也因為受到這一次事件的影響，而遽然公佈。但是，其核心除了先前所敍述的事實以外，就是希望從毛澤東左傾思想的束縛中解救國民，透過改革、開放，在共產黨一黨支配下，嘗試中國生產力的解放，這才是鄧小平思想的表現。

我已經一再說過，三中總決議與四項基本本原則在鄧小平的思想中，是成雙成對地存在著的。

所謂四項基本原則，即思想堅持，包括社會主義之路，人民民主獨裁、共產黨的指導、馬克思、列寧主義與毛澤東思想這四項堅持。鄧小平說：「如果沒有強力的集中指導，嚴格的組織性與規律性，若不進行黨風的整頓，不恢復實事求是、大衆路線、刻苦奮鬥的黨的優越性，則原本可以避免的大大小小的騷動就會發生，使我們的現代化建設在第一步時，就會面臨重大的障礙。」這是他公開發表四項基本原則的理由。

關於這四項，鄧小平嘗試作詳盡的說明。但是，無庸置疑的是，其重點在第三項，也就是中國共產黨一黨支配體制的堅持。關於這一點，鄧小平指出：

「脫離中國共產黨的指導，誰還能推行社會主義的經濟、政治、軍事、文化呢？誰能夠推進中國的四個現代化呢？今日的中國絕對不允許脫離黨指導，而讚美大衆的自然發生性。」

換言之，推進中國現代化的中樞就是黨。因為在經濟建設方面，文革期間混亂，鄧小平比任何人都有更深的了解。以下的發言就是要求黨支配體制的鄧小平的中心思想：

「一九六六年，是中國經濟經由數年調整，急速發展的一年。但是，由於林彪、四人幫的騷動，經濟受到了破壞。現在，中國經濟在黨中央與國務院的指導下，再次走向健全發展的道路。如果再次有一部分的人想要扯黨委員會的後腿，而引起騷動的話，四個現代化一定會煙消雲散。這並不是威脅，而是經由許多實踐立證，而產生的客觀真理。」

與此相比，四項基本原則的其餘三項，就不具有這麼強的說服力了。回顧後來到現在的政治、經濟經驗，我們不得不說事實就是如此。

在四項基本原則中的第一項，是社會主義之路的堅持。在此，提倡對資本主義而言，社會主義的道義之優越性。他說：「資本主義是甚麼呢？無法脫離百萬富翁的超高額利潤，無法脫離榨取與略奪，無法脫離經濟危機，無法形成共通的理想與道德，無法脫離各種惡德，也就是犯罪、墮落與絕望。」另一方面，他又主張「資本主義已經具有數百年歷史，各國人民在資本主義制度下，發展了科學與技術，累積而成各種有益的知識與經驗，我們是應該要承襲與學習的，我們有計劃、選擇性地導入資本主義國家的技術，對我們有益的事物。但是，卻絕對不會模仿或導入資本主義制度，或是模仿、導入各種醜陋、頹廢的制度。」

無法脫離經濟危機，無法與中國形成共通理想與道德的資本主義，卻能夠累積值得中國模仿、導入的優良科學技術，這不是非常危險的邏輯嗎？

第二點就是人民民主獨裁的堅持。鄧小平先前已經說過，中國黨內已經不再有無產階級的存在。榨取階級與被榨取階級的兩極化，的確消失了，認為今後應該不會再發生無產階級革命。然而，他卻說：

「即使在社會主義社會，現在還是會有反革命分子與特務分子的存在，有搗亂社會主義秩序的各種刑事犯罪分子及其他惡質分子的存在，有進行新的貪污、瀆職、竊盜、投機活動的榨取分子存在……。與他們的鬥爭，與以往歷史所出現的階級對階級的鬥爭不同。然而，這依然是一種特殊型態的階級鬥爭。換言之，歷史上的階級鬥爭在社會主義的條件下，以特殊的型態殘留著，所以對一切的反社會主義分子依然進行獨裁。」

認為對於犯罪分子與惡德分子取締的必要性，將此當成特殊型態的階級鬥爭，因此堅持無產階級獨裁，這的確是非常奇妙的邏輯。鄧小平所說的，只不過是治安上的問題而已。

第四即馬克思、列寧主義與毛澤東思想的堅持。但是，在此的主張是：

「毛澤東思想是中國革命的旗幟，而今後也永遠是中國社會主義事業與反霸權主義事業的旗幟。我們要永遠高高舉起毛澤東思想的旗幟前進。毛澤東同志的事業與思想，並不是他個人的事業與思想，是他的戰友、黨，以及人民的事業與思想。是歷經半世紀以來，中國人民革命鬥爭的經驗結晶。」

換言之，並不將之視為實效上的原則，而是將之視為道義上，或是保存現代中國的原則。鄧小平的考慮則是如果沒有這種堅持，就會使現代的中國共產黨的正統性無立足之地。四項基本原則以中國共產黨一黨支配體制的堅持為中心，藉此使改革、開放不會混亂，而持續前進，即這是表明「權威主義開放體制」的堅持，是認為應該在強力政策一元化之下，促使經濟多元化的鄧小平的「二點論」。這「二點論」在天安門事件與後來的中國政治經濟行動中，都很明顯地表現出來。

7 國營企業改革——核心何在？

在第一章中詳述的第十二期三中總全會的決定，是顯示後來中國經濟體制改革道路的確切綱領文獻。基於這項決議。以往所謂的「計劃與市場的結合」，陳雲所提起的「以計劃為主，以市場調節為從」的口號已經後退了。在第十二期三中全會中的關鍵字，就是「依循公有性的計劃性商品經濟」。

整合鄧小平經濟思想的第十二期三中總決議，的確是總論。將決議具體化，來自黨、政府指導部的法制整備的努力，則是在第十二期三中總決議前後展開的。關於企業自主權的擴大，則由一九七八年七月「關於國營企業經營管理自主權的若干規定」，而有了初步的開始。企業應該成為自律的經營單位，給予真正自主權的方針，則是在八四年的三中總決議前，國務院所提出的「關於工業企業自主權擴大的暫定規定」中，更加明確地確定了。

整體共有十項：⑴生產經營計劃　企業以國家計劃與國家商品供給契約的達成為前提，能夠獨自增產國家建設與市場的必要製品。⑵製品販賣　超過國家計劃所達成的製品，基於企業的自主裁量為原則，能夠進行市場販賣。⑶製品販賣價格　企業擁有二〇％範圍內，自主決定價格的權利。此外，供需雙方能在規定範圍內，達成協議。⑷企業的物資購入　國家對於供給物資，企業對於供給者的選擇有自由。⑸資金運用　企業所保留的資金，由主管按照部門的比率，設立生產發展基金、預備基金、從業員福利基金、獎勵基金等等，可以獨自使用。此外，企業的減價償還基金一九八五年起，七〇％可以留在企業中使用，三〇％則由關係部門、省、自治區與直轄市掌握。⑹資金處分　企業可以借貸剩餘、遊休固定資產，以及具有讓渡權限。⑺機種設置　企業具有機種設置與人員配置的決定權限。⑻人事勞動管理　廠長（負責人）、黨委員會書記各自由上級主管部門任命。工廠行政副職由廠長指定，主管部門承認。工廠內的中間行政幹部由廠長任命。配合企業需要，可以從其他的工作場所或地區聘請技術、管理者，並可獨自決定報酬。配合企業的必要，可以從勞動者中選拔幹部，並可決定在任中同幹部的待遇。⑼工資　企業以全國統一工資基準為前提，具有選擇企業獨自工資的權限。⑽聯合經營　企業不改變所有制形態、從屬關係、財政體制，可以進行超乎部門、地區的聯合經營或組織，或組織聯合經營團體，並有挑選對象，進行生產協助或製品轉包。

規定主旨非常明確，可說是忠實依循著提倡企業自主權擴大的第十一期三中總決議。當然，並不具有完全的企業自主權。還是具有一些保留，例如：在生產經營計劃方面，可以自由販賣的商品不能超過與國家之間的契約，販賣價格也設定上下限。此外，雖然強化廠長的權限，仍必須由上級主管部門任命，所以限制並不少。儘管如此，對於以往保守的官僚層大量存在的一九八四年而言，在剛開始進行經濟體制改革的這個時點，的確是一大突破。

以企業的經營自主權的擴大為支柱，開始國營企業改革，而當成其頂點的法律依據，就是「暫定規定」。但是，企業賦與自主裁量權，由於企業主要運作出市場，因此若企業不能調整出容許自由企業行動的型態，則經濟體制改革不算完成。一言以蔽之，計劃統治系統的整體一定要給予儘可能的自由化，即利用所謂的微觀經濟企業，要達到宏觀經濟市場環境整備，所以要增加微觀企業的自主裁量權。

反映這些情況的新設定法律，則是一九八四年十月四日國務院所提出的「關於計劃體制的若干暫定規定」，其重點在於縮小「指令制計劃」的範圍，而對照地則擴大「指導性計劃」與「市場調節」的範圍，所以指令制計劃是擁有建國後，中國長久歷史集權社會主義經濟的核心。國家設定一元性的生產計劃，依循這計劃，對於生產的種類、量、生產費，以及其他詳細的部份，各經濟單位應該達成的義務，下達指令制指標。對企業而言，指令制計劃是一種強制的行政命令，具有強制的性格。

「關於計劃體制改善若干規定」中，則以「指導性計劃」與「市場調整」為主，來代替指令制計劃。所謂「指導性計劃」就是，企業並不進行行政命令式的營運，而透過價格、租稅、輔助金、銀行利息等「經濟的桿槓」，將企業朝理想化的方式來考慮，間接地予以誘導。廢棄國家對各經濟單位進行行政指令式強制的生產計劃。例如：國家對於認為應該要增加供給量的生產物，則以提高價格，或生產該生產物的企業進行減稅、輔助金的賦與、低利貸款的適用等等方式來獎勵。如果想要減少供給量時，則採取相反的政策，對於企業行動採取間接的誘導，所謂「市場調節」，則是其供給完全依市場的動向來進行。

表3-3　工業化諸指標*的增加率　　（％）

年	工業生產額	國營工業生產額	國營企業固定資產投資	基本建設投資
1978	13.55	14.44	21.90	30.89
1979	8.81	8.88	4.64	4.60
1980	9.27	5.61	6.58	6.69
1981	4.29	2.53	-10.47	-20.79
1982	7.82	7.05	26.69	25.57
1983	11.19	9.39	12.54	7.02
1984	16.28	8.92	24.60	25.08
1985	21.39	12.94	41.77	44.55
1986	11.67	6.18	17.73	9.50
1987	17.69	11.30	16.13	14.20
1988	20.79	12.61	20.24	17.20
1989	8.54	3.86	-8.22	-1.46
1990	7.76	2.96	15.11	9.80
1991	14.77	8.62	24.33	24.19
1992	27.52	12.40	45.34	42.11

註：*實質額評價。
資料：國家統計局『中國統計年鑑』。

表3-4　全國零售商品物價上昇率（％）

年	總指數	消費財	食　品
1978	0.7	1.5	1.5
1979	2.0	2.1	5.5
1980	6.0	7.1	10.5
1981	2.4	2.6	3.7
1982	1.9	1.9	2.8
1983	1.5	1.2	2.4
1984	2.8	1.7	2.6
1985	8.8	9.4	14.4
1986	6.0	6.5	7.4
1987	7.3	7.4	10.1
1988	18.5	19.0	23.0
1989	17.8	17.5	16.2
1990	2.1	1.6	0.3
1991	2.9	2.9	3.3
1992	5.4	5.6	7.7

資料：國家統計局『中國統計年鑑』。

根據「暫定規定」，屬於指令制計劃，由國家統一調配、分配的工業生產物包括煤、石油、鋼材、非鐵金屬、木材、水泥、發電量、基本化學原料、化學肥料、重要電器設備、纖維、報紙、香煙、軍需工業品等重要製品的數量與品種，而商品項目數自施行暫定規定以後，從以前的百二十餘項減少為六十餘項，的確是劃時代的改革。

表3-5　輸出、輸入額　　（億美元）

年	貿易額	輸　出	輸　入	純輸出
1978	206.4	97.5	108.9	-11.4
1979	293.3	136.6	156.7	-20.1
1980	381.4	181.2	200.2	-19.0
1981	440.3	220.1	220.2	-0.1
1982	416.1	223.2	192.9	30.4
1983	436.2	222.3	213.9	8.4
1984	535.5	261.4	274.1	-12.7
1985	696.0	273.5	422.5	-149.0
1986	738.5	309.4	429.0	-119.6
1987	826.5	394.4	432.2	-37.8
1988	1027.9	475.2	552.8	-77.6
1989	1116.8	525.4	591.4	-66.0
1990	1154.4	620.9	533.5	87.5
1991	1356.3	718.4	637.9	80.5
1992	1656.1	850.0	806.1	43.9

資料：國家統計局『中國統計年鑑』。

基於這些改革，一九八五年時，工業成長率出現極高的比例。參閱表3－3，各位就可以知道：這一年礦工業總生產的實質成長率，由前年的一六・三%增加為二一・四%，國營企業則由八・九%增至一二・九%。此外，國營工業部門的固定資產投資額及其基本建設投資總額，由前年的二四・九%、二五・一%急增為四一・八%、四四・六%，屬於超高成長。但是，以中國當時的狀況而言，這高成長很明顯地是「經濟過熱」的表現。實際上，物價上昇率請看表3－4，到八四年為止，是穩定

表3-6　工業成長率與能源、輸出、基礎素材的增加率

年	工業總生產額[1]	原油生產[2]	鐵　鋼[3]	鐵道距離[4]	發電量[5]
1978	13.7	9.1	32.1	2.5	13.5
1979	8.8	0.7	7.0	2.5	8.6
1980	9.3	-1.4	6.3	0.2	5.1
1981	4.3	-5.7	-5.3	0.6	1.6
1982	7.8	0.1	2.8	0.6	4.2
1983	11.2	2.4	6.2	2.2	5.9
1984	16.3	6.6	7.2	0.2	5.8
1985	21.4	7.5	6.2	0.8	7.4
1986	11.7	3.1	9.9	0.8	7.9
1987	17.7	1.0	6.1	0.2	8.8
1988	20.8	0.6	3.9	0.4	7.9
1989	8.5	-1.1	2.0	0.8	5.7
1990	7.8	-0.1	6.2	0.4	4.8
1991	14.8	0.6	5.5	0	7.5
1992	22.5	-0.1	13.0	0.4	10.0

註：1）實質價格。　2）噸。　3）噸。　4）公里。　5）瓦特／時。

資料：國家統計局『中國統計年鑑』。

期。八五年時，一舉達到八・八%的水準。請看表3－5，出口漸漸地增加，進口則從八四年的二七四億一〇〇〇萬美元急增為八五年的四二二億五〇〇〇萬美元，增加了五四・一%。結果，八五年的貿易收支入超一四九億美元，創下建國以來的最大值，很明顯地表現出過熱指標的動向。

這種過熱現象是長年來，中國經濟瓶頸部門的能源、運輸部門的供給不足的結果，這種結果再次成為原因，造成通貨膨脹與進口大增。一九八四年四月十日，第六屆全國人民代表第三屆會議中，國家計劃委員會主任宋平做出「關於八五年度國民經濟、社會發展計劃案的報告」，對於當時中國經濟「前進中，應該重視的問題」提出警告，先舉出的就是能源。運輸部門的瓶頸問題。他有以下的敍述：

「能源、交通，尤其是電力供給與鐵路運輸依然非常窘迫，原材料供給不足所造成的矛盾更加顯在化。一部分地區頻頻出現停電，對於正常生產與效率提昇造成重大的影響。主要幹線鐵路的運輸窘迫狀況非常嚴重，大量貨物呈現運輸停頓的狀態，許多客車都超載運行。雖然鋼材、木材等進口急增，但是仍然不能配合生產建設的需要。這些問題發生的重要原因之一，就是一部分單位罔顧能源、交通的負擔限度，以及市場的實際需要，盲目地追求過大成長率的結果。」

不只是能源、運輸部門，基礎素材部門的供給不足，也非常顯著。表3－6是工業成長率與原油供給量、鋼鐵生產量、鐵道距離、發電量等的資料，很明顯地顯示出能源、運輸部門、基礎素材部門遠不及高工業成長率。在這時期，中國經濟的確面臨緊張的狀態，由此可見一斑。

事實便是由這幾項原因造成的，而其中最大的原因，就是價格體系的偏頗。如先前所指出的，指令制計劃漸漸地縮小，強化指令制計劃與市場調節的機能，是一九八四年「計劃體制改善的若干規定」以來的基本方針。但是，像基礎原材料、能源、發電等重要物質，依然包括在「指令制計劃」中，其價格在國家一元性的支配下，維持較低的固定水準。如果允許這些重要物質價格自由化或高昇，就會造成堪稱其「前方」的所有企業成本提高，重要物資的價格絕對不能輕易地自由化。

但是，基於這項理由，使基礎原材料部門、能源、運輸的企業採算性降低，因而削弱了生產誘因。得到生產自主權的企業，自己所賺的資金很自然地就會投向價格脫離統制，收益性較高的輕工業部門、消費財部門。允許企業內利潤保留，再加上促進再投資的制度改革的效果。這些「預算外投資」會避開在統制下，只具有低收益性的基礎原材料、能源、運輸部門，這是理所當然的事情。因此，自一九八五年以後，中國工業化的牽引部門，為輕工業、消費財部門，而這和基礎原材料、能源、運輸部門的供給力差距非常明顯，只有前者產生肥大化的發展，產業構造出現顯著的不平衡。

中國仍然面對著最困難的課題，就是價格改革這一種社會主義經濟市場經濟化過程中，最重要最困難的課題。始於第十二期三中全會經濟體制的改革，以企業自主權擴大的型態，致力於微觀經濟單位的能源發揚，促進微觀經濟單位自由發展，對於指導性計劃與市場調節這宏觀環境的整備，具有極大的貢獻。但是，這戰略的成功只顯現了經濟體制改革的「核心」問題。鄧小平的經濟戰略在此達成了效果。

8 社會主義初級階段論——重新調整市場經濟

接受第十一期三中總決議，使毛澤東時代所建立的集權計劃經濟的制度、組織型態漸漸被放擲，而思想上的解放，也超出鄧小平改革、開放時所想像的速度，非常地快速。然而，如此進步的發展，使生產力與人民生活得到了發展。但是，中國視為國是的社會主義，到底會變成甚麼情形呢？漸漸地變得不鮮明了。在某種「性格轉換期」，使中國指導部與國民陷入的危險性已經開始成形，這也是無可厚非的事。

在第十二期三中總決議中，決議「社會主義經濟是依循公有性的計劃商品經濟」。如果與傳統的社會主義相比較，這的確是非常曖昧模糊的思想。由於距離毛澤東時代不遠，還殘留著許多保守指導層的中國，去除這一層曖昧，對於改革、開放的促進而言，是當務之急。另一方面，看到周邊的日本，NIES或ASEAN諸國，透過資本主義，而展現比中國更高的經濟實績時，就會開始思考以往傳統主義像「前進」，並不是恰當的做法，而認為何以不再進一步，到達資本主義呢？會有此想法，也是無可厚非的。第十一期三中總決議則更超過這範疇，對於內外宣誓自己社會主義的「定位」，這種無可避免的要求，已經漸漸逼近中國共產黨了。

配合這要求而提出的，就是「社會主義初級階段論」，這是與三中總決議同樣，屬於改革、開放期中的「綱領文獻」。由於社會主義初級階段論具有這些來歷，在一九八七年十月二十五日中國共產黨第十三屆黨大會時，黨書記趙紫陽公開發表報告。貫穿整體的，則是鄧小平的生產力論。趙紫陽說：「我國是半殖民地、半封建大國。前世紀中葉以來百餘年，各種政治勢力再三重複抗爭的結果，舊民主主義革命的失敗與新民主主義革命的最終勝利結果，證明了在中國不適用資本主義，除了在共產黨的主導之下，推翻帝國主義、封建制、官僚資本主義的反動支配，找尋社會主義之路以外，別無活路。」這邏輯一向是中國共產黨對於現代史的評價，並無新奇之處。

但是，在社會主義初級階段論中，值得大書特書的，是他接下來說的「我們的社會主義是脫離半殖民地、半封建社會，因此其生產力的水準比發達的資本主義國家更加落後。因此，許多國家在資本主義下所達成的工業化與生產的商品化、社會化、近代化，必須要經過很長的初級階段，才能夠達成。」展開了這一套邏輯。

稍微詳細地為各位敍述一下，中國所謂的社會主義初級階段是如何的歷史階段呢？趙紫陽的答覆如下：「這並不是指所有國家進入社會主義時，必經的最初階段，而是指如我國這種生產力落後，商品經濟未發達。在這些條件下，建設社會主義是必須通過的特定階段。我國在一九五〇年代，基本達成了生產手段私有制的社會主義改造時開始，到將來要基本達成社會主義現代化為止，至少要花一百年的時間。這期間全是屬於社會主義的初級階段。這階段與社會主義經濟基礎還未建立的過渡期不同，與社會主義現代化尚未達成的階段也不同。在現階段面對的主要矛盾，是人民與日俱增的物質、文化需要，與落後社會生產之間的矛盾。在一定的範圍內，階級鬥爭還是會長期存在，但是已經不是主要矛盾了。

要解決現階段的主要矛盾，就必須大大地發展商品經濟，提高勞動生產性，逐漸實現工業、農業、國防、化學技術的現代化。因此，生產關係與上部構造中，無法配合生產力發展的部分，必須要進行改革。

換言之，現在的中國具有歷史性的階段，目前應該做的是生產力的發展，而最明快的結論就是「甚麼東西對生產力的發展有利，是我們考慮一切問題的出發點，也是檢討一切活動的根本基準。」

第十二期三中總全會經濟體制改革的關鍵，如前文所述的，就是「依循公有性的計劃商品經濟」。在第十三屆黨大會中，趙紫陽認為這計劃商品經濟就是「將計劃與市場的內在進行統一的體制」，並主張中國經濟的新運行構造是「國家必須要能誘導企業」。

總之，目前中國正處於社會主義初級階段，而在這種情況下，透過市場經濟的發展，增強生產力，是最重要的任務。這也是趙紫陽繼三中總決議以後，以更為整合的邏輯發展出來的理論。

9　沿海地區經濟發展戰略——NIES型發展的志向

的確，趙紫陽的社會主義初級階段論，明白地指出當時中國何以要加深改革。這項邏輯說明中國社會主義是處於「發展階段」，因此以邏輯的方式，來訂定中國經濟應該尋求的方位。這也是劃時代的表現。我必須再次強調，這和一九八四年的「關於經濟體制改革，中共中央的決定」一樣，都是現代中國的「綱領文獻」。

儘管如此，雖然社會主義初級階段論具有設定改革深化方位的綱領，但是並非藉此來營運中國經濟的「戰略」。我想，趙紫陽本身可能都感覺到有界限的存在。實際上，這時的趙紫陽是鄧小平忠心的心腹，推進改革深化。另一方面，也擁有他固有的新戰略，即「沿海地區經濟發展戰略」的政策體系。對鄧小平的「先富論」發展戰略而言，這戰略是非常偉大的構想。

但是，當時中國經濟仍處於瓶頸狀態，必須以概觀視之。所謂「沿海地區經濟發展戰略」，就是解決瓶頸狀態的戰略而已。

在一九八七年第十一期三中總全會展開的新農政之下，毛澤東時代強力蓄積的構造完全崩潰。由於採用三中總農政，因此透過提昇國家農產品收購價格，而縮小了「剪刀狀價格差」，農業部門已經不再是國家榨取的對象。農業部門成為被保護的部門。實際上，農產品價格的提昇是當時中國財政赤字的主要原因。但是，為了創造農業剩餘而採取的制度機構，人民公社已經完全消滅了。因此，農業部門被當成以往重工業部門蓄積源的功用，已經大大地受抹煞了。

換言之，國家農產品價格的提昇，減少了以農產品為原料，予以購買的國營工商業部門的利潤。這部門繳納給國庫的利潤與工商稅都枯竭了。能夠達到強蓄積的另一要因，就是勞動者僅有低工資所造成的。但是，由於食品的價格上抬，因此工資上昇是不可避免的。勞動者工資的上昇，壓迫國營工商業部門的利潤，成為國庫利潤減少的要因。自一九七八年以後，中國的蓄積率大幅度地減少。第六次五年計劃期（一九八一～一九八五年）的蓄積率，只維持在七一年以來最低的水準，尤其是物質生產部門的固定資本增加率（「生產性蓄積率」）除了大躍進後的調整期以外，一直維持在建國以來最低的水準。

這是需要解決的重大問題。鄉鎮企業的擴大與是否能成功地吸收剩餘勞動力，重要的要因是在於農工二部門是否能產生關係。在中國經濟發展的過程中，是否能創出新的循環與蓄積的構造。若能達成，則能使擴大鄉鎮企業的資本量增大。另一方面，自一九七九年以後，中國經濟的活性化使基本素材產業、能源、運輸等基本部門的瓶頸狀態更為嚴重。例如：當時的中國因為電力不足，全國工廠設備的二〇%～三〇%呈休息狀態，而全國居民的三〇%、農民的四〇%無法消耗能源。運輸設備的不足，導致問題非常嚴重。放任現狀不管，這瓶頸狀態會阻礙中國經濟的成長，實在是非常麻煩的要因。當然，要消除瓶頸狀態，必須要花費巨額的資本。

鄉鎮企業的擴大與基礎素材、基礎部門瓶頸消除等，都是需要龐大的蓄積基金。而且，在昔日強蓄積崩潰的現狀中，必須要同時解決這些問題，所以中國經濟面臨體制改革的現狀。

在這種背景下所提出的，就是趙紫陽的「沿海地區經濟發展戰略」。這戰略的發想則是王建在『經濟日報』（一八八年一月五日）中，所提到的「選擇正確長期發展戰略——關於國際大循環經濟發展戰略構想」。戰略的細部仍然殘留著許多應該解決的問題，不過卻告訴了衆人，中國經濟所面臨大課題的新方向。對中國而言，這可以說是最初的開發戰略，因此得到很高的評價。

王建論文的二個主題就是：㈠農村人口移動至工業部門。㈡國家基本建設投資的擴充。這都是必須要促進的二項問題。由於國內資源「爭奪」的嚴重化，成為中國當前經濟發展過程中的「主要矛盾」。王建的說法是「從中國工業的發展階段來看，今後的目標是產業構造高度化，資本集約型基礎工業與基礎部門必須強化，並建設資本、技術集約型加工工業，這些都需要大量的資金。自農村經濟體制改革以後，對於農業剩餘勞動力的長期束縛獲得解除，大人口移動到非農業部門，為了裝備這些人，必須要大量的資金。但是，每年能夠蓄積的資金有限，為了達到工業構造的高度化與農村勞動力的移動二大課題，就會出現爭奪資金的矛盾」。這的確是一針見血的指責。

要消除這種矛盾，王建最終的選擇是「將農村勞動力的移動納入國際大循環中，透過勞動集約製品的輸出，一方面能夠解決農村剩餘勞動力的出路問題，同時也能在國際市場獲得外幣。外幣代表所有資源的供給，只要有了外幣，就能獲得重工業發展必要的資金與技術。透過國際市場的轉換構造，疏通農業與重工業之間的循環關係，調整解決矛盾的條件。」亦即展開勞動集約製品的輸出志向型工業化，就能夠透過強大的僱用吸引力，而解決農村勞動力的剩餘問題。接下來的階段則是利用輸出，而得到的外幣資源，投入重工業中，促進重工業的成長。這就是解決的辦法。

以這論文為基礎，趙紫陽提倡「沿海地區經濟發展戰略」，負責成為王建戰略基點的勞動集約型製品輸出，而沿海地區的鄉鎮企業則按照這標準來進行。趙紫陽對於鄉鎮企業的評價非常高，他說「鄉鎮企業是採取損益自我負擔的體制。在市場中，能夠成長。只要有艮好的競爭，就能夠發展，不艮好的話，就必須轉業，否則就必須要封閉。因此，生存競爭意識非常強，經營具有柔軟性，有應變能力，服務態度艮好，交貨期較短，所以對外貿易企業強力希望與鄉鎮企業展開交易。一般而言，鄉鎮企業不會有多餘的剩餘人員，能夠完全進行利用生產。在激烈的市場競爭中，鄉鎮企業會注意到技術的進步，重視新製品的開發。鄉鎮企業的結構，對於輸出品的生產非常有利。」

同時，趙紫陽所主張的鄉鎮企業為主的沿海地區勞動集約加工業，因避開與內陸經濟、開發資源的爭奪，由國際市場購買原材料，提高附加價值以後，再輸出至國際市場，能夠大大展開「進料加工」（輸入原材料加工）。換言之，沿海部加工工業得到原材料，同時能夠販賣製品，這都是以「兩頭在外」為基本，所以能夠「大大輸入，大大輸出」。同時，為了強化沿海地區鄉鎮企業的競爭力，應該允許外國資本的積極導入，主張獨資企業、合併企業、合作企業這「三資企業」，對於品質提昇、技術更新、企業管理改善、製品銷路開拓等，都會有所貢獻。

基本上，趙紫陽所提倡的新戰略是有效的方法。新戰略正確地解釋西太平洋地區的動態。這戰略指的是配合動態。換言之，這戰略的出發點是沿海地區鄉鎮企業的輸出志向工業化戰略。而且，也是導入外國資本的輸出戰略，這戰略非常適合圍繞中國的西太平洋各國，進行的構造調整，以及伴隨這地區所產生的新貿易與投資環境。自一九八〇年以後開始的日幣昇值，使日本在西太平洋發展國家，一直持續著以往從未有的大規模製品進口。不只透過日幣升值，進口價格降低。同時，因為日幣升值，增強海外生產的有利性，因此以技術力較強的西太平洋開發中國家為生產據點，嘗試從這裡進行海外調配的企業大大增加。日本把低位技術部門委讓給鄰近的開發中國家，而自己則特別強調高位技術部門。這種以西太平洋為舞台的產業內分業，正在活絡地展開著。對於中國而言，日本是在西太平洋的巨大「需要吸收者」，同時也是巨大投資者。

受人注目的，不只是日本而已。NIES也轉為內需主導型成長戰略，強化落後國家的需要吸收者機能。同時，也成為對落後國家而言的大投資者。結果，NIES與ASEAN諸國、中國之間的補充關係更為強化。台灣、香港、新加坡等華人地區，中國也與ASEAN諸國的華僑、華人資本產生密切的提攜關係。實際上，NIES與中國近年的經濟交流活絡化，兩者之間所潛在的補完關係，已經非常顯著了。

趙紫陽所做出的正確判斷在西太平洋諸國，激烈的經濟構造變動與貿易、投資構造的再編期時，提出這套新戰略。在先前的戰略中，趙紫陽認為現在是掌握西太平洋狀況的好時機，而且說明「為了運用現在的好時機，沿海地區一定要進行發展戰略。一般而言，擁有一億餘至二億人口的沿海地區，在正確的指導下，應該有計劃地朝國際市場進行國際的交換與競爭，必須大大地發展外向型經濟，這必須要當成戰略問題來處理。」

這是他的判斷，應該是正確的判斷。以廣東省、福建省為主的華南經濟的急速發展，就是這種「沿海地區經濟發展戰略」的成功具體例。

10 改革熱情的提昇與冷卻——「整備、整頓」

從提出社會主義初級階段論的一九八七年起，沿海地區經濟發展戰略到八八年，一直是中國改革開放的最高揚期。對於改革、開放的熱情，瀰漫在整個中國，這方面的言論也非常活潑。不只是訴說社會主義經濟營運的弊端，甚至重新評估資本主義的價值。其中最具代表性的，就是新華社香港分社社長，也是中國駐香港代表的要人許家屯的發言。這發言以「資本主義的再評價」為題，刊載在『瞭望』，後來再重新刊載在『北京週報』中，對於國內外產生很大的衝擊。這一篇論文可說是象徵中國改革、開放時期，熱情的論文。

附帶一提，當『北京週報』刊載這篇論文時，編輯部的「前言」是這麼說的：「這一篇論文打破以往對資本主義僵硬化的觀念，分析資本主義一連串的變化，承認其生產力還有很大的餘地，提倡應該參考、利用這種有益的經驗，建設具有中國特色的社會主義。這幾年來，中國處理問題的論文中，是非常具有系統性，坦率的論文敍述。」

許家屯回顧中國的現代史，說「資本主義商品經濟的發展先天不足，只要看殘留在歷史中的影響，就可以了解了。新中國成立以後，原本應該藉著大大發展社會主義商品經濟，而促進社會經濟的發展。但是，我們並不想這麼做，而其遺毒殘留至今日。社會主義建設的過程中，對於現代資本主義的了解不足。而且，抱持過多的恐懼，可以繼承並供參考的太少，主觀的否定太多」。最後，其總結如下：

「現在，中國處於社會主義初級階級，在社會主義生產力發展上，必須解決的歷史課題就是實現工業化，發展商品經濟，確立社會主義商品經濟的新秩序，以及與其對應的政治體制。在這一方面，資本主義經由長時間的實踐，累積了豐富的經驗。因此，要有系統深入地了解、研究現代資本主義，將現代資本主義的成果與有益的經驗和我國的具體條件相結合，予以分析、批判，可供吸收、利用，作參考。」

中央黨學校政治經濟學助教魯從明寄稿給『光明日報』，論文題目為「重新認識現代資本主義」，內容為「社會主義經濟與資本主義經濟絕對不是對立的，同樣屬於社會化商品經濟，在經濟營運的形成與結構上互通。社會主義國必須要使商品經濟大大地發展，建立計劃商品經濟要求的經濟體制與經濟秩序。發達的社會主義只能建設在發達的社會化商品經濟的基礎上」。這篇論文也再次刊登在『北京週報』上。

的確是令人驚嘆的柔軟資本主義觀，也就是社會主義觀。中國經濟應走的方位何在呢？這雖然只是一些領導者、知識份子的發言，但是卻能公開地發表出來，至少在當時的中國已經瀰漫著這種氣氛，即在中國已經逐漸達到「思想的解放」了。

由於這種改革、開放的機運，一九八八年的中國經濟大大地揚升。這一年的實質經濟成長率為一一・三％，礦工業成長率為二〇・八％，固定資本投資增加率為二三・五％。出口的增加率為二〇・五％，反映出國內的需要大增，而進口也顯示二七・九％的高值。

經濟體制的改革方面，已經從以往的「總論」開始，往前邁進一大步，打出「各論」的政策。實際上，四月第七期全國人民代表大會第一屆會議中，進行憲法的修改，在憲法第十一條中，追加「國家承認在法律規定的範圍內，私營經濟的存在與發展。」換言之，在憲法的最高階段中，也承認了私營經濟的存在。

此外，憲法的第十條第四項中，也明確地訴說「不論組織或個人，侵奪、販賣土地，以及土地的使用權，在法律規定的範圍內，可以讓渡」。企業改革方面，同樣的全人民代表大會中，選擇「全人民所有制工業企業法」，確立了廠長責任制的展開，藉此嘗試排除黨對企業經營的介入，導入企業破產制度，甚至國營企業也開始對自律單位進行荒治療。此外，在同一大會中，採用「中外合作經營企業法」，促進共同設立中外企業。社會主義初級階段的商品經濟化市場經濟化，著實進行著。

一九八八年，是在價格改革方面，傾注最大努力的一年。價格改革多多少少會伴隨著危機的出現，若不嘗試，是不可能達到改革深化的。這種認識更為強烈，而這些議論支配著八八年五月黨中央政治局第九屆會議的氣氛。在這時期，鄧小平接見外國來訪要員時，一再強調價格改革的重要性。例如：八八年六月二十二日會見衣索匹亞總統時，他說：「今後中國必須要通過一些關卡，最大的關卡就是，價格與工資制度的綜合調整改革。」在此，訴說價格改革的重要性，同時又說：「現在，我面對這些關卡，必須花五、六年的時間來突破關卡。突破這些關卡，會產生一些危機，但是我們有自信能夠突破。能夠勇敢挑戰本身，就顯示出我們具有自信。只要能夠越過這些關卡，就能調整在下一次世紀調整中國的發展條件。」

同年八月所召開的中央政治局全體會議，提出「關於價格、工資改革原案」。對於第十三屆黨大會決定的口號，「國家必須調節市場，市場必須誘導企業」，在價格面也嘗試制度化。一九八八年的高成長，就是由於黨、政府指導部積極採取這種經濟體制改革，在改革、開放的熱情中，實現出來的。但是，在第七節中所引用的八五年三月第六期全人民大會中，宋平所提出的警告。在產業構造不平衡更嚴重的狀況下，所發生的高成長，對於中國經濟而言，可說在改革、開放開始以來，製造最大的緊張狀態。

進入一九八八年以後，中國物價的上昇率第Ⅰ四半期為一一・〇%，第Ⅱ四半期為一四・六%，第Ⅲ四半期為二二・六%，不斷地上昇。到八月時，達到最高值二三・六%。自由市場價格為三六・八%，尤其是農業用資材價格為六〇・七%。年間平均物價上昇率為一八・五%。這種趨勢一直持續到八九年，同年的上昇率為一七・八%。建國以來最大值持續了二年。通貨膨脹的情形更加嚴重，居民和企業在各地搶購，提出存款的情形遽增，甚至發生銀行擠兌的現象。

在以往從未發生的銀行擠兌與經濟秩序的混亂中，情況急轉直下，黨、政府指導部察覺到改革開放的十年中，所發生的重大危機。即使會降低市場經濟化的速度，也必須要調整改革。以往，對於改革、開放的熱情急轉直下，一九八八年九月所召開的第十三期三中全會中，倡導「經濟環境的整備、經濟秩序的整頓」，只好採取強烈的緊縮政策。

第十三期三中全會中，趙紫陽報告不得不否定自己的改革、開放路線，實在是非常悲慘的事情。在這報告中，趙紫陽指出：

「充分認識到必須杜絕通貨膨脹問題的重要性與緊急性，要立刻做出決定，抱持著最大的決心，明年、後年的改革與建設重點必須置於經濟環境的整備、經濟秩序的整頓上。否則不僅難以進行價格改革，其他改革也無法加深，對於整個建設的發展，會造成重大的影響，並且損害十年來改革的成果。」

所謂經濟環境的整備就是「主要在於壓縮社會總需要，抑制通貨膨脹」，(1)一九八九年的固定資產投資規模比八八年的實績下降二十%。(2)抑制消費基金的增加，尤其是要杜絕社會消費（黨、政府機關、國營企業等的消費），予以壓縮。(3)抑制通貨發行，同時透過物價波動利率、公有住宅販賣，股票、債券的發行等，吸收遊離資金。(4)利用工業成長率的抑制，克服過熱現象。

此外，所謂經濟秩序的整頓就是「整頓新舊體制轉換中所產生的混亂現象」：⑴收束流通範圍的混亂，徹底抑制任意抬高價格。⑵嚴厲處罰公有制企業所造成的物資不當轉賣等的「官倒」。⑶確立重要製品的流通秩序。⑷強化宏觀體制的監視體制。

改革導致物價上昇，瀰漫在國民之間的擔憂，損害了包括趙紫陽在內的改革派的威信。自第十三期三中全會的趙紫陽報告以後，經濟政策中樞由趙紫陽轉為李鵬、姚依林等保守的指導層。從一九七九年以來的改革開放的高揚熱情，到八八年達到頂點。但是，由於從未有過的通貨膨脹，而使改革、開放的熱情剎時冷卻。

11 經濟緊縮與天安門事件——「大道理」、「小道理」

一九八八年九月第十三期三中全會以後的經濟緊縮政策非常強烈。同時，伴隨著嚴格的價格管理、財政管理、金融緊縮等政策出現。彩色電視、化學肥料、農業用塑膠等的專賣制，都復活了。在這種嚴重的行政管理之下，通貨膨脹的情形從前年八八的一八・五％下降至一七・八％。一年來，只下降了一點點而已。年初一月的二七・〇％、二月的二七・九％的巔峰狀態，到三月以後，慢慢地減少。同年十二月時，爲六・四％，幾乎成功地抑制了通貨膨脹。九〇年的通貨膨脹率為二・一％，九一年為二・九％。在中國展現了昔日俄國與東歐諸國無法相比的行政管理能力。

當然，由於這種緊縮政策，使一九八九年的經濟成長向下滑落，而發生了「過分限制」的現象。八八年的成長率為一一・三％，八九年為四・三％，九〇為四・〇％，呈現改革、開放以來的最低迷狀態。礦工業生產的增加率，八八年、八九年為四・三％，九〇年為四・〇％，與八八年的二〇・八％相比，大大地滑落。固定資產投資額八九年為負八・〇％，九〇年為負七・五％，與八八年的二三・五％產生很大的差距。社會商品零售總額的伸展率，八八年為二七・八%，八九年為八・九%，九〇年為二・五%，大大地滑落，是非常嚴重的過分限制的現象。

就業問題也變得更加嚴重，如先前所指出的，一九八八年的固定資產投資的增加率為負八・〇%，在這種投資壓縮之下，據說全國將近二萬個建設計劃終止。從農村移到都市，參與建設計劃的許多勞動者發生了失業的現象。為了覓職，而徘徊在沿海諸都市的「盲流」，達到數百萬人。這是這時期發生的事。

不過，能利用行政強權手段，完全壓抑自建國以來的通貨膨脹的能力，應當給予極高的評價。這是因為次節中，一九九一年以後，改革、開放全面加速的條件，就是在這種狀況下，才能夠達成的。但是，由於發生這種強力行政統制力，因此也是在天安門事件中，黨、政府對於強權所展現的強大威力的要因。這是無可否認的事實。

以經濟觀點來看天安門事件，到底具有何意義呢？天安門事件是在一九八九年，中國經濟過分限制的背景下，而產生的。在高度成長下，國民所水準提昇的過程中，即使生長分配的成果不平等，也很少因為不滿而成為麻煩的政治問題表面化。但是，在過分限制的狀態下，使整體的所得水準提昇停止。在改革、開放中，得到較少利益的階層，就會表現出對社會的不滿，而批評黨、政府，這也是無可厚非的。知識分子或學生，由於改革的經濟誘因，而使所得增加的機會較少。再加上原本具有批判精神的階層，而成為會批評黨、政府的先鋒，這也是無可厚非的。

這些知識分子學生的批判行動，成為對黨、中央的權力鬥爭，而引發了天安門事件。前文已提及，自一九八八年價格改革失敗，以及造成經濟秩序紊亂的責任問題，趙紫陽總書記的地位岌岌可危。

趙紫陽與改革派的起死回生之道，就是挑選自胡耀邦失勢以來，不斷成長，而在這時期擁有很大的力量的市民、學生的民主化運動，想要以此作為力量的泉源，與保守派對決，而對於為了參加中俄高峰會議，而訪問中國的戈巴契夫，趙紫陽洩漏「重要決定權，在鄧小平手中」的國家機密，把價格改革失敗的責任推諉於鄧小平，希望學生運動的矛頭能轉向保守派。然而，這計劃失敗，卻導致天安門的悲劇。

把大衆運動當成權力鬥爭，予以利用的型態，無產階級文化大革命就是一個典型的例子。在中國政治上，這一類不勝枚舉。天安門事件只不過是予以矮小化的事件而已。這事件在現代中國政治中的地位，相信大家都已經非常了解了。但是，卻很少人知道天安門事件是在嚴酷的經濟調整過程中，所發生的權力鬥爭的一環。在此，我要特別強調這一點。

由於在天安門事件中，進行武力鎮壓，對於參加騷亂者進行即決裁判、處刑，因此西方國家一致遣責中國，對中國進行經濟制裁。雖然一九九〇一月解除戒嚴令，解除制裁的行動還是非常遲鈍。

自八九年秋天以來，經濟緊縮，是為了收拾隨著經濟改革所伴隨的混亂，而不得不採取的調整方法，天安門事件則是這調整過程中的產物，必須要有正確的理解。

談到天安門事件，就必須要談及先前已經談過的鄧小平思想的部分了。這事件盛傳是由於黨、政府指導部的混亂，而產生的。但是，實際上並非如此，這完全是符合一九七八年第十一期三中全會中，掌握實權的鄧小平所提出的政治理念。鄧小平的一貫思想就是一方面鼓勵經濟的改革、開放，另一方面卻認為要由共產黨固守一黨支配的政治系統。

一九七九年三中全會後所展開的改革、開放運動非常急切，而其成果與昔日在集權統治經濟下的成果相比，的確是非常顯著。但是，在海外觀察中國變化的人，只注意到開放、改革的這一面，而忽略了中國指導部堅持一黨支配體制的事實。由這意義來看，天安門事件並非值得大驚小怪的事情，只能說是觀察現代中國的中國觀察者，不明白事實真相，而引以為恥的事件。

事件後的六月九日，會見首都戒嚴部軍隊以上幹部的鄧小平，說了以下的話：「改革、開放的基本點是錯誤的嗎？如果沒有改革、開放，怎麼會有今日的中國呢？這十年以來，人民的生活水準不斷提昇，應該是走向另一階段才是。雖然產生通貨膨脹的問題，但是對於改革、開放，仍要給予很高的評價。由於改革、開放必然會導入西方許多不良的影響，但是沒有一件是我們沒有預測到的。一九八〇年初，設置經濟特區時，我就曾對廣東的同志說，雙手處理，一隻手致力於改革、開放，另一隻手則包括思想、政治工作在內，嚴格取締經濟犯罪。……這是過去十年的總括。我們的一些基本提起包括改革、開放在內，由發展戰略到方針、政策，都是正確的。如果不夠，那就是改革、開放還不夠。」

天安門事件以後，六月二三日、二四日在北京所召開的第十三期四中全會中，所強調的重點是「四項基本原則為立國的基本，絕對不能有些許的動搖，要一貫維持方可。改革與開放為強國之路，絕對不能夠改變，要像以往一樣地貫徹執行。絕對不能再走回舊路」。

改革、開放是自一九七八年以後，中國近代化不可避免的路線。一方面，這路線所追求的「四項基本原則」絕對不能動搖，是鄧小平一再強調的事情。實際上，在訴說改革、開放的同時，也堅持主張不能忘記四項基本原則。如前文所述，鄧小平強調改革、開放的四項基本原則，是一種非常明瞭的邏輯，要緊緊相連在一起。為證實這一點，請參閱鄧小平在八五年六月六日的『人民日報』所刊載的論文「資本自由化就是走資本主義之路」中的一節，供各位作為參考。

「中國為了堅持社會主義制度，發展社會主義經濟，實現四項基本原則，一定要有理想，有規律。沒有安定的環境，政治發生動亂、不安定的話，就無法進行社會主義建設。黨第十一期三中全會決定開放政策的實行，要求制止自由化的風潮，這二者是相關的問題。如果不制止這種風潮，就無法實行開放政策。自由化思想不只存在於社會，也存在於黨中。推行四個現代化，實施開放政策，不能夠造成資本自由化。自由化思想的傾向氾濫的話，會使我們的事業變得紊亂。總之，目標只有一個，也就是安定的政治環境。沒有安定的政治環境，一切都不必談了。治理國家是大道理，必須規定各種小道理。雖然這些小道理各自有其道理，如果沒有大道理，還是不行的。」

雖然鄧小平強調中國必須走改革、開放路線，同時必須掌握四項基本原則的「大道理」，因改革、開放而限制的「小道理」，也絕不能忽略。我再次強調，自一九七八年三中全會以後，雖然持續改革、開放，但是鄧小平仍持續維持共產黨一黨支配體制的意念。

天安門事件中，雖然人民解放軍對於學生、市民的鎮壓看起來很殘酷，然而對鄧小平而言，只不過是再次確認「四項基本原則」而已，因此不會因為這種情形，而使改革、開放變得消極。在天安門事件前後，權力鬥爭過程中，保守派獲得勝利。但是，當時保守派並沒有對改革、開放採取消極的態度。改革、開放是「強國之道，絕對不能改變，要像以往一樣，貫徹、執行方可，絕對不能再走回以往的舊路」，這一點指導部的見解是一致的。

度過文化大革命時期，改革、開放十年以來，確立當時政治地位的黨、政府指導部，當然不會使改革、開放路線後退。雖然有天安門事件發生，但是改革、開放在十年的過程中，在中國經濟中，已經有固定的地位。有通貨膨脹與所得分配不平等的煩惱，但是大多數國民都是這條路線的受益者。因此，絕對不會轉換這條路線。

至於「沿海地區經濟發展戰略」所象徵的開放型戰略，以長期的觀點來看，對中國經濟近代而言，是別無其他選擇的開發方法。重複「放」與「收」，是中國政治特有、無可避免的「政治循環」，只要中國不放棄經濟近代化的念頭，則整體的發展方向仍是朝著改革、開放的方向前進。經由後來的發展，也能確實證明這一點。

經濟政策方面，以往的中國一直採取「放」與「收」的政策，那是因為一九七八年以前的中國以集權社會主義的統治經濟為主旨。而且，與國際經濟的接觸面，是在小的封閉經濟體制下，所以由右而左，由左而右不斷搖擺的政治權力鬥爭，直接與經濟政策的「放」與「收」有連帶關係。在集權統治經濟下所產生的中央計劃當局的政策變化，透過「上意下達」的指令制機構，對於經濟的末端，當然會產生直接的影響。在封閉的系統下，更能夠忽略與國際經濟之間的溝通，經濟政策能輕易地變更。

但是，今日中國農村人民公社解體，自由家族的小農經濟幾乎已經完全成形，遍及全土，企業自主權也在以往難以置信的範圍內得到接納。同時，在經濟行政方面，對各省的分權化傾向極強，所以在此要從「放」轉為「收」，絕對不像在集權制下那麼容易。

至於開放政策，與美、日之間的經濟交流，以及廣東省已經由香港的東南亞華僑、華人資本的關係更為緊密化。同時，韓國與山東省、台灣與福建省已經形成極濃的密度，要由「放」轉為「收」，當然對於中國的對外關係會造成難以癒合的傷痕。實際上，中國經濟中，改革、開放具有一定的地位。保守派也支持改革、開放的路線，這一點與改革派之間並無差距。換言之，保守派仍會進行改革、開放，但是在過程中，卻不希望社會主義的觀念稀薄，或是有損於黨的威信。這些人才是保守派的領導者。

保守派最害怕的事，就是吸收來自西方諸國的資本、技術、情報，而在加深與西方諸國人文交流的過程中，使中國人民了解自由民主的政治社會制度，而產生中國政治民主化、自由化的行動。

天安門事件發生以前的一九八八年二月，會見美國總統布希時，鄧小平說了以下的話：「中國一定要堅持改革、開放，這才是解決中國問題的希望。但是，需要一個安定的政治環境。中國人口極多，各有自己的看法。如果今天這些人示威，明天那些人示威，一年三六五天都會有示威發生，那麼根本就不必談經濟建設了。總之，中國人民支持改革的政策，學生大多支持安定。他們知道如果國家不安定，就不必談改革、開放了。我們的最終目標是發展社會主義民主，但是絕對不能夠慌張。美國擁有一百年、二百年的選舉經驗，如果現在我們要進行十億人的選擇，會出現如同文化大革命的混亂。如果年輕人各自堅持自己的意見，就會出現毛主席所說的『全面的內戰』，但是內戰並不需要小槍或大炮，也可以使用棍、棒。民主是我們的目標，但是國家一定要維持安定。」

胡耀邦的葬禮與戈巴契夫訪問中國，成為二大機會。在要求學生、市民民主化、自由化的遊行中，以鄧小平為主的長老派領導者，深怕自己的擔心會變成事實，已經敏感地感受到中國共產黨社會主義意識思想的危機。如果真的想以共產黨一黨支配的方式來擁有中國，最重要的是將來不能再發生這些行為，所以大量投入人民解放軍，使用壓倒性武力，進行鎮壓。

許多觀察中國的人，認為這只不過是黨指導部的過度反應，但是實際上並非如此。為了害怕將來大多數人利用這種機會，對於共產黨一黨支配產生反擊，因此必須要以過剩壓倒性的武力來鎮壓。對於黨指導部而言，這是不可或缺的。以這意義來看，也許學生和市民踩踏了絕對不能踩踏的「虎尾」也說不定。

問題在於進行了武力鎮壓以後，進行了頑強的政治鎮壓。然而，改革、開放真能按照以往的計劃成立嗎?天安門事件以後，觀察中國的人擔心的問題就在於此。事實上，情況完全相反，經過一九八九～九一年的調整期，中國經濟自九二年以後，迎向改革、開放以來最高的高揚期。

12

「南巡講話」——改革、開放的全面加速

中國政府經過一九八八九年嚴格經濟緊縮努力以後，使建國以來最高記錄的通貨膨脹收斂。九〇年的通貨膨脹率下降二・一％，而已經完全壓制住了。中國統制的營運的確奏效。趙紫陽失勢以後，地位顯著增強的李鵬，在九〇年三月第七期全國人民代表大會第三屆政府活動報告中，進行實驗上的通貨膨脹收束宣言，同時指示應該採取「適度緩和金融，增加一部分融資，注意主要企業流動資金的商業、物資、貿易的收購資金的增加，適當調整存款利率與貸款利率等」緩和緊縮的措施。

如前文所述，一九九〇年的實質經濟成長率為四・〇％，八九年為四・三％，跌落至改革、開放後最低的水準。但是，以年初為底線，礦工業生產、固定資本投資額都著實上昇。例如：以四半期別來看礦工業生產的對前年增加率，第Ⅰ期至第Ⅲ期為止，為〇％、四・一％、五・〇％、一四・二％，加速成長。這就是緩和緊縮政策的成果，也證明中國微觀經濟單位的活力具有強大的復原力。實際上，牽引中國經濟恢復的是，在集權計劃經濟範圍以外，以鄉鎮企業為主的集團所有制企業、私營、個人企業、外資系列企業。同年的國營企業的

生產增加率為二•一%，但是集團所有制企業為一二•五%，私營、個人企業為二一•〇%、外資系列企業為五六•〇，顯著提昇。物價上昇率一直維持在二•一%，但是經濟的恢復過程卻非常順利，逐漸增強黨、政府指導部的自信。

大家所擔心的價格改革問題，在穩定的時點再度開始討論，同報告中，李鵬有以下的敍述：「要積極且穩定地進行價格改革。目標是確立合理的價格形成結構與價格管理體制，並予以整備，漸漸地由國家管理與國民經濟和國民生活相關的少數重要商品，以及勞動的價格，其他一般商品與勞動價格則委任市場調節，採取價格管理制度。第八次五年計劃期間，國家擴大制定價格的部分。價格改革重點為重新評估重要生產手段的價格。適當提昇供出糧食價格，解決糧食收購、轉賣價格的問題。供需大致平衡的一般加工製品，需要與供給彈性較大的商品，以及使耐久消費財和非生活必須品的價格漸漸自由化，委任於市場調節。配合各種製品的具體狀況，消除生產手段的雙重價格，使一部分商品的價格漸漸配合國際市場的價格。」

一九九一年較好的實績順利發展，迎向九二年的來臨。九二年為改革、開放全面加速時期，超過八八年的高揚期。自七九年的經濟體制改革開始以來，呈現最高成長的一年。經濟實績在經濟成長率方面，達到一二•八%，礦工業生產增加率達到二六•七%，固定資產投資增加率為三七•六%，所有的指標都達到改革、開放期中國的最高值。通貨膨脹率也顯示若干上昇的現象，同年僅止於五．四%。九三年的確超越九二年的實績。根據速報值，九三年的經濟成長率為一三．四%，礦工業成長率為二一．○%，固定資產投資增加率為二二．○%，但是通貨膨脹率也高達一三．○%。

引導如此巨大的經濟高揚，改革、開放的全面加速，是因為鄧小平在這一年春節去視察深圳、珠海等華南沿海部和上海，認為目前中國是努力改革、開放的好時機，呼籲不能放過這大好時機，也就是鄧小平「南巡講話」所造成的原因。後來，這一段講話以壓倒性的魄力，制服了一九九二年三月的黨政治局全體會議與全人代的氣氛。天安門事件以來，在保守黨佔優勢的情況下，不斷演變的中國政局藉此完全逆轉。同年十月中旬所召開的共產黨第十四屆大會中，這一段「南巡講話」代表鄧小平路線的總完成。

這一段「南巡講話」是鄧小平思想的精華。鄧小平思想的核心似乎完全凝視在這一段講話中，就好像毛澤東的烏托邦社會主義、晚年毛澤東的無產階級文化大革命時期的思想與行動一樣，鄧小平的思想也可以在其晚年的思想與行動中看到精髓。

現實主義者鄧小平經濟思想的中樞，在於生產力的發展。致力於生產力的發展，就能掌握社會主義，這是鄧小平的觀點。鄧小平的社會主義像是多義的，是經驗主義，是充滿矛盾的，關於這一點，在前文中已經指出了。鄧小平的性格原原本本表現在「南巡講話」中。

「最重要的是『資』、『社』的問題。關於這一點的判斷基準，為對於某路線改革，社會主義社會生產力的發展是否有利，對於社會主義國家的綜合國力的增強是否有利，以及對人民生活水準的提昇是否有利。」

所謂「不問姓社姓資」，成為膾炙人口，廣為流傳的話。這是類似昔日鄧小平的「白貓黑貓論」（不論白貓、黑貓，只要能捉老鼠的，就是好貓）的著名發言。

在此所引用的社會主義的內容，的確有許多不鮮明之處。實際上，在引用之後，接下來的一段文章是這麼寫的：

「設置特區時，超初便擔心資本主義是否會猖獗。但是，深圳建設的成果告訴我們，根本不必擔心這些問題。特區是『社』，並不是『資』。深圳以全人民所有制為主體，外國企業的投資只佔四分之一。而且，外資不是在稅收與勞動力方面，為我們帶來了利益嗎？因此，『三資企業』應該大大地增加。我們的頭腦要冷靜下來，這麼一來就不會有任何恐懼了。我們有國營的大中企業與鄉鎮企業，最重要的是我們掌握政權。但是，有的人會認為如果『三資企業』增加，就會使資本主義的要素增加，也就是會助長資本主義，但是，有這些想法的人，甚至沒有基本的常識。此舉能增加國家的稅收，能夠增加勞動者的供給，學習他人技術與管理的方法，也能夠得到情報和市場。『三資企業』有助於社會主義。」

特區是「社」，而不是「資」，這是非常明白的強辯理論。實際上，深圳的工業企業主體為全人民所有制，但是其經營結構卻非常接近資本主義企業。鄉鎮企業是包括在集團所有制中，但是與集權計劃經濟完全無緣，與資本主義的企業只有一線之差而已。三資企業有助於社會主義的證明，即在於稅收、資金、給與的增加、技術轉移等。鄧小平的社會主義像不鮮明，而三資企業的貢獻除了對於生產力的發展以外，沒有其他的意義。因此，鄧小平的社會主義像幾近「脫色」。

鄧小平思想的另一菁華就是實驗的實用主義。緊接著上文而來的文章，其下文是：

「不論是計劃多或市場多，社會主義與資本主義的本質是不同的。計劃經濟並不是社會主義，而資本主義並非計劃。市場經濟也不是資本主義，社會主義則有市場。社會主義的本質最後不是要使大家都過著豐饒的生活嗎？證券、股票市場不論好不好，不論有無風險，不管是否屬於資本主義特有的，不管是否適用於社會主義，都應該要嘗試一下。覺得好的話，可以試一、二年；覺得不要緊時，可以自由進行；覺得錯誤的話，再重新改正，或停止也無妨。認為應該停止時，可以立刻停止，或慢慢停止，或是稍微留下一些都可以，這有甚麼好害怕的呢？社會主義之所以優於資本主義，就是因為能大膽吸收人類社會所創造的文明成果，包括資本主義的先進國家在內，吸收現代社會先進的生產經營方式，並作為參考。」

以實驗方式嘗試，成功的話，就當成自己的社會主義來採用。不成功，就放任不管，採取新的方法，這就是他的論調。但是，「證券、股票市場好或不好，其基準在於是否有和於生產力的發展。中國的思想型態以社會主義為主的理由，第一，是為了配合勞動的分配，第二，所有制是以公有制為主。利用股票的方式，是否能在配股時，配合勞動力來分配呢？當然，要顯示其邏輯的根據，是不可能的。因此，在此顯現出鄧小平的社會主義像是多而不鮮明的。社會主義能夠超過資本主義，就是因為必須吸收資本主義文明成果的一切。以生產力的發展論而言，這是理所當然的發言。藉此而形成的社會主義，到底描繪出甚麼樣的映像呢？鄧小平卻絕口不提這問題。

鄧小平思想剩下的另一個核心，就是物質的刺激策。這方法就是具有富有資格的人、地區、單位，要先使其富有，這就是所謂的「先富論」。除了上述的談話，鄧小平又指出：「首先，要發展一部分條件齊備的地區，接著再發展其他地區。由先發展的地區牽引後發展的地區，最後都能豐饒。先豐富的地區繳納較多的稅金，幫助貧困地區的發展。當然，這種做法不能操之過急。發達地區的活力並不是非常旺盛。我認為這時期應該是在本世紀末，我國到達『小康水準』時，再作討論、解決較好。這時候，發展的地區持續發展，繳納較多的稅金與技術轉移，為落後的地區也帶來豐富的資源，這種潛在力非常大。換言之，我們應當能慢慢地順利解決沿海地區與內陸地區的貧富差距。」

對於徹底的鄧小平實用主義的理論，牽制一些認為是「右」派理論的保守領導者的想法，他的理論是：

「現在，『右』影響著我們，『左』也影響著我們。但是，根深蒂固的卻是『左』的影響。堂而皇之地貼上標籤，予以脅迫的理論家或政治家，並不是『右』，而是『左』。『左』帶有革命色彩，認為『左』才是革命的表現。但是，以黨的歷史來看，『左』實在非常可怕！完整的東西剎那間就會遭到破壞。雖然『右』無助於社會主義，但是『左』也無助於社會主義。中國應該要警戒『右』，然而最重要的還是要阻止『左』。不論『右』或『左』，都有動亂的出現。認為改革、開放會導入資本主義，雖然對發展很好，但是會經由和平的方式而顛覆社會主義。以經濟觀點來看，這是『左』的想法。我們必須要冷靜地思考，如此才不致於患大錯。一旦有問題出現時，也容易改正。」

這是所謂「和平演變論」的明快反駁理論。認為中國要保護自己，不受「左」與「右」的攻擊，要能長期持續生產力的發展，就必須要堅定共產黨一黨支配體制。這就是鄧小平最重要的主題與完整的邏輯。

究竟鄧小平路線會把中國帶到甚麼方向呢？

13 改革深化——波及內陸部分的發展

鄧小平的「南巡講話」給予中國的改革派知識分子極大的勇氣。在鄧小平的支持下，要求改革的言論大幅度增加。『改革』雜誌一九九二年三月十四日、十五日二天，聘請四十餘位中國代表性的經濟學家進行討論，其概要刊載在『北京週報』上。「南巡講話」所帶來的熱情，正好表現在這一次討論會中，為各位介紹以下的主張。

社會科學院研究員，身為『改革』雜誌編輯的論客蔣一葦，敘述應該由「容資」前進為「用資」。在社會主義初級階段，允許資本主義一定程度的存在，適度發展之，此為「容資」。換言之，承認資本主義是不可或缺的。但是，在社會主義市場經濟，資本主義的利用，也就是「用資」是必要的，並主張以下的邏輯。

「社會主義與資本主義的商品經濟結構，由於營運方式有很多共通性，難以區別何者為社會主義，何者為資本主義。因此，資本主義發展期所蓄積的，有助於生產力發展的方式、方法，全都可以利用。」

這就是鄧小平所謂的「不論姓社姓資」的理論明快寫照。

同時，有許多關於成長加速的言論出現。國務院發展研究中心研究員吳敬璉，認爲中國經濟成長率不可低於一〇％，否則就無法與先進國家的經濟力較勁。而且，在一〇％的成長率之下，必須致力於品質與效率的提昇。因此，他提出「費時十年，想要確立新體制的範圍，但是為時已晚。如果要把力量集中於發展，要先把力量集中於改革」。

改革方向為市場結構的徹底化，在這項討論中，徹底化的關鍵是「優勝劣敗」。國家統計局顧問李成瑞說：

「確立優勝劣敗的結構，是社會主義商品經濟發展的必要要求。包括商品、企業、人事在內，必須貫徹優勝劣敗。目前，中國企業正由粗放經營轉換為集約經營。但是，如果不能確立優勝劣敗的結構，依然持續『惡平等』的話，就無法實現這轉換。這轉換是否能實現，與社會主義制度是否能存續發展息息相關。如果確立優勝劣敗的結構，要解放思想方可。同時，社會必須要安定。」

關於商品生產、販賣面，優勝劣敗的結構以這幾年的發展來看，企業與人事面的發展速度較遲，企業破產法成立已為時數年，但是能適用的企業卻非常少。結論是：「雖然贊成優勝，但是反對劣敗的人大有人在，這只不過是幻想而已。」

社會科學院經濟研究所名譽所長薰輔礽，對於優勝劣敗的邏輯有以下的發言：

「競爭的結果就在於優勝劣敗。對於破產的企業而言，非常痛苦。從業員失業，設備不再使用。局部而言，這是資源的浪費，會產生負面的效果。但是，局部的浪費，負面的效果若不存在，就無法進行全局資源配置的最適化，也無法發揮正確的效果。有的人認為，改革出現負面效果，而否定市場。但是，市場不可能一直都是發展順利的。在實驗中的股票制度，向來具有正面與負面的效果。有的人承認股票上市，卻進行粗暴的交易，此舉很難使市場發育。」

優勝劣敗結構的勝者，當然是以改革前進為主體，各種束縛無法得到自由的國營企業，不算是市場的主體行為。另一方面，集團企業、個人、民營、外資系列企業等非國營企業，才是中國經濟改革的推進者。如此一來，市場不再是與社會主義共同的市場，社會主義應該與市場經濟位於同等的地位。

這種社會主義像完全超越了鄧小平的社會主義像，非常「前進」。

不只是言論界。實際上，言論界的論調只不過是黨、政府指導部改革、開放的熱情反映而已。鄧小平「南巡講話」的精神經由後來召開的政治局全體會議與第七期全國人民代表大會中，李鵬的政府活動報告，在同年十月的共產黨第十四屆大會中總完成。透過這講話，使「南巡講話」成為鄧小平思想，幾乎與毛澤東思想具有同格的地位。就名譽上而言，身為全國五五〇〇萬人中國共產黨員中的一人，沒有任何其他政治地位的鄧小平，在這時已經擁有極高的權威，然而這時他依然強調，中國是「人治」之國。

鄧小平並沒有出席這一次黨大會，因此並沒有參加審議，可是最後一天他卻露面，儘管如此，這仍然是濃厚反映鄧小平思想的會議。

事實上，江澤民的黨活動報告可說是「南巡講話」的反芻，在開頭時，就有以下的敍述：「我國經濟體制改革的目標，是確立社會主義市場經濟體制。決定何者成為經濟體制改革目標的模型，是與社會主義近代化整體休戚相關的重大問題。這問題的核心在於正確認識處理計劃與市場的關係。傳統的想法認為市場經濟是資本主義特有的經濟，計劃經濟才是社會主義經濟的基本特徵。第十一期三中全會以後，改革深化，同時我們也漸漸脫離這種想法，而擁有新的認識，對於改革與成長的促進，具有重要的作用。鄧小平同志在今年初的重要談話中，已經指出了這一點。計劃經濟並不是社會主義，資本主義也有計劃。市場經濟並不是資本主義，社會主義也有市場。計劃與市場都是經濟的手段。計劃要素多或市場要素多，並非社會主義與資本主義本質的不同。這種透徹的理論使計劃經濟與市場經濟，根本上從社會基本制度的範疇思想束縛中解除。關於計劃與市場的關係，我們的認識可說是一大進步。」

但是，鄧小平的社會主義像不鮮明，當然江澤民所說的社會主義市場經濟的邏輯也不分明。江澤民報告指出：「我們確立的社會主義市場經濟如下，」在此，為各位披瀝其定義：「在社會主義國家宏觀經濟調整、統制下，市場要扮演資源配置的基礎角色，經濟活動要配合價值法則的要求，配合供需關係的變化。透過價格與競爭結構的機能，把資源配置在有效率的部分，給予企業壓力與原動力，實現優勝劣敗的原則。產生出對於各種經濟訊號會出現敏感反應的市場特徵，適時調和生產與需要。同時找出市場本身的弱點與負面，必須強化國家對於宏觀經濟的控制。」

但是，這只是市場經濟的表現，而不是「社會主義」市場經濟的表現。後來，他又指出：「社會主義市場經濟必須與社會主義的基本制度相結合」，其理由則在於所有制構造與分配制度。

「所有制構造以全人民所有制與集團所有制的公有制經濟為主，以個體經濟、私營經濟、外資經濟為從。長期間內，複數的經濟制度共存共榮。……分配制度則以配合勞動的分配為主，其他的分配方式為從，考慮使效率與公平互相吻合。」

以公有制為主體，很明顯地無法反映出今日中國經濟的實態。建國以來，傾注總力，而培養的國營企業的工業總生產所占的比率，在一九九二年時為四八・一％與五〇％。改革、開放最進步的華南地方等國營企業的經營結構，與社會主義制度的經營結構有很大的差距。

國營企業改革就是要求經營結構「自律化」，而其內在必須轉換成資本主義企業。國營企業嘗試多項改革，最新的是一九九二年七月二十二日所公布的「全人民所有制工業企業經營結構轉換條例」。第一章為總則，第二章為「企業經營權」，從第六條到第二十二條為止，共十七條。

第六條為所謂企業經營權，是企業得到國家所委任的財產占用、使用，以及依據法律的處分權利。

第七條為企業依循國家的資產經營型態，依法行使經營權。

第八條為企業擁有生產、經營的意思決定權。

第九條為企業擁有製品、勞動的價格決定權。

第十條為企業擁有製品販賣權。

第十一條為企業擁有物資購入權。

第十二條為企業擁有輸出入權限。

第十三條為企業擁有投資意思決定權。

第十四條為企業擁有保留資金處分權。

第十五條為企業擁有資產處分權。

第十六條為企業擁有提攜、吸收合併權。

第十七條為企業擁有勞動僱用權。

第十八條為企業擁有人事管理權。

第十九條為企業擁有工資、賞與分配權。

第二十條為企業擁有內部機構設置權。

第二十一條為企業擁有分配拒絕權。

第二十二條為企業經營權受到法律的保護，政府單位與個人不可干涉侵害。

僅僅是看到這些條文，就可以知道中國指導部的國營企業有了很大的轉變。

不只是公有制主體論，配合勞動的分配也非常危險。承認證券市場與土地使用權的讓渡以後，所得所占的比率與土地租金的比重今後一定會增大。配合勞動分配是否合理，至今仍不明。據說廣東省在一九九二年占省財政收入的土地租金，實際上達到四七％。關於個人所得所占土地租金的比率不得而知。不過，由這數值來看，相信一定非常高。配合勞動的分配，已經近乎空洞化了。

社會主義市場經濟與社會主義的基本制度合而為一，其根據就在於公有制主體與配合勞動的分配。但是，現在這種邏輯已經非常曖昧了。不過，這種曖昧的邏輯本身，就象徵現在的中國吧！最重要的是，我們不可以忘記革命第一代保守長老派的顧慮，認為目前前進的方向必須是朝著市場經濟的方向前進，而不能夠後退。他們認為「社會主義」市場經濟是必須要前進的道路，愈是透過市場化、經濟的多元化，政治上就必須要強力地要求一元化，即要鞏固共產黨一黨支配體制。因此，在今日的中國，還是無法完全去除社會主義的用語法。

對鄧小平而言，用語法的整合性如何並不重要。以實態來看，不問「姓社姓資」，自一九七九年的改革、開放十五年以來，社會主義由於市場經濟化難以抵抗的侵蝕作用，其內在已經達到空洞化的領域了。社會主義想要恢復舊觀，現在已經是不可能的。這就是中國經濟的現況。

在華南沿海部，透過市場經濟化，而達成的高成長的表現。這是一種社會主義市場經濟的表現。位於中國共產黨心臟部部位的，是政治局。第十四屆黨大會中，各自在發展顯著的沿海地方的廣東省、天津市、上海市、山東省擔任黨委員會書記的政治局員——謝非、譚紹文、吳邦國、姜春雲四人連袂出席，證明了上述的判斷的確是正確的。社會主義市場經濟論由於鄧小平在深圳、珠海等「南方」的講話，更加地提昇，這一點具有充分的意義。

第十四屆黨大會中所提出的社會主義市場經濟論，是依循華南沿海部的發展模型，成為黨的新意識型態。朝向市場經濟化道路邁進的華南沿海部分的表現，得到最高的評價。「華南經驗」成為中國最應該學習的有力模型。

在同大會的黨活動報告中，江澤民提出「全方位開放體制的確立」當成是「一九九〇年代改革與建設的主要任務」。這和社會主義市場經濟並稱為另一關鍵。「創出全方位開放體制，同時使經濟特別區、沿海都市、沿海開放區順利營運，擴大邊境地區的開放，加速內陸部的省與自治區的對外開放腳步。」換言之，社會主義市場經濟論將目標指向以華南為模範的內陸部的擴大。

中國政府在一九八〇年代設置經濟特別區，然後北由大連南至北海指定許多沿海開放都市，並將長江三角州、珠江三角州、閩南三角地區視為經濟開放區，嘗試沿海部的對外開放，強力推進「沿海地區經濟發展戰略」。同戰略全開，獲得成功，使華南沿海部急速成長。基於這經驗，希望把發展模型擴及內陸部，這種戰略就是全方位開放體制。

一九九〇年，指定上海浦東新區為對外開放地區，不只是上海開放，沿著長江的重慶、武漢等內陸諸都市也會開放，並名之為「沿江開發戰略」。隔著黑龍江與俄國相鄰的黑龍江省的黑河，是近年急速增加的中、俄國境貿易的最大據點。吉林省的琿春與俄國、北韓相鄰，提昇為UNDP（聯合國開發計劃）主導的國際共同開發構想的據點，是位於圖們江河口部中國最重要的都市。包括黑河、琿春、綏芬河、滿州里在內的諸都市，指定為「邊境經濟協力區」，享有與經濟特別區一樣的優渥措施，負責「沿境開發戰略」的一翼。長江交流的重慶、武漢、長春、哈爾濱、鄭州、西安、成都、長沙、南昌等城市在內，幾乎內陸主要都市都和沿海開放都市同類，甚至政府給予更加優渥的措施。

當然，要使沿江、沿境、內陸諸都市成為華南沿海部模型的再現，並不是容易的事。各地方的活性化使地方相互的「資源爭奪」激烈化，打算有利展開資源等爭奪的地方，嘗試當成「諸侯經濟」的地區經濟封鎖，意料到可能會發生國民統一市場形成的阻礙事態。擁有經濟營運自主裁量權的各地方，是不符合中央計劃的盲目投資，因此會加深重複投資與通貨膨脹，導致中國經濟產生非效率或資源分配偏頗並不少。

鄧小平會見深圳的領導者們，並訴說推進開放政策（一九九二年一月二二日）

第四章　鄧小平的政治形態與中國的未來

1 焦躁感的改革者——「纏足女是不行的！」

「改革、開放要膽大心細地進行，心無所懼地勇敢嘗試，不可以像纏足女一樣。認為是對的，就要大膽嘗試，大膽實行。深圳重要的經驗，就是大膽行之而達成的。沒有大膽、『冒進』的精神、沒有氣魄、氣力，就難以步上好路、新路，無法從事新的事業。誰敢保證這條路是絕無危險性、百分之百有把握、萬無一失的一條路呢？我想沒有任何一條路在一開始就讓人認為具有百分之百的正確性與充滿自信的。」

這是一九九二年一月到二月間，鄧小平視察廣東省深圳、珠海等經濟特區和上海時，鄧小平的談話內容。這個視察稱為「南巡」，其談話稱為「南巡講話」。

他說「像纏足女一樣是不行的」，甚至肯定「冒進」，鄧小平的焦躁感此時表露無遺。所謂「像纏足女一樣是不行的」，是指在經濟發展與改革、開放的加速化上，不可有躊躇或抵抗的姿態。「冒進」，就是捨棄這種姿態，加速突進。在「南巡」之前的中國經濟，雖說已開始脫離不景氣的谷底，但是要使經濟復甦仍然不易。一九八八年秋天以後全面緊縮政策，再加上翌年六月天安門事件的後遺症，是原因所在。

為了抑制過熱狀態的經濟，因而從一九八八年秋天開始，採取「經濟環境的整備與經濟秩序的整頓」這種行政手段的強制力主導，實施緊縮政策。但是，在八九年六月出動軍隊，鎮壓民主化運動，發生了天安門事件。這次事件，引起西方諸國強烈的反感，紛紛提出抗議，發動對中經濟制裁的國際行動。同時，該年第Ⅳ四半期的經濟呈現負成長，陷入過冷狀態。直到九二年初為止，仍然無法回到高速成長的軌道。

事件之後，在一九八七年秋天的共產黨第十三屆大會中，提倡「改革的深化」與「開放的擴大」，但並未真正地付出行動，事件的後遺症依然殘留。而且，在九一年末，由於社會主義解體的世界潮流，使得俄國崩潰，而中國成為世界唯一殘存的社會主義大國。對於「改革的深化」，則害怕計劃統制的社會主義經濟體制遭到否定。而出現利用和平手段的「和平演變」戰略，使得社會主義中國瓦解。對於開放的擴大，則認為導入外資案與資本主義毒害的流入有關，而這些批判一直未見消失。

但是，鄧小平允許「冒進」的「南巡講話」，正如錦上添花一樣，使得經濟發展與改革、開放一氣呵成，快速進行。其結果，如前章所述，在一九九二年，經濟出現驚人的高速成長。八九年的經濟成長率為四%，九〇年為五・三%，九一年為七%，九二年達到一二・八%，九三年更創下一三・四%的記錄。亦即改革、開放的加速化已顯而易見。在九二年，終於出現所謂「計劃經濟與市場調節有機結合」這種曖昧的經濟體制改革的目標，不僅是調節

圖4-1　中國共產黨的指導體制（黨14全大會：1993年10月）

中央政治局	姓　名（年齡）	選出時的現職（前職）
常務委員	江澤民（66）	總書記
	李　鵬（64）	總理
	喬　石（67）	（中央規律檢查委書記）
	李瑞環（58）	
	◎朱鎔基（64）	副總理（中央委員候補）
	◎劉華清（76）	中央軍事委副主委（顧問委）
	◎胡錦濤（49）	西藏自治區黨委書記
委　員	◇丁關根（63）	（政治局候補委員、書記）
	田紀雲（63）	副總理
	◎李嵐清（60）	對外經濟貿易部長
	李鐵映（56）	國家教育委主任
	◎楊白冰（72）	（中央軍事委秘書長）
	◎吳邦國（51）	上海市黨委書記
	鄒家華（66）	國家計畫委主任
	◎陳希同（62）	北京市長
	◎姜春雲（62）	山東省黨委書記
	◎錢其琛（64）	外交部長
	◎尉健行（61）	黨中央規律檢查委書記
	◎謝　非（59）	廣東省黨委書記
	◎譚紹文（63）	天津市黨委書記（1993年死去）
候補委員	◎溫家寶（50）	（書記候補）
	◎王漢斌（67）	全人代常務副委員長

中央書記處	姓　名（年齡）	選出時的現職（前職）
書　記	◎胡錦濤	
	丁關根	
	◎尉健行	
	◇溫家寶	
	◎任健新（67）	最高人民法院長

中央委員會	（委員 189人、候補 130人）
中央規律檢查委員會	（108人）
全國代表大會	（代表 1,989人）
黨員	（5,100萬人）

中央軍事委員會	姓　名（年齡）	選出時的現職（前職）
主　席	江澤民	
副主席	劉華清	
	◎張　震（78）	國防大學校長（顧問委）
委　員	遲浩田（63）	總參謀長
	◎張萬年（64）	濟南軍區司令員
	◎于永波（61）	總政治部副主任
	◎傅全有（62）	蘭州軍區司令員

◎：新任　◇：昇任　資料來源：『中國總覽1992年版』。

結構，甚至包括調節結構在內的「市場經濟體制」的確立。開放並不侷限於昔日的沿海地區，甚至包括邊境與內陸地區在內，全方位擴大。大量導入外資的直接投資，九二年達到堪與過去十年相匹敵的五八○億美元。九三年則增加二倍，達到一二○○億美元。

在一九七八年末共產黨第十一期三中全會中，鄧小平將階級鬥爭轉換為現代化建設，認為這才是黨與國家最重要的課題，同時，以生產力的發展為優先，因而提倡改革、開放，被稱為「改革、開放」的總設計師。甚至提出「改革是第二革命」。

毛澤東認為「窮就會革命」，是一位「焦躁感的革命家」。而鄧小平則否定毛澤東的想法，是主張「富」的「焦躁感的改革家」。身為焦躁感的改革家，對於天安門事件後的經濟發展、改革、開放的停滯狀況，當然會採取加速化的「冒進」行動。鄧小平在一九八五年曾說：「中國以前曾犯了過於焦躁（急性病）的過錯。」且反省道：「像我們這種革命家，很容易罹患急性病。」儘管如此，他的「急性病」並沒有治癒。

所謂急性病，就是「充滿焦躁感的冒進」傾向。要痊癒是很困難的。如果與生俱來就是如此，那就更難痊癒了。如第一～第二章所敍述的，建國以後的新中國本身就出現這種傾向。當時，新中國最高領導者的毛澤東，一直朝「充滿焦躁感的冒進」路線前進，例如，一九五八年的大躍進，就是最好的證明。而在八一年六月提出「歷史決議」時說：「以毛澤東同志為首的領導者被勝利沖昏了頭，變得急於立功，好高騖遠，指揮錯誤，而捲起『共產化的風』。」導致悲劇的結果。「歷史決議」認為從五七年到六五年為止的十年間經濟建設方面表現得過於焦躁，有狂飆的傾向。從六六年到七六年為止的十年間，發生文革這種長期且重大的過錯，原本應該實現的成果卻未達成。

然而，這種「操之過急的狂飆過失」，並不僅限於從一九五七年開始的二十年內。一直聲稱「像纏足女一樣是不行的」而肯定冒進的鄧小平，並非是第一個擁有這種焦躁傾向的人。如第二章所述，在五五年七月末，以農業集團化的「冒進」為關鍵的演說之中，毛澤東就已經說出這一番話了。在五八年的大躍進時，鄧小平承認自己也和毛澤東一樣，是急於立功的領導者。也許操之過急是鄧小平承襲自毛澤東的一種指導症候群吧！例如，急於發展經濟，就是其中的一項。「要更快一點、要更大一點」的姿態，在鄧小平負責製作的七五年與七八年的「國民經濟發展十年計劃要綱」中也出現了。

鄧小平在一九七三年三月，從文革中的失勢開始復權，取代與癌症搏鬥的周恩來，負責總理的實質任務。周恩來抱病出席七五年一月第四期全人代第一屆會議，再次提出「四個現代化」。

這是周恩來在文革前的六五年十二月所提出的計劃，認為到本世紀末為止，「要實現農業、工業、國防、科學技術的現代化，將中國經濟帶到世界前列的位置」。這是他野心勃勃的計劃。為了實現這個計劃，鄧小平在七五年夏天指揮國務院製作十年（七六～八五年）計劃的要綱草案。這是假設以重工業為優先的高速成長的草案，四人幫批判其為「修正主義的文獻」。

要綱草案後來由於周恩來之死（一九七六年一月）、第一次天安門事件造成鄧小平失勢（同年四月）、毛澤東之死（同年九月）等事態的演變而不了了之。

不過，鄧小平再度重現之後，於七八年二月第五期全人代第一屆會議中再度提出十年計劃要綱，這也是充滿野心的計劃，糧食想從二億八〇〇〇萬增加為四億噸（八五年實績為三億八〇〇〇萬噸），鋼鐵要從二〇〇〇萬噸增加到六〇〇〇萬噸（八五年實績為四七〇〇萬噸）。依據先進西方國家輸入的計劃，想要進行一二〇項大型建設，其費用則期待輸出石油而得到外幣與借款。

然而，不久之後，要綱被批評為「洋躍進」，指標過高，規模過大，有失平衡，因而在一九八〇年廢棄。責任歸咎於當時黨主席兼任總理的華國鋒。但是，基本上，七八年的要綱承襲七五年的要綱，所以批判華國鋒的鄧小平，自己也難辭其咎。其本身也發表證言，提及七八年十二月的三中全會之後，並不是他，而是由「陳雲同志負責財經工作，提出調整的方針」，於七九年四月的中央工作決議中決定這個方針。然而，經濟成長率卻從七九年的七・六％到八〇年的七％而跌到八一年的四・六％。

2 執著於高速成長——重複出現的「大起大落」

一九八〇年代擔任經濟體制改革的理論指導者之一的馬洪，認為自建國以來，中國經濟在四〇年內出現了八次的「大起大落」。所謂「大起大落」，是指經濟發展過於焦躁，而產生「過熱」的現象，最後轉為「緊縮政策」，於是出現「過冷」的現象。但是，又採取「緩和政策」，再度產生「過熱」現象的循環。

馬洪認為「大起大落」的原因在於「急性病」。這是一種頑固的病，就是「擁有頭腦（指導思想）、身體（體制）及兩隻腳（利益誘導）的怪物」。從八〇年代開始進入鄧小平時代以後，這個循環也重複出現兩次。

第一次是在一九八二年到八六年。鄧小平在八二年五月，提出警告，認為過於焦躁，反而會延緩經濟發展的速度。他說，根據我們的經驗，發展速度不可操之過急，不可過於焦躁。於是，從八二年開始，他說：「今後十年的經濟發展，不可過於迅速。在五年到十年內，每年的經齊發展速度，只能夠增加到四%，最多為五%。」做出穩定成長的指示。

關於現代化建設的發展階段構想，認為第一階段要確保「溫飽（最低限度的生活水準）

」，到了第二階段時，為達到本世紀末躋身於世界前列的目標，因此，以一九八〇年為起點，藉著GNP增加四倍，達到小康水準（GNP為八〇〇到一〇〇〇美元），而且重新設定第三階段的目標，在建國一百周年的二〇四九年前後，能夠達到NIES等「中等國水準（GNP四〇〇〇美元）」。依循著這種構想，保持第六次五年（八一～八五年）計劃的成長率為四％或五％。從八一年到本世紀末的二十年內，設定年平均的成長率為七・二％。而事實上，也達到五％以上的成長。八二年為八・八％，八三年為一〇％。對於這種高速成長，鄧小平給予肯定的評價，並說到九〇年為止的十年內，能夠上昇到七・二％。從西元二〇三〇年開始到二〇五〇年為止，能夠接近先進諸國的水準。黨總書記胡耀邦則認為，到建國一百周年時，能夠成為世界第一級繁榮富強現代化的社會主義強國。

帶來高速成長的，還是鄧小平的「急性病」傾向。這個直接進入改革、開放的新階段，卻是鄧小平所提出而加以承認的。對外開放也是依循鄧小平的意見，由四個經濟特區擴大為一九八三年的十四個沿海開放都市。改革得到鄧小平的支持，在八四年時，以企業為主，從農村擴大到都市。到八四年十月時，提出「黨中央關於經濟體制改革的決定」。

對此「決定」，鄧小平給予「非常好」的高評價，並說：「雖有些小缺陷，但是沒有大的缺陷。」而且斷言在三～五年內，可證明這是正確的決定。只要依循決定所制定的方針，則中國的經濟發展速度即可加快。

其結果，在一九八四年的經濟成長率為一四・五％，八五年為一三％，經濟又出現「過熱」現象。八五年上半期，基本建設投資提昇到四三・五％，創下史上最高的記錄。工業生產總額也上昇為二三％以上，與七八年的「洋躍進」期接近。物價上昇率也由八四年的三％弱而躍昇到歷史上最高的七％。貿易輸出只增加一・三％，但是，輸入卻增加到七〇・四％，年間赤字一口氣膨脹為一五〇億美元。因此，「長時間持續過熱傾向會出現大問題。非現實的高指標、高速度造成比例失調，對經濟造成不良的結果」。這種「過熱」的批判聲，陸續由政權內部傳出。前面也曾提及，鄧小平都做了自我批判，認為「像我們這種革命家，最容易罹患急性病」。

一九八五年九月黨全國代表會議中提出第七次五年（八六～九〇年）計劃的草案。打算到九〇年為止，年平均成長率要抑制在七％左右，而八六與八七年則為「小幅度調整期」。鄧小平也說：「七％的速度絕不會太遲。速度過快，會造成很多弊端，對於改革與社會風氣會有不良的影響。所以，穩當的速度是最好的。」於是，八六年的成長率從前年的一三％，急速降為八・三％。

不過，到了一九八七年又恢復為一〇・八％，八八年急速上昇為一二％。出現八〇年代第二次的循環。而這個循環的開始，關鍵也是在於鄧小平的「急性病」。他在八七年六月與七月，批判八六年的速度過慢，宜大膽進行，並指示當務之急就是加快速度。在八七年秋天的黨十三全大會中，提出要正當化地導入資本主義要素的「社會主義初級階段論」，決定「改革深化與開放擴大」的方針。

到了一九八八年成為「改革深化」的一項，就是正式討論由價格統制變成自由化價格體制的改革。李鵬總理與姚依林副總理等人考慮民衆的負擔能力，於是，打算花三～五年的時間，主張初步地調整價格關係，對於價格改革採慎重的姿態。然而，鄧小平卻說：「長痛不如短痛。」主張藉著件隨犧牲的衝擊療法，於四年內一口氣進行價格改革。

一九八八年的物價上昇率上半期為一二・六％（前年為七％），八月為二三・二％，九月為二五・四％，十月上昇為二七・一％，一年內創下歷史上最高的一八・五的記錄。八月末由於傳聞物價會一舉上揚，使得陷入經濟恐慌的都市出現了「建國以來從未有的搶購與擠兌的風潮」。

這些是由於都市民衆擔心通貨膨脹導致生活不安以及對政權不滿的結果。在這種超乎常識事態的惶恐下，於是在進入九月以後，宣布中止實施價格改革，強制執行行政主導的「整備、整頓」，致力於平靜事態。設定八九年、九〇年兩年內是「整備、整頓」的期間，基本建設投資削減二一％，社會集團消費力壓縮二％等，打出各種規制強化政策。這期間的經濟成長率也下降為六％以下。因此，事實上「改革深化」遭到凍結。

一九八九年的經濟突然冷卻下來，成長率急速降為四％。由於天安門事件以及後來的對中經濟制裁，使得第Ⅳ四半期出現負成長。九〇年上半期也僅止於一•六％。這種低迷的景象，讓鄧小平為之跛腳。九〇年三月，他提出要實現六％以上的適度發展速度。並指出：「我擔心滑落。四％、五％的速度，一、兩年內不會有問題，但是如果長期持續，將落後於世界上，尤其是東亞、東南亞諸國或地區。如果不能維持四％、五％，而僅止於二％、三％的話，那麼會帶來什麼樣的影響呢？」認為：「這就不是經濟問題，而是政治問題了。」

但是，政權已經決定持續緊縮方針。一九九〇年的經濟成長率設定的比六％更低，為五％，九一年設定得更低，為四•五％。李鵬總理認為到本世紀末為止，十年內的成長率應該保持五•五％到六％。預定在第八次五年（九一～九五年）計劃之前結束「整備、整頓」。在計劃的前半二年，亦即九一年與九二年，以「整備、整頓」為主，後半的三年，在發展中持續進行整備、整頓任務。結果，九〇年的成長率僅止於五•三％。

鄧小平不滿於「改革深化、開放擴大」的停滯，指示一定要加速改革的過程，增加改革的分量。因此，因天安門事件而失勢的趙紫陽，其所推進的積極導入生產力發展與商品經濟的改革路線的一部分又再度復活了。

在事件前趙紫陽等改革派的經濟學家們之價格改革與導入股份制的企業改革，再度展開大膽的改革論。趙紫陽所提出的沿海地區外向型經濟發展的優先戰略也復活。在鄧小平的推動下，於上海浦東地區的經濟特區推進開發、開放戰略。

不過，陳雲卻執著於「鳥籠經濟論」（以計劃為主，市場調節為從），主張自強化應該成為改革對象的計劃、統制經濟。甚至動員其子陳元（人民銀行副行長），主張「要支持計劃，也要培養市場」。李鵬等保守派則循其意向，企圖拖延真正的改革，仍然想要持續「整備、整頓（緊縮）」。而政府發言人袁木則說：「整備、整頓的措施本身就是一種改革。」一九九一年農曆正月鄧小平停留在上海時，曾說：「希望思想更為解放、大膽，腳步要加快一些。」同年二月十五日，『解放日報』循其意向，以「皇甫平」的筆名發表「上海必須是改革、開放的『帶頭羊』」這篇論文。主張打破停滯的思惟方法的束縛，尋求思想的解放。三月二日，以同樣的筆名在報上提出思想解放、破格拔擢人才的「改革、開放必須擁有新思想」的評論。

批判計劃經濟為社會主義、市場經濟為資本主義的看法，認為社會主義也有市場，而資本主義也有計劃，要求轉換發想，提倡思想的解放、大膽的導入外資。要求強化、擴大開放意識，促使思想更加的解放，要放棄一切保守、僵硬停滯、封鎖的觀念。

同年三月二二日，也甘冒危險，發表主張推進大膽的導入外資的「加強開放擴大意識」的評論。四月十二日，發表「改革、開放需要更多才德兼備的幹部」的評論，呼籲要多錄用熱心於改革、開放、精通各自業務、深切了解現代資本主義的幹部。所謂「皇甫」是指流經上海的黃浦江，而「平」則意味著鄧小平。這個執筆團體的中心人物，就是『解放日報』的副總編兼該報社的黨委員書記周瑞金。他已被內定為在香港發行的中國報系的『大公報』之副社長兼總編輯。但是，發表這些評論後無法轉任，直到一九九三年以後才昇格為『人民日報』副總編。

這些評論無法超越上海而在全國掀起「加快腳步」的波濤，同時，也無法轉載到『人民日報』等全國報紙上。當時黨中央宣傳部對於高速成長採慎重的態度，對於「改革深化、開放擴大」也不敢表現積極的行動。

『人民日報』社長是保守派的高狄，對於轉載採抵抗的姿態。在北平的黨中央，對於造成「大起大落」循環的原因的「急性病」，依然強烈地批判。一九九一年春天的全人代（第七期全國人民代表大會第四屆會議）中，代表們紛紛對高速成長提出批判，例如，「我們一見形勢好轉時，就會熱過了頭，回到求功心切的思想上」、「只要開始實行計劃，就很容易地展現冒進行動」。

李鵬在八八年春天的全人代（第三屆會議）中也批判急於立功的傾向。在九一年春天的全人代時，也提出過於焦躁的傾向。對於在經濟發展與改革過程中因操之過急而暫時導致經濟過熱與通貨膨脹的八七年以後的高速成長加以批判，認為建設不可操之過急。

在此會議中提出國民經濟、社會發展十年（一九九一～二〇〇〇年）計劃與第八次五年計劃的要綱（草案），設定年間成長率為六％，是鄧小平所容許的成長率之底限。關於計劃商品經濟的新經濟體制的初步確立，也較原先所預想的時間來得長。好像依循鄧小平的指示似的，認為「要增加改革的分量，步調加快」。

於是，九一年改革的重點，指定為住宅、社會保障、醫療制度的改革，但並非包括與經濟體制的根本轉換有關的價格改革、或導入股份制的企業改革在內。股份制僅止於實驗階段。這次的計劃贊成「中央要冷靜地制定腳踏實地的戰略，這就等於是切斷急性病的頭」。不過，這並不等於是「切斷頑固怪物的頭，從理想王國回到現實的大地」，因為對於執著於高度成長的鄧小平而言，這並不是他的本意。

在一九九一年後半，鄧小平再度展現高速成長的行動。九一年九月召開中央工作會議，宣布基本上已完成「整備、整頓」，而持續三年的緊縮政策也閉幕了。確認要推進改革、開放，並呼籲「空談只會誤國，要實際從事工作」。所謂實際從事工作，就是「要牢牢掌握經濟建設這個中心，以最大的力量發展社會的生產力」。儘管如此，要將北平政權全體拉向高速成長的方向並不容易。原本要刊載在『人民日報』的遏止改革、開放的主張，結果卻遭抹煞，而只能由新華社發布消息。這篇主張就是「在改革、開放中，我們一定要問姓社姓資（社會主義的性格！還是資本主義的性格），要堅持社會主義的方向」。由此可知，要抵抗鄧小平想恢復高速成長路線的勢力並不容易。

3 改革、開放的總設計師——「發展具有絕對的道理」

一九九一年春天，在北平掀起「急性病」批判的大合唱，當時，其中一位長老薄一波曾提出警告說：「九〇年代是具有關鍵性的十年。如果三到五年內，我們在經濟面沒有大突破的話，則會影響國民經濟建設整體的發展，也無法實現第二階段的戰略目標。」鄧小平也同樣具有這種「焦躁感」，為了求經濟面的大突破，因而認為北平政權保持的慎重姿態宜有所「突破」。於是在九二年一月十八日開始到二月十八日出現「南巡講話」。

鄧小平的「南巡」，讓人想起毛澤東的文革發動。在發動文革時，毛澤東於一九六五年十一月離開北平到南方，同月十日，由姚文元在上海的『文匯報』上刊載對於「海瑞免官」的批判論文。亦即從南方攻擊以劉少奇為主的實權派之據點——北京。致力於轉換狀況的「突破」。

鄧小平在「南巡」之前曾說：「新舊兩體制從轉換期的衝突、摩擦等複雜糾葛的情形中，產生許多的矛盾與問題的根源。中國的改革、開放事業，從當時開始就明顯地出現重要的轉換期。國內外對此議論紛紛，有些人對此憂心忡忡，有些人悲嘆，有的人則抱持旁觀者的態度。甚至有所謂的『預言家』出現，認為中國的改革、開放事業陷入瓶頸狀態之中，無法重新站立起來。」

在如此重要的歷史時點上，鄧小平開始「南巡」。「南巡」後，鄧小平自己也做出如下的證言：「有的人不想聽我說話，有的人不想讓我說話。」而對於「南巡講話」的一些人之態度，鄧小平則說：「有的人認為根本不必管它，有的人則抱持抵抗態度。」而他不滿地說：「認真考慮者只占少數。」但是，根據『北京週報』的敍述：「他的談話在中國掀起一陣『鄧旋風』。就如同是從南方吹來的一陣春風似的，立刻吹散了殘冬的寒風，對於改革、開放事業注入新的原動力與活力。」旋風的中心是呼籲加速化，最重要的就是經濟發展的加速化。在「南巡講話」中，鄧小平說：「經濟發展是關鍵。目前，周邊諸國一部分國家與地區的經濟發展較我國更為迅速。如果我們不發展，或發展太遲，就會引起庶民的注意。低速度就是相當於停止，相當於後退。」「對我們這種開發中的大國而言，一定要迅速地發展經濟，絕不可一味採平靜、穩當的方法。雖然，經濟要注意穩定、調和的發展，不過，穩定與調和是相對的，並不是絕對的。發展才是絕對的道理。」

為了肯定「高速發展」，他推諉天安門事件的一切責任，而對於從他後繼者寶座上被推下的趙紫陽，則給予間接的評價。「經濟發展十分迅速的時期是從一九八四～八八年，這五年內加速發展，突飛猛進，如果沒有這幾年的飛躍，則經濟整體無法提昇一個階段，而其後三年內的整備、整頓，也無法順利進行。」這五年內經濟營運的負責人，就是總理，亦即後來的黨總書記趙紫陽。鄧小平在七八年末的黨第十一期三中全會中，認為國家最重要的課題，就是從階級鬥爭轉換為現代化建設，而自己是「改革、開放的總設計師」，打算在以後的十五年推進改革、開放。就好像規定經濟建設是一大中心似的，要盡量加速現代化的實現，因此，任何事情都以經濟的「高速成長」為優先考慮。他自己也承認這一點。因此，改革、開放的重要步驟，就在他的推進下實行。經濟改革首先從農村開始，他承認導入承包的責任制，而積極支持以企業為主的都市改革者也是他。

對外開放是從深圳等華南地區的經濟特區實驗開始，他在一九七九年將這些地區命名為特區，八四年選定十四個沿海都市為開放都市，八五年決定兩個三角洲及一個三角地區的開放區，八八年以海南島為特區，昇格為省，在九〇年決定上海浦東新區的開發、開放戰略時，他的推動、支持與承認具有決定性的作用。

為何鄧小平會如此尋求高度成長，要求改革、開放的加速化呢?這是因為他想直接藉著高速成長而展現經濟發展的實績。這個實績，能提高中國的國際威信，證明現在社會主義制度的正確，確保國民對於共產黨支配體制的同意與支持，希望鄧小平的指導功績能留傳後世。他說:「要想說服不相信社會主義的人，最後就必須要依賴我們的發展。如果能夠於本世紀內達到小康水準，相信他們也一定會產生自覺。到了下一個世紀時，我們能夠建立中程度發展水準的社會主義國家，如此就更具說服力了。」

一九九一年末蘇俄解體，中國成為世界上最後的社會主義大國。共產黨支配體制如何能夠殘存下來呢？鄧小平坦承的確存在著很多對於社會主義的命運或前途抱持憂慮與懷疑的人，並表明要生存，就得致力於經濟發展。鄧小平在九二年的「南巡講話」中對此加以說明。

鄧小平的演講頗能鼓舞人心，使得加速化的熱潮席捲全國。九二年十月的黨十四全大會，以這股熱情為背景，將「社會主義市場經濟」體制的確立納入黨規中。昔日，「市場經濟」被視為資本主義，是要被打破的對象。目前市場經濟不再被視為是資本主義的獨占物，而想要藉著導入資本主義以確保社會主義的生存。對他而言，貧困並不是社會主義，發展過於落後，也不是社會主義。社會主義的最大目的，乃是發展社會生產力，同時也是豐富的生活。如果生活不豐富。那就不需要社會主義了。八八年五月，鄧小平在會見莫三鼻總統時，曾勸服道：「基於本國的條件，你應該考慮目前是否要急速進行社會主義。但是，首先要了解什麼是社會主義。貧困並不是社會主義。」

如此重視經濟實績的他，其現實主義的姿態，於一九七〇年代之前即已出現。最具象徵性的事例，就是他的「貓論」。他說：「目前最重要的問題，是儘可能多生產糧食，只要能夠增產，則即使對於個人經營也好，不論是黑貓、白貓，只要能夠抓老鼠者，皆為好貓。」這是在六二年七月他擔任總書記時於書記處會議上的發言。鄧小平以這股姿態，承認導入承包責任制，並默認個人經營與私人企業的存在與發展。

到了一九九〇年代，「貓論」再度復活。鄧小平認為在九〇年秋天，一定要加速改革、開放的腳步。並認為政策的正確有助於發展生產力。在河南省的開發區，為紀念「貓論」，而製造高十八公尺的白貓與黑貓嬉戲的像加以安置。

也許有人認為「貓論」所象徵的現實主義的姿態與執著於高速成長、執著於改革、開放加速化的輕視現實的姿態之間有很大的矛盾，但是，這些都是存在於他內在之物，在他的心裡已加以統一了。統一的觸媒，就是從一九五八年開始的過去二十年內的時間喪失感。他說：「我們多年來一直進行愚蠢的事情。雖然基本上已達成社會主義改造，但仍以『階級鬥爭』為要，而輕視生產力的發展，並且極端地走出文化大革命這種路來。」

又說：「從一九五八年開始到七八年為止的二十年內，農民與勞工的所得並沒有增加很多，生活水準極低，整整二十年來不見發展生產力，七八年每一國民的GNP不及二五〇美元。」同時也說：「從一九五七年以後，我們主要是犯下『左傾』的過錯，文化大革命是極左的表現。事實上，從五八年開始到七八年為止的二十年間，中國社會一直處於低迷狀態，國家的經濟與人民的生活無法向上發展。難道這般的狀態不該改革嗎？」

4　輕視領導魅力的組織人——「黨內另一位最大的實權派」

「如果沒有毛主席，則中國人民必須長期在黑暗中摸索。」這是鄧小平的說法，毛澤東在現代中國，亦是絕對的存在，成為具有向心性的權力與權威的領導魅力，毛澤東是中國國家、國民統合的象徵。以這種壓倒性的領導魅力為背景，每當對黨或政府的政策不滿時，就會直接作用於對毛澤東抱持信仰的地方末端幹部或大衆，動員他們，利用壓力迫使政權朝自己的意思發展，這即是毛澤東的手段。尤其是晚年的毛澤東，依賴自己的領導魅力性，使他的指示成為文革中的「最高指示」，超越所有制度上的最高權力機關，成為最優先的指示。

事實上，在傳統中國中一直存在這種領導魅力性。毛澤東以後的時代，成為衆人一致唯一最高領導者的，就是鄧小平。

不過，鄧小平卻無視於毛澤東的這種組織。他並不是依賴自己領導自己領導魅力性而追求理想的人，他是一位組織人，通過管僚機構，藉著製作、執行合理的政策而確保共產黨的指導，以此展現領導者的影響力。因此，凡事都重視黨的指導、組織原則、組織的效率性。「有時黨組織也會犯錯，但是這也是依循組織原則來處理事物的方法。就算是意見不同，也要服從黨的指導。」同時，他又說：「關鍵問題只有一個，就在於黨。諸君若能守住這條線，即使犯一萬次的過錯，基本上也是正確的。……黨的指導中，最重要的，就是同級黨委員會的指導。」

個人的作用是透過團體才能夠正確發揮，這種組織優先的立場，使他對於領導者的個人崇拜抱持批判的態度。在一九五六年黨八全大會中，鄧小平於進行改正黨規的報告時曾說：「即使是在個人或自己的工作中，也難免會出現過失。」「俄國共產黨二十屆大會的一個重要功績，就是告訴我們將個人神格化以後會招致多麼嚴重的後果。因此，我們黨也排除個人的神格化。」這時，他的改正黨規，削除當成黨活動指針的毛澤東思想，在毛澤東引退時，也為他準備好了名譽主席的寶座。

像這種重視組織的表現，與鄧小平建國以後的經歷有密切的關連。一九五二年，他從包括故鄉四川在內的西南地區的負責人（西南局黨第一書記、西南軍政委副主席）被拔擢到中央以後，在中央政府歷任副總理、財政經濟委員會副主任與財政部長等職，五四年開始擔任黨中央委員會秘書長、組織部長等職務，五五年補選為政治局委員，五六年昇格為包括毛澤東在內由六人所組成的黨最高決定機關的政治局常務委員，就任中央委員會總書記。中央書記處是處理黨所有日常業務的機關，從思想意識問題到宣傳、經濟、軍事、地方、統一戰線、對外工作、組織、人事等，負責處理各種的業務，事實上，是黨官僚機構的中樞，對黨中央的政策決定具有極大的影響力，成為黨代表，對於政府的政策立案或執行，都具有指導力。而主宰書記處的總書記，就是鄧小平。

一九八〇年，鄧小平回首以往，說道：「昔日，我們書記處的工作效率並不低，其原因是各執其職，各負責任，而各負責人擁有最大的權限，能夠獨自處理問題。」尤其當毛澤東在五九年為了對大躍進的失敗負責而退居第二線之後，鄧小平在書記處握有極大的權限，和取代毛澤東成為國家主席的劉少奇一起握有決定重要政策的影響力。

進入一九六〇年代以後，為了克服因大躍進而造成的經濟慘敗，於是正式採行調整政策。鄧小平修正毛澤東精神主義經濟方針，斷然執行肯定物質刺激的轉換政策。大幅地重新評估人民公社制度，縮小公社與大隊的規模，廢止公共食堂，擴大自留地，承認生產責任制等「農業六十條（農村人民公社工作條例）」，導入廠長責任制，制定「工業六十條（國營工業企業工作條例）」，承認教育一定限度的自由，制定「高等教育六十條」等，都是在他的指導下由書記處推進、完成的政策。

鄧小平批判毛澤東政治優先的精神主義，一九六二年，他坦白地說：「毛主席所謂的情勢良好，並不是政治情勢良好，不是經濟情勢良好，並沒有這麼好。」這時，他也說：「不論黑貓、白貓，只要是會抓老鼠的貓，都是好貓。」甚至間接提出要求毛澤東退居幕後。六〇年，他揶揄毛澤東為：「參加葬禮的老人親戚。」六一年則指出：「年老是不中用的。不想拉屎，又何必賴在茅廁不走呢？應該辭職，應該退位，不該抬出自己的老資格。」

提拔鄧小平擔任總書記的是毛澤東。毛澤東說鄧小平是難得的人才。但是，他卻情願擔任秘書長，而不願擔任總書記。不過，毛澤東說中國的秘書長就相當於外國的總書記（書記長）。然而，對於以經濟合理性和組織為優先的鄧小平之活動，毛澤東經常表示不滿。一九六四年，毛澤東說：「現在建立獨立王國，很多事情都不與我商量。」「鄧小平從很久以前就不再來找我了。從五九年至今，凡事都不與我商量。」在文革後的六六年十月，毛澤東不滿地說：「鄧小平根本充耳不聞，開會時，坐在離我最遠的地方，自五九年以後的六年來，不曾對我進行工作報告。」在文革期間，他與劉少奇都被視為是「黨內的另一位最大實權派」，最後失勢下台。

鄧小平失勢後，被遣送到江西省任工廠勞工。弟弟被迫自殺，長男因遭迫害而下半身癱瘓，其他的孩子們也被下放到邊境。不過，他和無法得到滿意治療而病故的劉少奇不同，他本身並未徹底地遭到迫害。一九七三年三月，於毛澤東自己的決定下，鄧小平再度復活，取代病弱的周恩來任總理之職，兼任黨副主席及解放軍總參謀長，主持黨政軍的官僚機構。

然而，他急於整頓文革，追求效率性與經濟合理性，肯定「工業七十條」，包括「工業二十條（關於促進工業發展的若干問題）」在內，試著早期實施鄧力群所起草的「論總綱（關於全黨全國諸工作總綱）」，以及胡耀邦所制定的「匯報提綱」（中國科學院的工作報告提綱）」。但是，這些都被四人幫批判為「三大毒草」。在一九七六年四月五日第一次天安門事件時，再度失勢。七三年決定讓鄧小平復活的毛澤東，也認為他重視經濟，造成過大的物質刺激，不強調階級鬥爭，只注重生產，這是不對的行為。認為光是藉著說服、教育鄧小平的過錯來解決人民內部的矛盾，這是不可能的，斷定鬥爭才能解決對抗性的矛盾。不過，卻未將他視為是階級敵人而要肅清的「階級矛盾」對象，這也許就是毛澤東對鄧小平難以割捨的期待之心吧！雖然卸去鄧小平之職，但是卻拒絕自我批判。

直到一九七六年九月九日毛澤東過世，四人幫被逮捕之後，衆人開始期待鄧小平能夠收拾亂局。對鄧小平而言，這正是展現領導魅力的一個契機。

一九七七年七月第三度復活以後，鄧小平以經濟發展為優先的組織人之性向，並沒有完全改變。最優先課題從階級鬥爭轉換為經濟發展，因而推進經濟改革與對外開放，顯示出鄧小平的經濟現實主義。

・不但身為組織人，也致力於成為前衛黨的共產黨指導力的再建與強化。於一九七八年十二月提出「上部構造的改革」。八〇年八月提出「黨與國家指導制度的改革」。八六年五月提出政治體制改革的必要性。然而，對鄧小平來說，所謂政治體制改革，就是黨與國家指導制度的「改善與強化」。改革對象是現行制度的重大缺失，必須改正過度的權力集中、嚴重官僚主義，以及一直揮之不去的封建制度的影響，要提昇效率，增強活力，發揮各範疇的積極性，確立有利的指導體制。

所謂「提昇效率」，就是克服官僚主義與提昇工作效率，具體來說，就是黨與政府的權限分離。所謂「增強活力」，就是增強黨與國家的活力，主要是以幹部年輕化為中心，進行人事改革。所謂「發揮積極性」就是發揮末端單位或民衆的「積極性」，亦即權力的下放或管理的民主化。雖說是改革，但是絕非是否定共產黨獨裁的現體制。而是認為人民民主主義獨裁（由共產黨代行獨裁）的基本政治制度是好的。改革必須在黨的指導下循序漸進才行。當然，這個改革要以社會、政治環境的安定為前提，事前就設定很多的戒律。昔日否定「大民主」或「運動」，連三權分立或由複數政黨制進行政權交替等西方民主主義的導入中排除在外。

「學潮」後一九八七年一月的政變，使得政治體制改革的議論暫時停滯，但是數個月後再度上浮。在秋天的黨十三全大會中，公式化地決定「初步的構想」。這個構想就是提出當成短期改革目標的七項措施。

第一是，要改正黨務與政務的混淆或由黨行政代行的現行政治體制的缺點，因此提出黨與政府的職權分離。這堪稱是政治體制改革的關鍵。黨的指導是政治指導，指出要限定政治原則、政治方向及重大政策的指導。確保政治指導方式並非由黨代行行政，方法之一是依循法定手續，第二種方法是由黨組織的活動或黨員的模範作用，而將黨的主張變換為國家意思。因而提出首先要廢止政府專屬的黨委書記或常務委員，廢止與政府工作重複的黨部門，廢止設置於政府等國家機關或大衆團體內部的黨組，禁止黨規律檢查委干涉行政，並提出企業、事業單位的黨指導權下放等。同時，提出指導部的年輕化，強化集團指導體制與民主集中制健全化等黨建設。政治局常務委員會對於政治局，政治局對於中央委員會都有義務進行定期報告，增加中央委員會總會的開會，使中央指導機構的工作規則和生活會都制度化，並導入差額選舉制。

第二點是，為改正黨委員會或上級過度集中權力，因而提起權限的下放。方法之一是中央與地方職責的分離。中央只負擔路線或方針的提起與監督，具體政策的製作或執行權限則交給地方。二是政府與企業的職責分離。政府依據法規或政策進行服務、監督，經濟管理權則轉移給企業、事業單位。三是確立行政首長責任制，禁止黨指導的介入。

第三是，為改正官僚主義，尤其是精銳、簡素化→肥大化→再精銳、簡素化→再肥大化這種惡性循環，故提出政府工作機構的改革。這個改革的主要關鍵，在於強調職能的轉換。從機構的統廢合、政府的直接管理到轉移為間接管理，並指出以強化諮詢、調節、監督、會計、情報部門、整理行政性格的公司或新設機構、整理人員、提昇素質等為內容，迅速作成中央政府機構改革的具體案，並預定作成行政機關的組織法或編成法。

第四是，幹部人事制度的改革。由於曖昧的國家幹部概念、管理機能的集中、管理方式

圖4-2　國家機關的組織圖（1980年代）

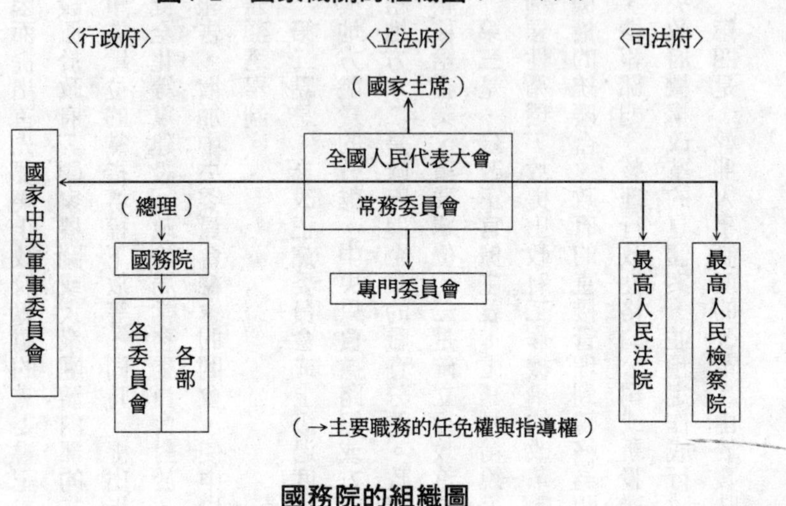

（→主要職務的任免權與指導權）

國務院的組織圖

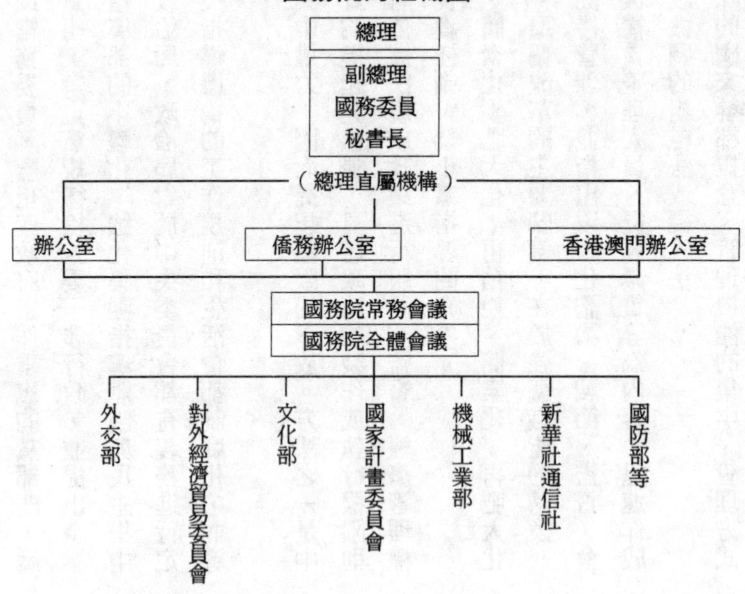

或制度的落後，因此無法錄用青年才幹，對於無法改正不當的人事面之現狀也加以反省，檢討國家公務員的制定。制定的目標，是經由國家幹部的「合理區分」而進行「類別管理」。國家公務員分為政務型與業務型，以法定、公開的方式監督。政務型公務員是與決定政策有關的國家幹部，經由選舉選拔或導入任期制接受社會公開的監督。不過，基本上而言，侯選人仍以黨的推薦為前提。業務型公務員是執行政策的國家幹部，基於國家公務員法，經由任用考試加以選拔，為常任制。為培養公務員，並提出設置國家行政學院的提案。

第五是，為了收集大衆意思與傳達情報，提出確立社會協議對話制。因此強調活用大衆傳播媒體的指導機關的活動公開化，同時，也提出應該讓「從大衆中進入大衆」的傳統大衆路線復活。

第六是，提出社會主義民主政治一部分制度的整備。所謂「一部分制度的整備」，意思是說民主化是限定的，要從目前的實際面著手。包括人民代表大會中常務委員會的機能強化，政治協商會議中共產黨與民主黨派的互助強化，或是導入差額選舉制等。

第七是，提出強化社會主義法體系。所有的措施，都是以支配共產黨為前提，為了要打破此官僚主義無效率的作法，因此，鮮明地表現出鄧小平組織人的性向。

十三全大會閉幕後，政治體制改革依大會所提出的「初步的構想」著實地進行。在黨中央，中央委員會總會一年召開二次，政治局全體會議每個月召開一～二次。雖然政治局會議的討論事項與出席人數等不是什麼大事，不過，在會議後，要做公式化的報導。為強化決定意思的黨中央委的功能，加入政治局向中央委報告的義務化，依問題別於中央委設置討論小組，並製作政治局、書記處等的工作規則，實施黨中央的機構改革。黨中央直屬機關黨委取代機關工作委，書記處直屬的農村政策研究室等部分機關則直屬中央，或合併其他的機關加以簡素化。實施廢止國家機關內部的黨組，並撤廢黨規律檢查組或駐在組。

在各地方，也開始實施部分黨政分離的方法。以往，企業、事業單位的黨委員會是由其上級機關黨委員會所管轄，不過，現在管轄權移交給各地方的黨委員會。全人代或國務院的改革也在進行著。一九八八年春天第七期全人代第一屆全體會議在「民主與公開」的口號下，代表們出現以往未曾有過的激烈發言，紛紛地批判政府，也出現反對或棄權票。常務委員會委員或常務委專門委員會實施差額選舉。

八八年春天的全人代中，正式提出國務院機構改革案，並宣布到年末爲止完成改革。構成國務院的四五部或委員會統廢合為四一，二二個直屬機構縮小為十九個，七五個臨時機構縮小為四四個，司局級機構削減二十％，五萬名職員削減一萬人。並且考慮導入國家公務員制度。八八年春天，在國務院中新設人事部，負責公務員問題。開始實行公務員暫行條例，起草考試選拔、評定、賞罰、昇降格、勤務規律等六項法規。

不過，這些以行政改革為主的政治體制改革，經過一九八九年的天安門事件而大幅地後退。堪稱為黨政分離象徵措施的黨組的廢止遭到中斷，相反的，許多的國家、政府部門復活。地方的機構改革或導入公務員制度也大幅地落後或中斷。

到了一九九二年，在鄧小平的推動下，提高改革、開放加速化的熱情再度燃燒，政治改革也開始依十三全大會的初步構想來進行。正如黨總書記江澤民所言：「在改革經濟體制而深化的同時，我們也必須更努力推進政治體制的改革。」所以，政權無法否定政治改革。

天安門事件以後，尤其在事件之後最困難的時期，亦即過一九九一年後半，開始訴說有關改革政治的問題。九一年六月，李鵬總理對於中國只有經濟改革而無政治改革的見解提出反駁的理論，主張：「我們除了經濟體制的改革以外，同時也要推進政治改革，我認為政治改革與經濟改革要齊頭並進。」但是，政治改革的範圍與內容卻設定了非常嚴格的界限。在談及政治改革的重點時，李鵬提出首先是人民代表大會制度的整備，第二是發揮民主協商制度的機能，第三是藉著整備民主與法制，使民衆與輿論能對政府活動發揮監視的機能。

同時，江澤民也認為藉著幹部隊列的「四化（革命化、專門化、知識化、年輕化）」，增強政府機關與指導群的活力，經由克服機構簡素化與官僚主義或形式主義，提昇決定政策與處理事務的效率。此外，還包括行政與企業職務權限的分離，經由轉移權限，而能夠動員各種事業、企業單位或民衆的積極性等，出現了各種改革政治的內容。

不過，這些都不是觸及共產黨獨裁體制的改革。整個政治體制改革的目的，只是為了強化社會主義制度，而且必須是有利於鞏固黨的指導才行。

5 從組織人成為魅力人物——「最重要問題的決定交給鄧小平同志」

鄧小平於一九七七年七月再度復活，但並沒有馬上發揮魅力人物的影響力。當時，毛澤東的正統後繼者是華國鋒。鄧小平在復活時曾話：「有生之年，一定要成為華國鋒主席的好助手。」發誓忠誠。雖然華國鋒任黨主席、總理、中央軍事委員會主席，獨立所有的權力，堪稱是「英明的領導者」，但並不是能夠被領導者或國民所接納的魅力人物。他並不是以鬥爭的方式奪得地位，而是必須依賴毛澤東，才能夠擁有後繼者的地位。其成為正統的後繼者之因，乃基於毛澤東寫在書牘上的一句話：「只要有你在，我就放心了。」

因此，他提出將毛澤東的決定與方針視為絕對的「兩種一切」，將毛澤東的遺體安置在水晶棺中，且建紀念堂。在政策方面，一九七六年二月召開第二屆「農業學習大寨」會議，到八〇年為止，毛澤東所推薦的全國三分之一的縣為大寨縣，提出基本上要實現農業機械化的構想。亦即在意識思想上依然繼承毛澤東。而經濟面（物質欲望）的成果，也打算持續利用其正當性，又與所謂的「洋躍進」有關。

但是，卻不能夠忽略以復活幹部為主的否定文革的潮流。於是，華國鋒在一九七七年八月十一全大會中宣布：「持續十一年的無產階級文化大革命到今日結束。」然而，卻不能夠完全否定毛澤東自己所發動的文革。毛澤東生前就說自己死後反革命要復活，今後也要持續文革。因而強調：「今後還要重複幾次像文化大革命這種政治大革命。」

對於「兩種一切」，鄧小平也根據毛澤東的言論，展開「真理基準」的爭論，試圖擠下華國鋒。藉著否定文革、否定階級鬥爭、否定「兩種一切」，找尋奪權的突破口。其成果首先出現在一九七八年十二月第十一期三中全會中。在三中全會中，首先批判「兩種一切」，以「真理基準」爭論提出思想解放、實事求是與團結前進是黨的思想路線。第二是否定「以階級鬥爭為要」之觀念，確立以經濟建設為主的工作重點宜轉移為現代化建設的政治路線。依此路線，決定改革、開放的方針。第三是再次審查文革中犧牲的領導者的冤罪，確立企圖恢復名譽的組織路線。在這一連串的轉換路線中，鄧小平扮演決定性的角色。在此過程中，也確立了他成爲魅力人物的地位。改革，尤其是農村改革與對外開放方面，設立了經濟特區，這都是在鄧小平的推動下所展現的成果。

一九八四年十月六日鄧小平宣告：「對於經濟問題，我是門外漢。」但是，在八四年的以都市為主的經濟體制改革方面，鄧小平則說：「發揮作用的主要工作是假其他同志之手完成的。」且表明「『關於經濟體制改革的決定』，我一字未寫，一字未訂正。但是這卻是好的文書。」表現支持的態度。對此經濟發展，展現強大的欲望，同時，積極支持改革、開放的基本方針，這對於鄧小平魅力人物的確立，是非常重要的一點。

不僅是一般性的支持，甚至積極參與具體的改革、開放之政策決定。一九七九年，黨內出現抱持懷疑態度的人，當他們提出在廣東設立特區時，鄧小平同意他們的意見，改名為經濟特區。八四年決定開放十四個都市，八五年決定開放長江三角州、珠江三角州、福建南部三角地區，八八年將海南島昇格為省，決定將全區特區化，九〇年決定開發、開放上海的浦東新區。這些都是在鄧小平的推動與積極支持下才能夠決定的。

鄧小平所推進的農村改革，於一九八四年糧食生產創下史上最高記錄，農民生活水準提昇，在八五年之前，很多農民都能確保「溫飽（最低限度的生活水準）」。甚至在農家出現如下的對聯：「翻身（解放）莫忘毛澤東，致富（富裕化）宜謝鄧小平」，據說此對聯正反映出幾億大衆的心聲。

對於魅力人物的確立而言，最重要的關鍵，就是處理與前任魅力人物毛澤東的關係。如果全面否定毛澤東，無異是全面否定中國革命的實績或共產黨獨裁體制。不過，若是全面繼承毛澤東的話，則與捨棄階級鬥爭至上主義、確立新現代化建設路線的鄧小平本身方針互相抵觸，同時，也違背了將希望寄託在這條路線上的幹部與國民的期待。屆時，可能造成共產黨獨裁體制的崩潰。而鄧小平是以毛澤東思想的「改正、繼承、發展」做為解決這些問題的手段。於一九八一年六月的「歷史決議」中，利用這種公式化的方式來處理這種微妙的關係。

首先是「改正」，改正毛澤東晚年的理論與實踐兩面的過錯，具體而言，是全面否定形成內亂的文化大革命。以鄧小平所提出的要推進現代化路線的前提條件來追究其責任。批判繼承毛澤東的華國鋒的「兩種一切」，並打破毛澤東死後兩年內的「前進前的徘徊」而受人稱讚。鄧小平透過「改正」，獲得成為新時代領導者的正統性。

第二是「繼承」。毛澤東的過錯是「偉大的革命家、偉大的馬克思主義者所犯的過錯」全面否定毛澤東的思想。以毛澤東為主的第一代的中央指導集團，奪取新民主主義革命的勝利，建立社會主義的基本制度，進行生產力的解放、發展，使得一百多年來遭遇外國侵略、凌辱的半殖民地、半封建的舊中國，變為以獨立人民為主人翁的社會主義新中國。這是「中國有史以來最偉大的革命」，開創中國歷史的新紀元。而繼承其成果的，就是以鄧小平為主的第二代的中央指導集團。

第三是依循「繼承」的「發展」。所謂「發展、豐富毛澤東思想」，乃是「鄧小平同志的理論」。這對於鄧小平魅力人物地位的確立來說，也是最重要的一點。「我黨在七十幾年的奮鬥歷史中，於自己的旗幟上寫著馬克思、列寧主義，寫著馬克思、列寧主義與統一中國革命的實踐思想。這就是毛澤東思想。而現在則寫著中國的馬克思主義，亦即鄧小平同志具有中國特色的社會主義建設理論。」

「以小平同志為主的第二代中央指導集團，現在正指導著一種偉大的革命。透過改革、開放，根本地改變束縛我國生產力發展的經濟體制，建立一個充滿活力的社會主義新經濟體制。其目的是為了透過長期奮鬥，使得中國從落後的社會主義國家一躍成為富強、民主、文明的社會主義現代化國家，好讓社會主義的優越性能在中國充分地表現出來。」（『人民日報』一九九三年十二月二七日）。

江澤民意識到自己是鄧小平的後繼者，而以上述來稱頌鄧小平的魅力人物地位。雖然避諱直接指名是「鄧小平同志的理論」，不過，在黨規的與憲法中卻納入了這些理論。甚至有一部分已超過「理論」，而堪稱是「鄧小平思想」，亦可說是鄧小平的毛澤東化。

「二十世紀出現三位偉人，那就是孫文、毛澤東與鄧小平。孫文指導辛亥革命，打倒封建帝制。毛澤東指導新民主主義革命，建立中華人民共和國，實現社會主義過渡期，振興中國社會主義的偉大事業。現在，於鄧小平具有中國特色的社會主義建設理論之指導下，我們堅持『一個中心，兩個基本點』的基本路線，集中力量，為建設富強、民主、文明的社會主義現代化強國而奮鬥。孫文是民主革命的先驅者，而由中國共產黨所領導的中國人民革命與建設歷史來看，第二代偉人就是毛澤東、鄧小平。」

藉著「改正」、「繼承」同時「發展」毛澤東，而誕生了更接近毛澤東的新魅力人物鄧小平。

鄧小平身為組織人，表明否定毛澤東式的個人崇拜態度。一九八九年九月十六日，鄧小平說：「從以前開始，我就不主張過大重視個人的功能，因為這麼做是很危險的。」「一個國家，一個黨的安定，光靠一、兩人的威信是無法成立的，容易出現問題。」他會這麼說，是因為擁有毛澤東所引起的痛苦的文革經驗，鄧小平推動起草的「歷史決議」（八一年六日），否定文革，並說這是毛澤東「錯誤造成黨與國家、各民族人民面臨大災難的內亂。」

不過，鄧小平還要說的一點，那就是提出本發言之前所發生的一九八九年的天安門事件。關於此事件，他說：「還好有我，所以並不難處理。」的確，如果沒有他那種魅力人物的地位，恐怕事件的鎮壓就很困難了。因此，雖然否定毛澤東時代的個人崇拜，不過，在鄧小平時代所經歷的一連串事件，也足以證明如果脫離魅力人物，就難以保障穩定的狀況了。鄧小平時代的魅力人物，就是鄧小平。

處理好天安門事件後，於一九八九年十一月將中央軍事委員會主席的地位讓給了江澤民，鄧小平完全隱退。不過，鄧小平的權威並不是依賴這種公式化的指導地位，其正確的思想，才是權威的泉源。不僅如此，他這種非制度的魅力人物性也已經成為一種制度而變得正當化了。八七年十月十三全大會中提出政治改革，重視黨政分離等政治的公開性與透明度。在大會後的一中全會中，全場一致決定的秘密決議是——「最重要的問題還是交給鄧小平同志來決定」。

6 老人政治的頂點——「沒有頭銜的老皇帝」

自從一九七八年末轉換為現代化建設路線以來，幹部年輕化，年輕幹部負責重要的戰略任務，很多的老幹部退休，提拔任用年輕的幹部。這項行動是由鄧小平所推動的，最後犯錯的毛澤東成為他山之石。鄧小平曾說：「晚年的毛澤東甚至無法表現自己的意思，於最後犯下大錯。」

「最後犯錯」的毛澤東所提拔的黨副主席，即是四人幫中的一人王洪文，年四十歲左右，一九七五年，王洪文與鄧小平對立時，曾說：「十年後咱們走著瞧。」鄧小平在七九年十一月回顧這個發言時，承認說：「十年後，像我們這樣的人又能怎麼樣呢？以年齡而言，確實是趕不上他們。……雖然老人仍有生命，但是頭腦已經不靈光了。這是自然的法則。」

鄧小平在八〇年就曾經說明黨與政府及其他的職務，八五年之前，就三番兩次地想要辭職。八四年時曾說：「做事慎重是我的方法。」「我希望在自己的身體還健康時就能夠引退。」

引退就能夠實現幹部年輕化，一九八二年九月在十二全大會之前，有關年輕化的問題，鄧小平曾說：「若不解決這個問題，就會殘留許多的問題。……如果這個問題拖延一年，就會更加擴大其嚴重性。……假使拖延五年，凡事都難以進行了。」

因此，自己不想再擔任共產黨主席與總理的寶座，而各自推選六十幾歲的胡耀邦與趙紫陽擔任主席（後來成為總書記）和總理，成為後繼者。慎重行事的鄧小平，對於自己所挑選出來的兩位後繼者，曾說：「就算天塌下來，也不用擔心了。」

他推進世代交替的姿態一直沒有改變。一九八六年秋天，拒絕引退的長老領導者與胡耀邦之間發生爭執，造成政治體制改革早期實施遭遇挫折。這時，鄧小平持續他一貫的主張，認為「政治體制改革的第一目標是各級機構要保持活力。要保持活力，就要實施幹部年輕化。若無法年輕化，就不能展現活力」。在天安門事件之前，他也提出警告說：「我們這些老人，應該要從政治局和常務委員會退休了。因為新的政治組織已經形成，不要讓這些新的指導者認為仍有壓力籠罩在他們的頭上，這樣是不好的。在這一方面，我們這些老人應該要有所覺悟。」

雖然世代交替的推進論並沒有改變，但問題在於自已引退的曖昧態度。鄧小平重複表明自己想要引退的意願，但卻不見完全退休。八七年九月，他說：「中國還需要我。」「現在，我還有一些事情要做。」

被選為後繼者的胡耀邦，則直截了當地提出希望鄧小平引退，「沒有任何一個人至死為止都享受指導職務的權利，要避免一人的權力過於突出。」認為鄧小平應該要引退。他曾有一個構想，就是將鄧小平與其他老人領導者的引退當成是既定的方針，在十三全大會中，提出黨中央指導部六十歲退休制，希望有三分之一的中央委員能夠引退。

在這個問題上，胡耀邦與鄧小平的關係，就好像一九六〇年代鄧小平與毛澤東關係的再現一樣。鄧小平也坦率地接受毛澤東從第一線引退的事實，而怠忽了要遵從毛澤東的指示，因而觸怒毛澤東。而胡耀邦也希望鄧小平引退，結果引起鄧小平的猜疑心。鄧小平心有疑念，而一些對於引退抱持抵抗感的老人領導者也包圍著他，於是，以八六年末的「學潮」為契機，促使胡耀邦下台。

在八七年一月的政治局擴大會議中，已經不具投票權的顧問委員會的老人們都出席，以非公式的「生活會議」方式，強行卸除胡耀邦的總書記職位。取而代之被選為後繼者的趙紫陽，也因為天安門事件而與鄧小平對立。

正如曹操的詩中所云：「老驥伏櫪，志在千里，烈士暮年，壯心不已。」雖然離開權力的寶座，但心境並未枯竭，即使老了，依然是匹駿馬，到了晚年，仍打算成為烈士，想要掌握權力。這即是一種「老人支配」的表現。

在中國，這就是所謂的「八老治國」。八老是鄧小平、陳雲（黨中央顧問委員會主任）、彭真、李先念（全國政治協商會議主席）、楊尚昆（黨中央政治局委員，中央軍事委員會第一副主席、國家主席）、王震（國家副主席）、薄一波（黨中央顧問委員會副主任）、宋任窮（黨中央顧問委員會副主任）或周恩來的夫人鄧穎超。這全是一九九三年十四全大會以前的頭銜，他們都八十～九十歲的高齡。其中鄧小平擁有突出權威，他那種魅力人物的權威發揮了向心力，能使中國避免分裂。

一九八九年發生天安門事件時，除了楊尚昆之外，其他人都不是黨最高決定機關中央委員會、政治局及常務委員會的委員。陳雲只不過是中央委員會諮詢機構的中央顧問委員會主任，而鄧小平、彭真、鄧穎超全都引退。

不過，在八六年末的學生運動中追究責任時，在在顯示老人領導者的影響力，例如，在八七年的一月政變中辭去胡耀邦的共產黨總書記之職；在八九年春夏掀起民主化運動而採用軍事鎮壓方式，使得趙紫陽辭去總書記的天安門事件等。

尤其是天安門事件，出現老人巨大的影響力，使得中國政治的世代交替潮流暫時呈現逆流的狀態。趙紫陽認為民主化運動是愛國的運動，而給予肯定的評價，然老人們卻認為這是否定社會主義制度與共產黨獨裁的「動亂」。甚至可能顛覆社會主義或一黨獨裁，形成「反革命暴亂」，於是出動解放軍加以鎮壓。

李先念說：「身為老戰士，身為創設新中國、建設新中國的偉大鬥爭參加者，無數的革命先烈付出生命，忠於共產黨指導與人民共和國，對於當前的混亂，怎能不表關心呢？」

陳雲則說：「我們是為了創建與建設社會主義共和國而奮鬥數十年的老人同志。如果不及時平定少數人所發起的動亂，不僅黨無法安定，國家也難以安定。無法維持十年的改革成果，同時，由鮮血換取來的革命成果與社會主義建設的成果，將面臨喪失的危險。因此，我們這些老同志挺身而出，和全黨同志一起杜絕這些引起動亂的少數者的陰謀術策，與他們奮戰，絕不讓步，絕不有任何絲毫的曖昧表現。」

鄧小平在平定「暴亂」之後，對於強烈要求他們引退的輿論，進行自我批判，對於整個事件的處理，他說：「我們擁有豐富的經驗，這是最有利的地方，幸好我們這些老人同志都健在。」並且讚揚道：「如果沒有諸多老同志的支持，則要決定整個事件的性格是很難的。」他認為這些老人領導者是「共和國的精神基礎」、「卓越的舵手」、「領袖集團的中堅」。

在追究事件的責任後，趙紫陽被卸職，由江澤民擔任新的黨總書記。一九八九年十一月，對鄧小平而言，最後的公式地位中央軍事委員會主席也由江澤民繼任，鄧小平完全引退。這時，鄧小平說：「趁我還健康時辭去現在的職務，實現未來的宿願（完全引退）」。而能夠引退，是因為「由江澤民同志帶頭的領導核心已展開卓越的工作，黨中央的指導集團安定，今後也能長期保持安定。」在九〇年時，他還說：「後繼指導體制已經穩固。」

但是，從上海被提拔的江澤民，缺乏黨中央的工作經驗，想要鞏固後繼體制還很困難。雖然江澤民是黨中央指導集團的一員，但是他不像鄧小平這種權力、權威個人化的黨中央最高領導者。在制度上，他的確獨占黨指導權（總書記）、軍統帥權（中央軍事委主席）與國家最高位（國家主席）。

不過，實質上，必須要蓄積指導實績與人脈。在蓄積方面，仍然需要以鄧小平為後盾。鄧小平保證「我的引退是真心的引退。不會讓新領導者出現工作上的困難。我絕對不會開口干涉」。但是，據說「一部分負中央之責的同志也會利用各種機會會見鄧小平同志」。故最重要的問題還是交給鄧小平同志決定的秘密決議，依然存在其有效性。

支持民主化運動，流亡海外的急進改革派政治學家嚴家其，在一九八九年的天安門事件之前曾說：「清朝滅亡已有七六年，但是在中國仍有一個不具頭銜的皇帝，是高齡頭腦痴呆的獨裁者。」「因為獨裁者掌握無限的權力，因此，政府喪失自己的責任，喪失人性。」責難鄧小平。

「固執的老人需要自覺。上了年紀以後，絕對不要在人生的最後犯錯，愈老愈是要懂得謙虛。……像我們這樣的老人，最重要的大事就是不要介入，斷然地將事情交給新人去做，只要在一旁等候現在的同志成熟即可。……不可干擾到他人。」鄧小平在一九九二年的「南巡講話」中做了如上的敍述，但讓人覺得諷刺的是，事實上他並沒有在一旁等候現在同志成熟，為了加速化，自己也介入了其中。

這個不具皇帝頭銜的皇帝依然健在。一九八七年七月陳雲曾述及社會主義、一黨獨裁的現體制「是經由許多革命先烈、全黨同志與全國各民族人民的流血犧牲和刻苦奮鬥換來的」，發誓絕對死守體制的老人仍然健在。

然而，不具皇帝頭銜的皇帝，在一九九四年八月二十二日已經迎向九十高齡了，相信不久之後就要退場了。即使「八老治國」，也戰勝不了年齡，會陸續地自政治舞台上銷聲匿跡。像鄧穎超、李先念、王震已經做古。但是，鄧小平之後，革命時代以來長時間具有指導實績與人脈等前提條件的魅力人物尚未出現。在還沒有出現能夠取代鄧小平的新魅力人物或尚未發現與固定不需要魅力人物的新政治系統之前，可能中國政治還會在老人政治的實際握權與期待世代交替的狀態下持續動搖。

鄧小平對於這種不安，曾於「南巡講話」中做出如下的告白：「由於我們這些老人世代還存在，因此敵對勢力無法變動。不過，一旦我們這些老人走了之後，又有誰來保障一切呢？」

7　政治的共產主義者——「共產黨的領導是核心」

經濟體制的改革對象，是僵硬的計畫、統制的社會主義經濟。想要經由改革而得到的新體制，是能發揮自由競爭原理的市場經濟。一旦自由競爭原理發揮作用，則雖然能夠消除昔日「大鍋飯」的平均主義，但是，卻會產生「先富（一部分的優先富裕層）與「後富（富裕化落後層）」的差距。利用改革、開放達到經濟多元化，確實使得中國社會的構造與國民的意識產生了變化。一向貧困的平等社會，會因為「先富後富」而改變為允許差距出現的競爭社會。包括毛澤東昔日所擔心的兩極化在內，由於差距而產生了各種不同的利益團體，也使得國民的利害意識呈現多樣化。只有一個政黨，想要集合所有的利益並不容易。隨著狀況的變化，要求能夠配合經濟多元化的政治多元化，這是必然的趨勢。

對於這種事態的展開，政權當然不會忽略。鄧小平也說：「加深改革，調整利害關係，使得人民內部的矛盾益趨複雜，形成多變化的狀況，如果處理不當，會加深矛盾，影響社會的安定。」江澤民總書記也說：「如果處理不當，矛盾激烈化，則小事會變為大事，引起混亂。」

事實上，自一九七八年的改革、開放開始以來，尋求政治多元化的「大事」、「混亂」的確發生了。像七八年秋天的「北平之春」，發生了為要求民主、自由、人權的民主化運動。在北平的西單，出現了要求民主的大字報，稱為「民主牆」。八六年來，發生叫囂民主選舉的學生運動之「學潮」。八九年春夏，包括鄧小平退位在內，發生批判共產黨獨裁體制的民主化運動。這些運動，皆因政權的鎮壓而遇挫。不過，隨著時間的流逝，運動主張變得更為尖銳、精緻化，而支持運動的社會集團，也更加地擴大規模。在社會、經濟、政治上，運動已具有必然性了。

鄧小平的一貫作用，就是對於政治採死守共產黨的獨裁體制。在經濟方面，他是否為共產主義者，我們不得而知，但是，在政治方面，他的確是一位共產主義者。

一九七八年的「北平之春」，雖然為時短暫，但是對此運動，他卻產生了共鳴。鄧小平認為：「寫大字報是憲法允許之事。我們無權批判大衆為發揚民主而張貼大字報。既然大衆義憤填膺，就要表現出來，經過文革的鍛鍊，我國占壓倒性多數的民衆，具有辨別是非的能力及依賴國家的自覺，這一點非常重要。」

在七八年十二月的第十一期三中全會中，他也說：「在過去的一段時間，民主太少，因此，在目前這個時期，尤其更要強調民主。……對於人民內部的思想生活，宜採民主的方法，不可採取壓抑或打擊的手段。」展現出允許民主化的姿態。

然而，鄧小平並不是全面地擁護民主化，只不過是將擁護當成是一種戰術罷了。像「北平之春」，判制四人幫或晚年的毛澤東，提出要重新評估毛澤東思想，並且對於依賴毛澤東權威的後繼者華國鋒的正統性也加以批判。這都是鄧小平能夠在政治上利用的範圍，在此範圍內，他當然會支持「北平之春」。

但是，「北平之春」不僅止於此而已，甚至公然提出反對共產黨獨裁的意見，包括「社會主義制度不能實行完全的民主政治」、「無產階級政黨難道只有一個即可？有二個、三個又何妨呢？」、「要由兩個政黨進行政權交替」、「宜漸漸縮小共產黨組織或使其解體」。而這些都不是在戰略上成為政治共產主義者的鄧小平所能允許的發言。

一九七九年三月，他提出「堅持四項基本原則」，斷然否定反對共產黨獨裁的民主化。所謂「堅持四項基本原則，即是社會主義之路、人民民主主義獨裁、共產黨的領導、馬克思、列寧主義與毛澤東思想。其中以「共產黨的領導為核心」。進入七九年以後，「北平之春」也受到壓抑。大字報從憲法中被削禁。包括共產黨獨裁的解體在內，主張「第五項現代化」的魏京生在七九年遭到逮捕，入獄服刑十五年，直到九三年九月才被釋放。

在排除華國鋒與文革殘存勢力的一九八〇年一月，鄧小平表明不注重民主化，而以「安定團結」為優先。並且說：「『西單之牆』大都是生動活潑的敍述嗎？如果無限制地發展，又會發生何種事態呢？……如果生動活潑與安定團結之間產生矛盾，則應該要實現不會妨礙安定團結範圍內的活潑才行。如此才能夠保持秩序地前進。文革的經驗告訴我們動亂無法前進，只會造成後退。事實證明有秩序才能夠前進。以我國的現況而言，如果不能夠安定團結，則民主及『雙百（百花齊放、百家爭鳴）』都不可能實現。」

同時，他也清楚地拒絕歐美式的複數政黨制，並說：「資本主義諸國的多黨制有何優點呢？像這種多黨制，是在資產階級互相牽制、競爭的狀況下產生的，任何一方都不足以代表廣泛勞動的人民的利益。……我國也是多黨制。但是，在中國，其他政黨則承認以共產黨的領導為前提，為社會主義事業犧牲奉獻。」拒絕的理由，則是中國尚未出現能夠使政治民主化安定的實現條件，而占人口八〇％的農民知識水準較低為其原因。「至於該如何進行各種民主形式，必須要視實際狀況而定。例如，在普通選舉方面，我們的末端單位，多半是鄉、縣與都市的區階級，而不設區的市，則採直接選舉的方式，省、自治區及設區的市和中央，則採間接選舉的方式。我們這種大國，擁有衆多的人口，地區內容易造成不均衡，是具有多民族的國家，上級進行直接選舉的條件尚不成熟。以文化的資質而言，還是行不通的。」

「中國的人口衆多，如果今天這兒出現示威遊行，明天那兒又出現示威遊行，三百六十五天每天都出現示威遊行的話，則根本就無法達成經濟建設，也不能迅速發展我們的社會主義民主。採西方的做法，那更是不可能的。如果十億人進行多黨選舉競爭，則一定會出現像文革時全面內戰的混亂局面。」

這種姿態，在一九八六年末的「學潮」及八九年的天安門事件中，也完全沒有改變。八六年九月，他說：「關於反對資產階級自由化，我陳述的意見都比任何人都來得多，表現出比任何人都更斷然的態度。……不只是在今天，應該要持續十年、二十年。」甚至批判對「學潮」抱持同情態度的胡耀邦總書記，主張採取強硬的措施，認為「獨裁手段是不可或缺的，而且在必要時一定要實行」。

對於一九八九年的天安門事件，他也認定是「動亂」、「反革命暴亂」，指示出動解放軍進行鎮壓。換言之，即使今後再發生同樣的事態，他也會斷然採鎮壓的手段。對鄧小平而言，民主化幾乎就等於是中國的混亂與分裂的同義語。

「如果今後中國出現混亂，則不像是『文革』那般的問題容易收拾。當時，具有毛澤東主席、周恩來總理等老一代領導者的威信。雖然是『全面內戰』，也稱不上是大的戰鬥。就真正的意義而言，並沒有出現內戰。但是現在不同了，如果再出現混亂，黨無法發揮作用，國家權力也發揮不了作用。一個派系掌握一部分的軍隊，亦即會形成內戰的局面。即使有若干的民主鬥士掌握權力，他們之間也會產生鬥爭。一旦發生內戰，就會血流成河，如此一來，又如何能夠討論『人權』呢？如果發生內戰，則彼此都想爭霸，結果就會造成生產落後，交通阻斷，難民不下一百萬、一千萬，紛紛想要逃向他國。首先受到影響的是，目前最受世界期待的亞洲、太平洋地區。這麼一來，就會成為世界的災難。是故，不讓中國發生混亂，不僅是對中國或本身的責任，同時也是對全世界、全人類的責任。外國具有責任的政治家，也要了解中國不能夠發生混亂。」

「若有人想要引發如此的暴亂（天安門事件），就會發生內戰。內戰一定會造成戰鬥，而勝利一定是非我們莫屬，但是，會造成多少傷亡，會傷害多少人的感情，我不得而知。……所以，這一次一定要果斷地處理。」

中國的「混亂」、「內戰」、「分裂」是無可避免的。因此，務必死守共產黨的一黨獨裁體制，這即是鄧小平構思的原點。這個原點與孫文、毛澤東等第一革命世代的「救國」原點是一致的，都是意識到西歐列強的侵略，使得中國成為半殖民地化而變得四分五裂的危機。

他們經歷思想，而邂逅了「救國」的方式，亦即俄國革命前衛集團的革命領導。對孫文、蔣介石來說是國民黨，對毛澤東、鄧小平而言是共產黨。那就是擁有少數自覺與能力的革命家集團，具有鐵的規律，動員民衆而展開革命鬥爭的方式。毛澤東認為應該要喚醒「一窮二白（貧窮無知）狀態的民衆自覺，由上方開始，進行「中華再造」，他們是傳統中國的精英，是「士大夫」階層的末裔。

對於「士大夫」末裔的鄧小平而言，死守共產黨獨裁體制，是「中華再造」不可或缺的前提條件。為了「再造」，鄧小平將目標朝向現代化路線，將經濟發展定為「一個中心」。但是，對身為「士大夫」而由上方統治民衆的鄧小平而言，經濟發展除了是「再造」的目的以外，或許也是引出民眾支持共產黨獨裁現體制的手段吧！鄧小平所抱持的民眾觀，就是傳統的「士大夫」的觀念，認為「民以食為天」。

一九八九年在國內發生天安門事件，在國外則出現俄國與東歐社會主義解體的潮流。這個潮流稱為「蘇東波（蘇俄、東歐社會主義解體的潮流）」。美國等西方反動勢力利用和平的手段，使得社會主義由內部崩潰而造成這股潮流。這個陰謀被稱為「和平演變」。天安門事件則是和平演變的國內反映，由「動亂」發展為「反革命暴亂」。鄧小平共產黨獨裁，認為「我必須處理動亂」，擺明斷然鎮壓的姿態。

「這一次的風波遲早都會來的。這是由國際的大氣候與中國本身的小氣候來決定的。因為一定會到來，所以人的意志是無法改變的。……（民主化運動的）根本口號主要有兩個，一個是打倒共產黨，另一個就是顛覆社會主義制度。他們完全依循西方國家的主張，想要建立資本主義共和國。」

「西方國家的確希望中國發生動亂，不僅是希望中國發生動亂，也希望俄國、東歐發生動亂。美國或西方的其他國家，對於社會主義諸國，一直策畫和平演變。現在，美國一直朝這個做法前進，希望出現這種沒有烽火的世界大戰。我們必須要提高警覺。……其他的國家與我們無關。中國的事情要由我們中國人自行來處理。中國一定要是社會主義才行，一定要堅持社會主義。如果沒有共產黨領導，就無法完成社會主義，也無法實現改革、開放。」

8

協調與反抗的外交——全方位與死守體制

鄧小平在外交方面，也存在他的魅力。他說：「我一生中如果還有事情要做，那就是台灣的問題，但是，可能沒有法子等待解決時候的到來。」同時也說：「已經做的是調整與日本和美國的關係，調整與俄國的關係，確定收回香港，已和英國達成了協議。這些都是和對外關係有關的部分。」

與日本方面，一九七八年九月簽訂中日和平友好條約，與美國方面，在七九年一月國交正常化，與俄國則因八九年五月戈巴契夫訪問中國大陸而使關係正常化，與英國方面，則在八四年九月簽訂共同聲明，要收回香港。總之，這些都是鄧小平所推動的成果。

一九八〇年代的中國外交，是推進「現代化」的改革、開放政策，其中以「為經濟建設奉獻」為最優先課題。目標指向長期維持和平的國際環境，以及藉著對外開放而導入先進技術和資金，以求確保、擴大國際的經濟協助。這樣的外交，稱為「獨立自由的和平外交」，與所有的國家、地區都尋求「友好互助關係」，因此，也可以說是以國際協調為基調的柔軟的「全方位外交」。

但是，在一九八九年的天安門事件之後，全方位外交遭遇挫折。中國在國際上的陷入三重孤立化的狀態。事件的軍事鎮壓，使得包括美國在內責難民主、人權鎮壓的西方諸國開始對中國進行經濟制裁。在事件前後所爆發的俄國、東歐社會主義解體的潮流，使中國作為世界上唯一的社會主義大國。由於俄國消滅，結束冷戰，使得當成俄國牌的中國戰略價值大幅地下降。在八九年，中國經濟對外依存度（GNP所占的對外貿易比率）超過三〇%，在無法期待得到國際經濟積極協助的孤立化狀態中露出破綻的危機。

進入一九九〇年代，如何脫離孤立，成為中國外交的重要課題。爲了解決課題，首先要重視亞洲外交。與亞洲周邊諸國的「友好互助關係」的發展與建立「安寧的周邊環境」，都是外交工作的重點。對於冷戰後的國際情勢，中國以「動搖多變」來整理突出的特徵。雖然實現國際和平的可能性大增，但同時不安定的要素也增加，認為世界絕不可能是安寧的狀態。歐美先進國家，也出現了經濟衰退與政治不穩定的「冷戰結束併發症」。只有在亞洲地區「政治非常的安定，能保持經濟持續發展等良好的趨勢」，得到很高的評價。

因為這種情勢評價，所以具體上成為西方先進諸國一員的亞太地區的一國日本，與中國的關係也變得緊密化，以日本的支持為背景，找尋脫離孤立化的關鍵，首先尋求改善與亞洲周邊諸國的關係。一九九一年，與印尼恢復邦交，與新加坡、文萊的國交也正常化，全面發展與ASEAN諸國的關係。九一年十一月，也與越南恢復正常化的關係，九二年八月，正式與韓國建交。到目前為止，和亞洲周邊諸國的關係，被評價為「全方位良好狀態」。至少，在亞洲柔軟的「全方位」協調外交已經復活。

中國開始重視外交，想藉此脫離孤立化，並想加入NIES或ASEAN諸國等充滿活力的非共產亞洲經濟發展連鎖構造中。外交部長錢其琛在九三年七月參加ASEAN擴大外交會議時，曾訴說以經濟發展為最優先考慮的中國，尤其需要良好的周邊環境，但是亞洲的安定與發展，則是更為開放、繁榮的中國所必要的。

在貿易方面，與這些地區的貿易占整體的六五%以上。來自海外的直接投資，一九九二年創下史上最高的五七二億美元，而其中的八〇%卻是來自以華僑、華人為主的香港、台灣、東南亞諸國。對中國經濟的發展而言，與這些地區的關係緊密化是必要的。因此，積極表明支持馬來西亞總理馬哈蒂所提出的EAEC（東亞經濟協議體）構想，和台灣、香港同時以「三個中國」的方式參加APEC（亞太經濟協會）。包括安全保障面在內，擴大這些地區的政治影響力。在以後，中國和歐洲不同，對於有關這些地區的安全保障問題，否定多國間協議。不過，現在卻依循這些地區多樣化的實際情況，不僅是兩國之間，也轉換為承認「多階段、多管道對話」的立場。

江澤民主席表明：「必須要推進地區性多國間的形式、多國管道的安保對話，對於相關問題，盡量達成協議，或加強意思疏通與信賴，因此，對於包括日本在內，與亞太諸國同樣關心的問題，中國也要達成協議。所以，中國對於ＡＳＥＡＮ擴大外交會議或ＡＳＥＡＮ地區會議的安全保障問題的商討，亦抱持肯定的態度。九三年一月，江澤民主席參加ＡＰＥＣ的非正式首腦會談，這就是再次確認中國外交今後也會在經濟、政治兩方面採重視與亞洲周邊諸國多國間協議的姿態。

然而，儘管重視亞洲協調外交，也仍展現對協調抱持疑問的行動，令亞洲周邊諸國深感威脅，並覺得中國善變。中國的說明是：「中國不會成為潛在或實際的威脅，但卻會成為確保亞太地區和平、安定、發展的積極力量。」然而，是否真能達到這種地步呢？則在於中國對於這些地區的「和平、安定、發展」的定義為何，想要發揮什麼樣的「積極力量」。如果所下的定義不同於積極的力量或對這些地區的期待，則中國就會成為潛在或實際的威脅，加深周邊諸國的不安。

不安感，首先就是在安全保障方面的「中國威脅論」的擴大。俄國消滅，相對的，美國軍事的存在後退，因此，形成力的真空狀態，令東南亞諸國引以為憂。中國本身雖然重複地說「中國威脅」、「中國填補真空」這些理論都是沒有根據的，但是，在這五年來，中國的軍事費用從每年的一二％增加為一四％，九四年更是提昇為二二・四％，事實上，致力於增強軍備。中國公開發表說：「我軍建設的現代化水準仍然無法適應現代戰爭的要求，故要改善兵器裝備，希望能夠縮小與世界先進國家間水準的距離。」尤其是「海洋權益的爭霸權更是激烈化」之認識，使得中國認為海空軍的現代化建設宜置於優先的地位。

是否會實際使用軍事力，那又另當別論，總之，這成為支撐中國的亞洲外交的物理性壓力，給予亞洲鄰近諸國重大的威脅。一九九二年七月，中國海軍為確保南沙群島的領有權而展現行動，雖然後來領有權束之高閣，而中國採取共同開發的姿態，但是主張領有權的東南亞諸國，仍感中國力量強大，倍感威脅。

不安感的另一面在於經濟面，成為競爭對手的中國影響力日益擴大。自一九九二年以來中國覺醒的經濟實績，再加上二〇〇二年包括香港、台灣在內的「中華經濟圈」，會超越美國而躍居世界第一，這種將來像已經顯現，使得亞洲周邊諸國除了對中國抱持將有的歷史的威脅感之外，也加深了不安感。而且，鄧小平說：「中國不同於世界各國，而擁有獨特的機會。例如有數千萬的愛國同胞在海外為祖國做最大的奉獻。」因此，在東南亞與印尼掌握國內經濟的華僑、華人資本與中國的密切連繫，更讓人產生危機感。

當然，要改變亞洲對中國不安的傾向是困難的。在被問及於亞洲地區的安定與發展，中國有何貢獻時，江澤民主席做了如下的答覆：「中國的事情能夠順利地發展，只要是讓十一億七千萬人口吃得飽、穿得暖，不斷地改善生活。」

以和亞洲周邊諸國的「友好互助關係」的發展為背景，急速改善與西方先進國家的關係。尤其得到日本的幫助，著實進行關係的改善。一九九〇年在美國休士頓所舉行的首腦會議中，日本宣布解除第三次對中國借款的凍結，使得英、法等西方諸國也解除了對中國的經濟制裁。九一年，繼西方首腦、海部首相訪問中國以後，英國和義大利的首相也訪問中國。

脫離孤立化，是中國外交當務之急，最後剩下的障礙，即是對美關係。不過，一九九三年春天，從柯林頓政權那兒得到延長最惠國待遇一年的利益，顯示修復關係的徵兆。兩國關係包括經濟、武器輸出、民主、人權等在內，各種問題尚未獲得解決，而且又有新的問題產生。但是，中國方面雖然反抗，對美國關係卻絕對避免惡化的態度。

由於美國方面對中貿易赤字不滿，因此，中國再三地派遣赴美採購使節團，同時，也在智慧財產權上做了讓步。在此之前，中國對於美國臨檢、調查『銀河號』（開往伊朗載運化學兵器原料而遭美國非難的中國貨船），卻也接受，而不認為是侵害主權或干涉內政。

此外，對於美國制裁中國，向巴基斯坦輸出有關飛彈的技術，也不採任何的報復措施。即使美國販賣武器給台灣，或法國販賣潛水艇給台灣，也未向美國採取封閉廣州領事館的報復手段。對於美國衆議院基於人權理由而反對西元二〇〇〇年在北平舉行奧運的決議，中國也不做反抗，而以讓步的方式來對應，甚至連被捕下獄的民主化運動最後大人物魏京生，也都予以釋放。

中國對美所採取的這些妥協態度，據說是鄧小平所指示的，依循的原則是「增加信賴，減少麻煩，協助發展，絕不對立」。對於奧運無法在北平舉行，雖然表現出若干反美的態度，但改善關係的姿態依然不變。而美國的柯林頓政權也開始認真地改善與中國之間的關係，而中國方面也表現出友好的反應。

一九九三年十一月APEC的非正式首腦會議邀請江澤民參加，已經闊別四年半不曾舉行的中美首腦會議中，表現兩國的關係已經正在改善之中。柯林頓總統確認「中國是重要的國家，堅持『一個中國』的原則及過去三項共同聲明」。江澤民主席則認為中美兩國是「大國，對世界深具影響力」，希望「一定要找出解決的方法，要持續進行高階層的協議」。並邀請柯林頓總統訪問中國，而總統也對此表現肯定的關心。這也可以說包括美國在內，中國的「全方位」協調外交，已經掌握再開的契機。而能夠重新改善關係，是因為在經濟與亞太地區戰略構想等方面兩國的利害一致所致。九二年，中美貿易額已經突破三三〇億美元，已經超過成為中國最大貿易國日本（二八〇億美元）。對美國輸出已經占中國總輸出的四〇%左右。九二年一八〇億美元的對美出超，也僅次於日本的對美出超，占第二位。對美國而言，成長顯著而擁有十二億人口的中國市場的確深具魅力。因此，美國對於直接投資中國抱持強烈的欲望，在九二年時，就已經超過了日本。

不僅是經濟，構想調整有關亞洲地區各種問題的多國間關係時，也不能夠忽略中國的意向。因為EAEC等沒有美國加入的區域性經濟圈構想的阻止，包括核子疑慮在內，北韓體制解體的危機管理，由於亞洲經濟減縮而連帶確立釀成措施等，對於美國的亞洲戰略而言，當然需要中國的同意與協助。對中國的經濟發展而言，美國的協助也是不可或缺的。不僅如此，要確保、擴大推進成為亞洲大國，當然需要美國的協助。也許是美國警戒到和中國同樣是亞洲地區大國的日本影響力之擴大，尤其是軍事面，為了防止日本有突出的表現，而利用中國達到「瓶蓋」的效果吧！

像這種對美關係的修復，是依循鄧小平的意向而進行的。在一九八九年天安門事件過後的半年，他就說：「一定要改善中美關係。」江澤民的訪美及與柯林頓總統之間的首腦會談，在對關係的改善上，也有良好的發展。「全方位外交」得到鄧小平的指示與支持。有了他的指示與支持，只要在為經濟建設犧牲奉獻的課題不變更的狀況下，相信今後「全方位外交」也不會有很大的變化。包括毛澤東在內的共產黨領導者，由於近代中國史中穩定紮實的親美感情，或許能夠促進對美關係的發展。

但是，兩國關係的改善仍殘存不透明的部分。處理未解決的問題或消除不一致的利害關係等，並不是那麼容易的。例如，有關人權的問題，在中美首腦會議中，柯林頓總統要求釋放政治犯以及藉著西藏問題的對話來解決，而江澤民主席卻避而不答。然而，到了一九九四年春天中國最惠國待遇再延長的期限來臨，這又會成為一大問題了。

在建立亞洲地區秩序的安定上，利害關係也並非完全一致。柯林頓總統目標指向擴大民主主義與市場經濟，提出「新太平洋共同體」的構想，尋求美國主導的秩序構造。例如，打算將APEC變更爲常設機構，而不單只是地區經濟的協議場，希望能有助於設立將來自由的貿易圈。不過，江澤民主席卻強調亞洲的多樣性，表明APEC仍如同往常，是採開放、柔軟、重視實際型的經濟協助姿態，抵抗美國的主導。

像這種體制或價値觀的不同、與對立有關的問題或地區的經濟與安全保障戰略等方面，利害關係並不一致。對於這些問題，又要如何解決呢？中美關係真正的改善，還會出現很多迂迴曲折的變化。不僅是中美關係的改善，中國外交的方向，本身就曖昧不明。

曖昧不明的理由有二，而且互有關連。一是「對經濟建設犧牲奉獻」這種超過外交而為最優先課題的存在。另一點是包括這些是非在內的政治內部外交政策意見的不統一。前者是以共產黨獨裁為核心，死守現體制，想要保持中華世界與民族的威信。當以此為優先時，當然可能擺出強硬的外交姿態，反抗既存的國際秩序。而後者則出現對立的意見，包括採取以經濟為優先的柔軟外交及以死守體制、保持威信為優先的強硬外交兩種。

不僅是柔軟外交，鄧小平的內心存在著強硬外交的要素。例如，雖然鄧小平一直「希望」結束冷戰，但在結束冷戰的一九八九年十一月末時，他卻說「感到失望」，並且說另外兩個「新的冷戰」已經開始了。所謂新的冷戰，首先是「對第三世界而言」，另一個是「對社會主義而言的冷戰」已經開始了。關於後者，他說：「西方諸國想要掀起沒有鋒火的第三次世界大戰。」並且警戒會使社會主義國家內部崩潰的「和平演變」的陰謀。製造新冷戰的中心勢力是美國，因此，如果中國目前的政權想要絕對死守社會主義與共產黨獨裁體制的話，則對美警戒是中國外交不可消除的行動。由於二〇〇〇年的奧運無法在北平舉行，因此反對派的意見強烈地指向美國，使得「霸權主義、強權政治」批判暫時表面化。超過死守現體制，在近代中國史中所培養出來的反帝國主義情結成反美情感又重新復甦，想要持續進行協調性的「全方位外交」，似乎是很難了。

這種協調與反抗互相矛盾的外交姿態，應該要如何求取平衡呢？一種就在於經濟發展的實績，另一種則是包括柔軟與強硬外交兩面在內而成為魅力人物的鄧小平之存在。但是鄧小平已年屆九十，不在的時期迫在眉睫。江澤民主席代替罹病的李鵬總理，掌握外交最高決定機構中央外事工作指導小組組長的地位，甚至能夠訪問美國，因此，在外交方面，或許他有極高的領導力。不過，他的領導力也是以鄧小平的強力支持為前提。因此，不僅是內政方面，在外交方面，我們還是必須承認到目前為止仍然沒有人能夠取代鄧小平的地位。

對任何國家而言，外交即是內政的延長，而正如錢其琛外交部長所承認的，對中國而言，更是如此。而中國外交的動向，則取決於國內動向，尤其是鄧小平的意向。

9 共產黨最後的領導者？——改革、開放的諷刺結果

政治面的「移行體制」，在共產黨政權的構想中成為遙遠將來的課題。雖說是課題，但是「移行」並不是否定共產黨獨裁的政治體制。鄧小平也承認配合經濟體制改革的政治體制改革是必要的。而這個「改革」，卻不意味著從一黨獨裁轉為複數政黨制或議會制民主主義的移行體制。確認體制改革和「四項基本原則」，是應該堅持的「兩個基本點」。但是，雖然進行按照政權強力意思的政經分離的移行體制，然體制移行卻因為各自的理論，而惹起捲入「移行」的社會或國民的「來自下方的體制移行」。

自一九七八年以來，來自上方的體制移行和來自下方的體制移行以嚴重的形態產生激烈對立的事例之一，即是八九年春夏的天安門事件。政權抱持著國家分裂與共產黨獨裁體制崩潰的危機意識，而強行採用軍事鎮壓，整個事件被視為是操之過急的革命而遇挫。

政治體制依舊是共產黨獨裁，但是一九七八年以來的改革、開放與經濟發展的結果，隨著社會環境與國民意識的變化，共產黨獨裁的政治體制內容也開始產生了變化。以保障政治存續的正統性原理為開端，對於黨支配國家、社會的方式、幹部精英分子的補充、軍隊或警

察等物理強制性政權的忠誠度等，都有了不同程度的變化。

昔日民族的解放與獨立或來自飢餓的解放等，讓國民視此為共產黨的指導實績，而接受共產黨獨裁的正統性。毛澤東與毛澤東思想為其象徵。但在政權本身被視為是悲慘內亂的文革以後，這些正統性原理全都無法發揮機能，而開始重新修正毛澤東與毛澤東思想的正統性原理，「一個中心」的經濟發展的最優先，是取得國民對共產黨獨裁的支持，嘗試確立新正統性原理。這是從解放獨裁到開發獨裁的正統性原理。這是從解放獨裁到開發獨裁的正統性原理的轉換。不過，這並不是共產黨獨裁的體制移行。獨裁的象徵，只是從毛澤東移到鄧小平的身上而已。一九九二年十月的黨十四全大會黨規約中，以及九三年三月的全人代（第八期全國人民代表大會第一屆會議），在憲法中明記了鄧小平的「具有中國特色的有關社會主義建設的理論」，顯示出鄧小平的「毛澤東化」。

但是，或許這是以鄧小平為主的開發獨裁結束的開始。九十歲的他，能夠成為象徵，有效發揮權威與權力的期間，所剩無幾了。

開發的實績是賦與獨裁的正統性，而實際本身卻帶來了支持獨裁體制的社會構造多元化以及國民意識的多樣化，對於體制產生期待與要求。期待與要求不僅止於經由開發而能夠提昇經濟物質生活的水準或確保社會、政治的安定，也許包括政治面在內，也希望能提昇精神生活水準吧！自一九七八年以來，推進來自上方的體制移行的鄧小平退場的時間迫在眉睫，而在經濟面的體制移行（市場經濟化）接近完成的現在，包括政治面在內，要求體制的全面移行。但是，這個移行，卻不能保障能夠順利地進展而不會產生混亂。目前的熱情是集中於經濟面，並未波及到政治改革。九二年十四全大會的政治報告中，江澤民總書記確認「經濟體制的改革伴隨經濟的發展，要同時趕緊推進政治體制的改革」。但是政治改革的範圍與內容卻設定嚴格的界限。政治體制的改革整體的目的，是強化社會主義制度，而且必須是有利於強化黨的指導才行。像計畫、統制等「經濟的鳥籠」雖然被打破，但是「政治的鳥籠」卻依然殘存。

因此，在嚴格設定界限的政治改革的現狀中，今後還能期待產生何種變化呢？在共產黨主導下，當然產生變化的希望微乎其微。雖然已經固定加速經濟面改革、開放的潮流，但是，在鄧小平確保的影響力之下，政治改革並沒有多大的進展。然而，改革、開放的加速化已經超越了落後的地點，因此，希望能突破現狀界限，要求政治改革的呼聲應該會再度地提高。一九八九年的天安門事件，是歷經十年的改革、開放的產物，對於造成事件的經濟多元化與一元政治體制（共產黨獨裁）的矛盾，應該要採取何種姿態才能消除矛盾，使得政治民主化呢？像這種動態，在改革、開放的十五年歷史中已經逐漸衍生出來了。

以共產黨獨裁為對象惹起政治改革的要因，已經隨著改革、開放的發展而愈加擴大。首先是持續政經分離的改革。隨著經濟面多元化的進行，要求政治面也多元化的呼聲，造成了

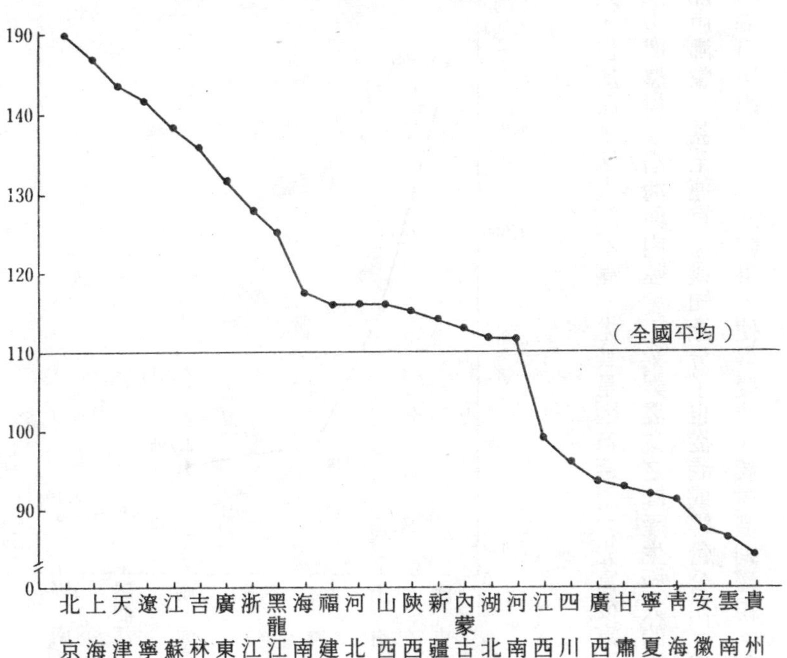

圖4-3　社會發展度比較（1991年）

天安門事件。而以軍事鎮壓整個事件的政權，現在一方面尋求經濟多元化（改革、開放），另一方面仍堅持政治一元化（共產黨獨裁），這種腳踏兩條船的路線並沒有改變。

因此，隨著經濟多元化的進展，政治面的一元化更是難以對應了。

一九九三年的經濟成長超過一三％，的確使得民衆的生活水準提升。然而，過熱的經濟，卻造成發生天安門事件以前的通貨膨脹。這些顧慮會再度出現。在三五大中都市中，九三年的物價上昇率接近二十

圖4-4　職員勞工收入（1991年）

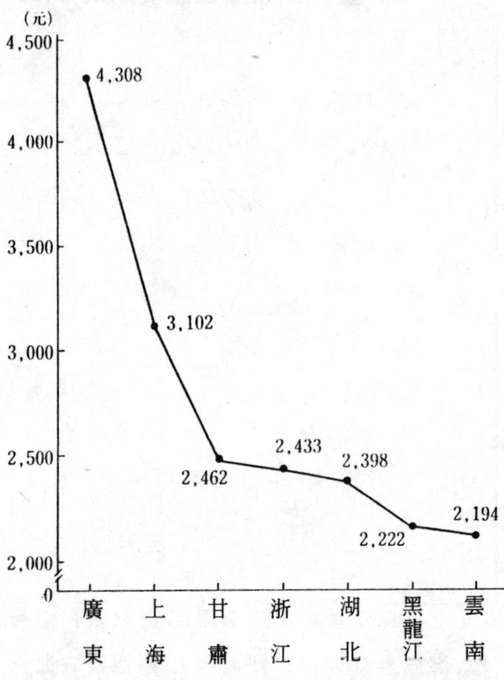

％，九四年二月則超過二五％。因為改革而失去東西的庶民，尤其是都市民眾，對於因為通貨膨脹而造成生活水準的降低感到不安與不滿，當然，會對政府的失政展現批判的行動。同時，由於物質生活豐饒，也培養出追求精神豐富的權利意識。如全人代的代表所言，許多的民眾「已經不再是白紙了」。

改革、開放的加速化，造成利益集團的多元化，伴隨著差距擴大，也加深了眾人的不滿。尤其是因為適用「先富後富」原則，使得改革的差距更為擴大。都市與農村、沿海與內陸、工業與農業之間產生極大的經濟差距。例如，在市場經濟化中，都市沸騰，甚至連官僚或知識分子也從商或經營公司，出現所謂的「第二職業」或「下海（參加市場經濟）」。結果，使得農業、農村遭到輕視。當然，農民層心有不滿，這種差別

圖4-5　共產黨員數的推移

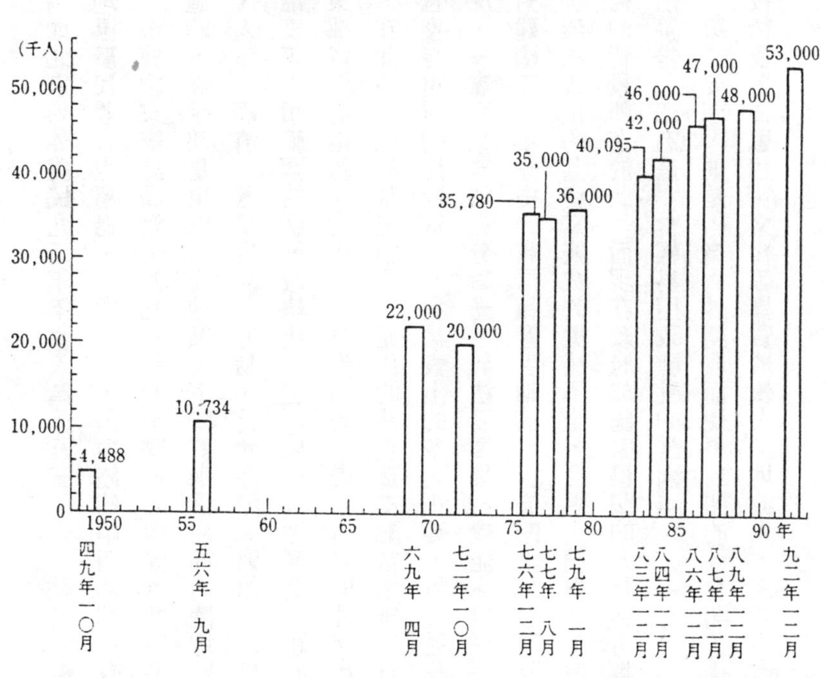

待遇實在是太大了。一九九三年都市居民每一人的生活費收入增加十・二%，約二二〇〇元。但是，每一農民的純收入只增加三・二%，約九〇〇元，差距很大。農民與都市居民年間收入的差距，八四年為一比一・八，但後來逐漸擴大，到九三年為一比二・七。五〇%的農村居民，依然每人只有四〇〇元以下的年間收入。二七〇〇萬人有二〇〇元以下的收入。雖然能夠確保最低限度的生活，但是如果加入不穩定的六〇〇〇萬人，則年收入三〇〇元以下的貧農仍有八〇〇〇萬人。同時，農民之間的收入有差距。例如北京郊外農民九二年年收入為一五三〇元，與前年相比，增加一〇八元。而沿海的東部地區農民收入也超過一〇〇〇元，但內陸的中西部卻只有五二七元。

根據國家統計局對一九九一年的全國社會發展水準所進行的比較調查，顯示超過全國平均值的，幾乎都是東部沿海地區，下降的則是西部內陸地區。所謂社會發展水準，是指在環境、人口、經濟、居民生活、勞動、社會保障、醫療、保健、科技、教育、文化、運動、社會治安等十項範圍的狀況數值化。也可以稱為地區間差距的實態統計。占前十三名的，全都是東部或沿海地區。最後一名是貴州省，與第一名的北京市之間產生一比六的差距。

在此多元化的狀況中，一元化的共產黨支配當然無法有效地對應。民衆的權利意識萌芽，且獲得重層的比較基準、利益表出的多元化等，對於這些建國四十年歷史中所沒有出現的狀況，一黨獨裁無法充分對應，無法發揮集約機能。對應失敗再加上政權與幹部的腐敗，開始對建國四十年歷史的黨信賴產生動搖。官僚的貪汚瀆職及不當轉賣、利用特權腐敗橫行，這些無法改正的共產黨獨裁的機能不全，使得人們更加深對既存的政治體制之不滿。天安門事件的背景即在於此。而現在政府或國家機關的人員利用職權追求私利的不正行為，已經被提出警告，認為是「會輕易招致騷亂的誘因」。

第二要因，則是因為對外開放而使得封閉的社會開放化。經由對外開放，使得資金、先進技術及各種思想、文化等異質情報大量地流入，人們不僅是與過去比較，也獲得和外界比較的基準。資金或技術的導入，提高中國經濟的對外依存度（貿易方面，GNP所占比率從一九八九年的三一％到九三年的超過四〇％）。但是，光靠自力更生是不可能維持發展的，必須顧慮到抗議民主、人權鎮壓的美國等想法，因此，因為事件而被逮捕、拘留的學生或知識分子，必須允許他們出國或加以釋放。雖然要求民主化的國際聲浪被責難為干涉內政，但卻不可忽視這種「國際大氣候」。如果忽視，就會再回到以後鎖國狀態，同時，在國內也未出現像毛澤東那般具有魅力人物特性的領導者來壓抑國民的不滿。或許鄧小平有這樣的資格，但是年近九十的老人，能夠進行壓抑的體力與時間已不多了。經濟發展促進政治民主化的構造連環，在中國也有適用的可能性。

但是，死守共產黨獨裁的力量依舊很強。在建國四十年當中，包括所培養的軍事力在內，一黨獨占權力的力量依然強大。而一黨獨占的強大力量，全靠鄧小平這位領導者所培養，使得超出法規的權力行使也變得合法化。一九九三年末，共產黨員有五四〇〇萬人。在發生事件之前，黨員為四八〇〇萬人，三年內增加了六〇〇萬人。從八七年到九二年末為止，有九二七萬人加入了共產黨。但是，民主化的政治勢力依然未成熟。因此，尚未產生推翻共產黨獨裁之後的具體構想。也沒有準備好如果東歐或舊蘇俄等能夠取代共產黨的組織。儘管民主黨派增加，也只不過四十萬人而已。

對大多數的國民而言，依然能夠接受共產黨獨裁的正當性。「沒有共產黨，就沒有新中國」，這種共產黨的民族解放、從飢餓中的解放以及國家獨立等過去的實績，令人難忘，民衆依然接受共產黨獨裁。基於信賴過去實績的背景，因此，將來的期待也可能是「沒有共產黨的話，社會主義中國沒有未來」。對黨的積極信賴、信仰，使得有些國民對於天安門事件這種混亂的再現感到困惑，而表現出追求安定的志向，或是對政治不表關心，抑或是認為共產黨獨裁的現體制應該存續，並默認軍事鎮壓。由此意義來看，目前經濟發展並不具有能夠促進政治民主化連環構造的機能。在中國要能夠發揮連環的效應，還言之過早，因為經濟發展的水準過低。如以美元來換算，個人的GNP只有三七〇美元的水準，呈現低迷狀態，距離能在亞洲發揮連環機能的NIES或ASEAN諸國，還有一段很遠的距離。民衆關心的，主要是確保物質的「溫飽」，以及實現「小康水準」，只要政權能夠對此加以保障，他們也同意共產黨獨裁。

但是，如果出現也能適用於中國的經濟——政治的連環構造，而藉著持續的改革、開放而使得經濟發展，則希望推翻共產黨獨裁的行動可能再現。部分的沿海地區，以美元來換算，則個人的GNP已經突破二〇〇〇美元。例如，經濟特區深圳，接近五〇〇〇美元，珠江也達到二〇〇〇美元。以世界銀行的試算來看，購買力平價（日用品購入費、交通費、住宅費等人民幣的國內購買力）中國的個人GDP已達到一六〇〇美元。加以計算的話，上海為四〇〇〇美元，廣州為三〇〇〇美元，大連為二四〇〇美元，沿海都市皆已突破二〇〇〇美元。因此，距經濟離陸的目標已經不遠了。

一九九二年五月，在泰國個人的GDP接近二〇〇〇美元，以都市的新中間階層為主的民主化運動盛行，迫使軍事政權後退。能夠在短時間內收拾事態而不至於引起混亂，主要是因為存在國王的權威。而這個事態一旦在中國發生時，恐怕鄧小平已經做古了。一黨獨裁會以比天安門事件更嚴重的形態，包括解體在內，可能會產生很大的改變。現在中國除了共產黨以外，沒有能夠取代共產黨統一全國的勢力。如果有的話，則像昔日蘇聯一樣，只有分裂的共產黨而已。因此，還是具有充分的可能性，像天安門事件就是很好的例子。

因為追究責任而被卸任的總書記趙紫陽，批判黨與國家陷入分裂的危機中。在事件中，楊尙昆國家主席曾說：「根源在於黨內。亦即政治局常務委員會出現兩種聲音、兩種不同的聲音。」「有兩個司令部。」事件的「醞釀、發生與發展到最後爆發反革命動亂為止，問題一貫地出現在黨內」。鄧小平在九二年以後也說：「中國會發生問題，還是自共產黨內部所引起。」

但是，以中國而言，要發揮這種構造連環的機能，則要切斷會使共產黨獨裁存續的其他構造連環。那就是中華世界與權力集中的構造連環。這個構造連環是由各種要素所構成的。首先要指出巨大的空間與長久的歷史時間。巨大空間是指九六〇萬平方公里的國土以及超過十二億的人口，五六個少數民族，包括嚴格複雜的自然條件在內，交通網路的不暢，無數方言所象徵的情報交流困難等等，呈現中華世界的多樣性。

這個多樣性，在長久歷史時間內，使得中華世界分裂變得恒常化。造成分裂恒常化的是，形成中華世界核心的農村共同體的分散、孤立性。堪稱近代中國革命之父的孫文曾說：「中國只有家族主義與宗族主義，團結力只達到宗族，而並未達到國族。」因此，就算再如何擴展「家族主義與宗族主義」，也只是「私」的世界而已。不論擴大到何處，都無法形成「公」的世界。沒有血緣羈絆的國家或社會無法統合，因此，中國人被稱為「一盤散沙」。

但是，在長久歷史時間中，事實上，中華世界也能夠籠統地保持「中華」這個團體。能夠保存這種團體的原因在於權力集中。在王朝時代，由皇帝來集中權力與權威。可是，皇帝權力是中央集權體制，而皇帝的臣子，亦即家產官僚支配只能達到郡縣為止。在其之下的農村等末端單位，則是由鄉紳的「土皇帝」形成迷你的「中華」共同體。

共產黨的一黨獨裁，當然是來自馬克思、列寧主義，然以中國的情形而言，也與中華世界固有的土著傳統、「封建遺制」一脈相連。像專制王朝的皇帝進行集中權力和權威一樣，中央集權體制的傳統，則是經由列寧主義的前衛黨理論，而由國民黨與共產黨來繼承。繼承則是以晚年毛澤東的皇帝型權力的個人獨裁，以及以鄧小平為頂點的長老集團為典型。經由改革、開放，而形成經濟——政治的構造連環，也許尚不具能夠動搖整個中國的影響力。農村改革使人民公社解體，並藉由導入個人生產責任制，使得農民與農村又恢復到昔日的分散、孤立狀況。而且，占壓倒性多數的農村人民要移居到都市，卻受到限制。因此，也許這樣的連環只能出現在三億人口的都市中。對於大部分的農民而言，民主化運動似乎是事不關己的都市問題。九億人口的農民與農村，並沒有改變造成一黨獨裁體制的土著傳統。

然而，分散、孤立化的農村，也許隨著改革、開放的發展會產生很大的改變。其關鍵，在於有七千～八千萬人的「民工潮（農民外出工作的潮流）」。昔日被稱為「盲流」，受到否定的對待。然現在於本世紀末，為解決膨脹為二億五千萬人的農村剩餘勞動力，因此，給予民工潮肯定的評價。將農村的剩餘勞動力移到非農業區，使其跨區流動，這是關於農業與整個國民經濟發展的重大戰略問題。據說「如歷史的經驗已經證明一樣，約束人的資源的流動，無異是窒息經濟發展的活力。許多農民離開故鄉的田園、離開土地、離開故鄉，從事經濟活動，是表現社會發展的法則。」

以往，阻止農民流入都市的戶籍制度，也即將改革。雖然「農業戶口」與「非農業戶口」已經固定化，但是，只要保障收入源穩定，就能夠發放都市的「暫住證」。等到實現戶籍異動自由化時，中國都市化會加速進行，支撐中華世界傳統的農村社會解體也會加速化。屆時，可能會使造成共產黨獨裁存續的中華世界與權力集中的構造連環大幅地減低效力。

不過，目前中國的農村仍有不同的兩面。

每一農民的年收入為三九五元。這是一九九二年十一月初我所訪問的貴州省的貴定縣之農村經濟狀態。在中國農村當中，算是貧窮村。全國農民個人的平均年收入在九三年時超過九〇〇元。雖說是只有三九五元，但是貴州農民的表情卻未出現怒容。詢問他們的生活狀態時，他們回答說：「改革以來，生活變得好多了。」對於共產黨沒有任何的不滿。像這種「一窮二白（貧窮、文化水準低）」的農村、農民，今後仍是支持一黨獨裁的強力支柱。

貴定縣是典型的中國農村之一，但並不代表一切。根據一九九一年十二月的調查，在接近經濟特區深圳的南海縣（現在為市）的農村，則是截然不同的世界。南海縣是深圳的農村，受到深圳發展之賜。九一年全國富裕縣排行榜中，其名列第四。個人的GNP達到一一〇〇美元。每一農民的年收入也有六千多元。帶來豐富生活的是改革、開放政策，而加以推進的，則是共產黨政權。他們是不會因此而比貴定縣的農民更是全面支持共產黨體制呢？其實不然。農民反而是對北京中央政府僵硬化政策加以批判，希望獲得更多的自由，希望生活更為富庶。

在貧窮中找到富庶生活而感到喜悅的貴定縣的農民，在豐富的生活中卻充滿不滿的南海縣的農民，這些都是中國農村的實情。也許改革、開放的加速化能夠順利發展到如貴定等這種內陸農村的話，才是共產黨獨裁朝向民主化的軟性發展吧！否則的話，不難想像會出現包括共產黨分裂的混亂。總之，共產黨獨裁體制已經面臨轉換期了。但是，中華世界與權力集中的構造連環依然存在著。

10 為何無法取代鄧小平——中國魅力人物的資格

目前，中國已經面臨鄧小平的「過渡期」。一九九四年八月二二日鄧小平渡過九十歲的生日。當然，他離開這個人世，已是為期不遠之事。就像毛澤東以往曾做過的事，鄧小平的向心權威，目前在於要確保中國的國家與國民的統合。他是大家都認可的能夠取代毛澤東的魅力人物。為何中國需要這種魅力人物，而如何能使這種魅力性存續呢？看來答案還是要從中國歷史的土壤中來尋找了。

歷史的土壤，首先就是出現在數千年王朝中國「人治」的集權傳統中。在中央由皇帝個人獨占權力與權威，在農村則由地主、鄉紳等「土皇帝」獨占權力與權威。這種情形依然存在於今日的中國，例如，在中央有稱為「紅太陽」、「人民救星」的毛澤東，在地方則有無數小型的「毛澤東」出現。鄧小平在這一方面乃是毛澤東的繼承人。

前黨組織部長陳野蘋曾說：「在當前新的國際、國內情勢之下，認真地學習馬克思主義權威觀，並自覺地維持黨，尤其是中央指導集團的權威，這是必要的。」中央指導集團的權威，完全集中在領袖的權威上。

「否定一切權威的反權威主義、無政府主義完全是錯誤，是有害的。……如果沒有領袖，無產階級的鬥爭會呈現散漫狀態。因此，在歷史上，任何的階級若無法推舉出能夠順利組織運動、具有領導能力的政治領袖或先進代表，則無法獲得統治的地位。……像我們黨的毛澤東、鄧小平、江澤民等核心人物，所構成的第一、第二、第三代的中央指導集團，就是中國無產階級所推舉的組織，是指導革命與建設的政治領袖。」

第二是中國傳統的長老政治，亦即革命元老，像在長征下殘存下來的毛澤東、周恩來、朱德等戰友，瀰漫著衆人無法向他們挑戰的權威，很自然地被視為是領導者。在「八老治國」中被視為是帶頭人物。而鄧小平則是繼承以毛澤東為主的第一代的中樞人物。雖然第三代已進入正式指導的地位中，可是身為創業長老的自己，卻擁有凌駕於第三代的權威。退休的長老們雖然不用參與官僚組織或命令系統，但是各自擁有「辦公室」，長年培養的人脈與情報網路，保證昔日他們的影響力。對他們而言，地位與權力是不一致的。公式化的地位與影響力無關。

歷史土壤的第三項是，共產黨七十年的革命史與新中國四十年的建國史之獨裁傳統。共產黨的一黨獨裁體制收斂為個人獨裁，讓毛澤東進行恣意的指導。而這種恣意指導的作風由鄧小平所繼承，成為新的傳統。一九四三年三月中央政治會議中，做出秘密決議，決定毛澤東主席擁有最後決定權，在八七年第十三期一中全會中，也同樣地做出秘密決議，承認鄧小平具有最後的決定權。

美國的中國政治研究家大衛向波認為，在某種意義下，鄧小平下意識地拒絕就任正式的領導地位，但相反的，卻因此而得到更大的權力與權威。因為不具正式的地位與職務，故可迴避責任，保障他的無謬性。既然不擔任任何職務，就可以不用負責任，可以冒險。

歷史土壤的第四項，就是改革、開放期的「實權派」的開發獨裁傳統。當致力於現代化的改革、開放得到成果或遇到困難時，就可以藉著所提出的「新權威主義論」。使得權力集中於「實權派」，而促進經濟發展的早日實現。提出「不論是黑貓或白貓，只要會抓老鼠的貓就是好貓」的經濟發展優先論的鄧小平，被衆人期待為「實權派」。在這種中國歷史土壤的背景下，鄧小平能夠展現魅力人物的作用，就是因為很多人承認其魅力性。而促進認可的，則是其個人資質及保證其個人資質的領導實績。

使得衆人承認其魅力性的第一要因是，他對革命與建設的獻身。將近七十年長久的黨歷，目前堪稱是資格最老的獻身。將近七十年最久的黨歷，目前堪稱是資格最老的黨員。雖然三次失勢，卻能夠復權，這種不屈不撓的履歷，是其他的領導者所沒有的。

第二點是在長久黨歷中所培養出來的人脈十分寬廣。擔任總書記，掌管黨日常的業務，就任副總理，掌管政府事務，從總參謀長躍昇為主席，是解放軍的領袖，這些都形成了鄧小平的人脈。他和陳雲等長老同屬革命第一代，擁有自己的權力基礎。尤其是革命時代的活動與人脈，確保其在政權內部的地位。

在黨創立僅僅三年後的一九二四年，二十歲的他入黨。成為勞工停留在法國時，由於周恩來的知遇之恩，使他從事黨的宣傳工作，被稱為「騰寫版博士」。二六年從法國轉往俄國，停留一年以後歸國，在該年夏天被任命為黨中央委員會的秘書長。二七年的白色政變，二八年的秋收暴動之後，二九年在廣西指揮暴動失敗，三○年十月參加井崗山的游擊隊活動。三一年被任命為江西蘇維埃瑞金黨書記，從此時開始，與毛澤東建立密切的關係。尤其在三三年毛澤東受到俄羅斯留學生派的黨中央批判而陷入困境時，他一直支持毛澤東，自己也在三四年被視為「反黨派閥分子」而被卸任。

一九三四年秋天，與毛澤東參加遠征。在召開毛澤東獲得軍事指導權的遵義會議時，他也以中共中央秘書長的身份參加。三七年以後的中日戰爭，他與劉伯承將軍一起活躍與軍事作戰。在建國後的黨官僚中十分活躍，而擔任總書記以後，也在各領域間建立人脈。

他被認定爲魅力人物的第二要因，是毛澤東死後的狀況。尤其是文革互相矛盾的遺產。文革十年，使衆人喪失了對意識形態的信仰，開始懷疑馬克思主義。但是在另一方面，又非常害怕混亂的局面。衆人都期望以意識形態為優先考慮的政治能夠結束，忌諱無法預測的變化的權威主義政治，也想要尋求安定。這些都成為鄧小平時代出現的基礎。他具有符合這些期待的資格。趕走四人幫的並不是他，而他在與四人幫交戰失敗而卸任職務時也拒絕自我批判。因此能確保復活的免罪符。而且，他也是文革的犧牲者。不僅被視為「第二走資派頭目」而被迫下台，同時也因為紅衛兵，使他的孩子成為殘障者，弟弟也被迫自殺。另一方面，他也是從大躍進的慘敗中使經濟能夠恢復到某種程度，而成功推展調整工作的領導者，建立了已經喪失的良好時代的形象。

第三個要因是，他是改革、開放路線的創業者。由於這個實績，因而被稱為「改革、開放的總設計師」。

第四點是由他出面調停政權內部不同意見集權的對立、鬥爭。他的立場是一方面致力於經濟市場化的「改革派」，另一方面，又是堅持政治面一黨獨裁的「保守派」。因此，經常是順應情勢，朝兩派中的任何一派傾斜，以確保政權的穩定。

第五點是，在理論與民族主義兩方面，他都具有成為毛澤東繼承人的地位。毛澤東為建國之父，為建設的始祖，而他卻擁有解釋毛澤東指導思想的權利，是絕對的魅力人物。毛澤東存在，對於包括民衆與領導者在內的中國社會而言，就是一種安定的象徵，是凝集社會力量並加以確保的魅力人物之存在。這是理所當然之事，甚至被視為是必要的事情。亦即毛澤東不在以後，一定要有一個能夠取代他的人物出現，這個人就是鄧小平。

「毛澤東思想」是結合馬克思、列寧主義的普遍真理與中國革命具體實踐的思想，定義為「馬克思主義的中國化」。

鄧小平在這一方面，就是毛澤東正統的繼承人。雖然沒有明白指出「毛澤東思想」就是「鄧小平同志的理論」，但卻將其塡入黨規約與憲法中。他的理論是具有中國特色，與社會主義建設有關的理論，被稱為「中國現代化」的理論。

但是，這種魅力性只能夠賦與個人，鄧小平的「定一尊」只限於他這一代而已。要繼承這種魅力性並不容易，如果沒有新的魅力人物登場，則只能利用傳統或合法性來取代支配。即使可以得到鄧小平的地位，但要展現魅力絕不容易。

鄧小平離開人世的日子屈指可數，但是缺少魅力人物的中國能夠得到統合嗎？這將是「過渡期」最大的問題，而現在尚找不到答案。

至今仍報導他的健在，而這一類強調他健在的報導，也似乎在告訴我們他不在的時間迫在眉睫了。雖然據說他仍然很有「元氣」地存在，不過，在醫師勸告下，不再像昔日的夏天那樣從事游泳，並中止北戴河之行。

九四年二月十日的農曆正月，他出現在衆人面前，展現健康的姿態。雖然這是値得高興的事，不過，其姿態與談話的內容仍存在諸多可疑之處。

一九九四年除夕（二月九日），鄧小平出現在上海。自一九八八年以來，他每一年都在上海過年。報導中說明「他神采奕奕，充滿元氣，步履穩健」。而在大年初一的晚上，夜宿飯店，邂逅投宿客人時，也只有「面帶微笑，揮手致意」。他這一次也只是稱讚上海的實績而已。九二年春節強調加速改革、開放與發展，九三年以積極的姿態，再度確認加速化，認為「機不可失，即使小缺陷，也不足為奇」。雖然抽象的敍述，但是對以後的政治、經濟情勢造成很大的影響。可是，這一次他並未做出任何的指示，只說：「和以江澤民同志為主的中央指導同志愉快地渡過春節，祝大家都健康。」這與電視上報導他充滿元氣、步履穩健的消息似乎有些出入。以往是由三女（鄧榕）攙扶步行，而這一次則由次女（鄧楠）攙扶著。他只是茫然地看著前方，視線並不在握手的對象。報導中顯示出空洞的談話內容，同時，他那衰老的姿態，在在顯示他將不久於人世了。

與接受慰問的其他長老領導者相比較之下，更顯示鄧小平的老邁。楊尚昆、姚依林在廣東，宋平、薄一波、宋任窮、彭真與萬里在北京過春節。彭真與萬里二人，對於黨中央在九四年所推出的工作重點──「掌握機會，深化改革，開放擴大，促進發展，維持安定」的方針，表現完全支持的態度。開放經濟建設、改革、開放與社會的安定方面，希望能夠展現更大的成果。但是，這些長老們都不會說出「加速（加快）」的字眼。

同日，八八歲的陳雲也在上海接受市內領導者的慰問。與他那懇切的談話姿態及具體的談話內容相比較，鄧小平更是顯得行將就木。

陳雲承認經濟發展非常迅速，人民生活水準大大地提昇，不過，指出目前仍有一些困難的問題存在。其解決的前提，即是主張擁護與強化黨中央的權威。他說：「如果沒有中央權威，就無法成大事，社會也得不到安定。」在經濟建設方面，認為特別值得注意的問題，就是「建設規模一定要配合國力，且務必要留有餘地。」同時也認為「社會主義的中國，依然大有前途」。

鄧小平不在的時期已在眼前，而現在也開始出現對鄧小平間接的批判，像造成出動軍隊虐殺人民的天安門事件鎮壓，以及重複「過熱」與「過冷」經濟「大起大落」循環原兇的「性急病」等，開始針對鄧小平而提出這些批判。但在批判中，對於鄧小平不在的未來中國，卻未做任何的提示。

11　鄧小平以後的過渡期——可能達到軟著陸嗎？

魅力人物不存在，中國能夠確保國家、國民的統合嗎？鄧小平自己也憂心這一點，因此，付諸精力，希望能確保其之後的統合。精力的行動，首先就是認為確保關鍵在於經濟發展，發展是絕對的道理，藉著「南巡講話」，推進改革、開放的加速化。一九九二年的經濟成長率為一二・八％，九三年達到一三・四％，總理李鵬也自信滿滿地說：「中國目前已經迎向歷史的發展期。」

鄧小平展現精力行動的第二點，是鄧小平以後政治安定化的問題。一九九二年秋天，黨十四全大會與九三年春天的第八期全人代第一屆會議所形成的以江澤民同志為主的後繼體制，就是這個行動的表現。

首先是江澤民擔任總書記，兼任國家主席與中央軍事委員會主席，獨占黨、軍、政三權。

第二是江澤民以外的政治局常務委員，也兼任政府與國家機關的主要職務，更加強化黨的一元指導。身為國家最高機構的全人代常務委員會委員長是喬石，政治協商會議主席為李瑞環，掌握最高行政權的國務院總理為李鵬，副總理是朱鎔基，而代替江澤民實質上行使統帥權的中央軍事委員會副主席是劉華清。

第三是廢止以長老為權力基礎的中央顧問委員會，包括陳雲在內的長老領導者，幾乎全部被迫引退。連國家主席楊尙昆、副主席王震都引退。

第四點是以這些人的支持為背景，而進行宣傳對於意識形態不能發揮影響力的大多數保守派從政治局、中央委員會或黨中央機關被排除。

第五點是大量提拔改革派。將發展改革、開放的沿海地區的有力領導者，或國務院的專家政治人才提拔到政治局或中央委員會。江澤民、朱鎔基等人在上海時代的身邊要員，也被提攜擔任黨中央機關或國務院的要職。

不過，這麼做並不能夠鞏固江澤民所主導的後繼體制。首先是雖然江澤民獨占權力，可是卻無法繼承來自鄧小平的魅力性。畢竟這種魅力性只限於一代。一九八九年十一月就任黨中央軍事委主席以後，重複對地方部隊慰問與視察，決定軍人的晉陞階級，藉此想對軍內滲透影響力。然而，雖然重複進行慰問與視察，但離確立他的統帥權，尙有遙遠的一段路程。

第二點是雖然強化黨的一元性指導，但是諷刺的是，在指導部內部卻醞釀著權力分散的危險性。因為黨領導者分擔黨、軍、立法、行政、司法機關等指導地位，故呈現一種權力分立的狀況。他們全都是繼任鄧小平的候選人，而所分擔的部門，則成為爭奪繼承人的權力資源。

第三點是長老們一起引退，「八老」中會有四人做古，剩下的四人，則執著死守社會主義的觀念。

第四點是支持他們的保守派，也批判因為「加速化」而造成經濟「過熱」，認為是「泡沫」，依然主張計畫、統制經濟的有效性。

第五點是雖然改革派占主流，但其內部仍存在一些激烈的意見對立與權力糾葛。伴隨改革的「加速」，當經濟面多元化（市場化）要求政治面多元化（民主化）時，就會造成改革派內部的龜裂擴大，也許當體制外的民主勢力展現行動時，就會更加深龜裂。

伴隨市場化的企業家與個人經營者等中產階層的成長、教育的普及與水準的提昇，使得人們對於政權也變得敏感，而對於民主、人權寄予關心的國際壓力也增強。由於重複遇挫而累積的民主化運動，使得今後民主勢力會更為抬頭。如果政權對應失敗，則會因民主化運動的再燃，而加速分裂、擴散。因為天安門事件而被逮捕的王丹，在「悔改」下提前釋放，他曾經明白地說：「我絕不後悔。」而魏京生也說：「我絕不後悔。」他們仍主張政治改革的必要，明確表達要持續民主化運動的意思。魏京生在一九九四年二月，與美國人權協會的官員夏塔克會餐，王丹則在三月對全人代發表要求人權與民主化的聲明。經濟多元化與政治一元化的政策不斷地演變，而今後這個波濤將會更加地澎湃洶湧。

第六點是差距的過大與多樣化造成社會緊張的劇烈化。政權代替過去的實績，由於改革、開放，而出現國民經濟發展與民衆生活提昇的新實績。但是同時因為市場經濟而推動利益團體的多元化，使得利害對立錯綜複雜。

第七點是共產黨政權處理這些事物的統治能力日益降低。由於改革（權限的下放），促使經濟發展，對於產生強烈自立傾向的以沿海為主的地方，中央無法充分發揮統治能力。一九九三年於省長和全人代代表的選舉中，中央所提名的候選人落選，開始產生地方參選人當選的情況。

身為統治黨達四十年的共產黨，其構造上已經出現疲勞，或許已經開始喪失統治能力了。四四年來，一直坐在統治黨的寶座上，如今也慢慢缺乏昔日那種「拒絕腐敗、堅持淸廉」的姿態，反而想借助權力與金錢的交易而追求私利的腐敗現象，連領導者本身（胡錦濤）也承認，事態十分嚴重。

國防部長遲浩田說：「請想想淸朝是如何滅亡，國民黨是如何從政權的寶座上掉落下來的呢？一切皆因腐敗。」因此，反覆提出反腐敗鬥爭。不過，如果不能夠杜絕腐敗的根源，亦即共產黨獨占的地位，則無法得到成功。自九三年夏天決定鬥爭以來，年末宣布「收到成果」。不過，九四年二月又決定再度展開鬥爭。在配合多樣化的要求方面，已經展現過度老齡化的現象了。五七年為三四歲，九二年末為四六歲的黨員平均年齡不斷上昇。占人口半數以上的三十歲以下之黨員卻不及二十％。黨本身也承認「權力與金錢的交易」、「利用權力追求私利」的腐敗現象，也表現黨本身已經沒有自淨能力了。而且，也不太可能在短期內發現能夠取代鄧小平的魅力人物。

第八點是解放軍的動向不明。任何人都不知道繼鄧小平之後擁有對軍隊的統帥權為何人。為防止天安門事件這種事態的再度復發，或在發生時能夠給予鎮壓，因而提拔很多軍人或

圖4-6　黨中央指導部的平均年齡

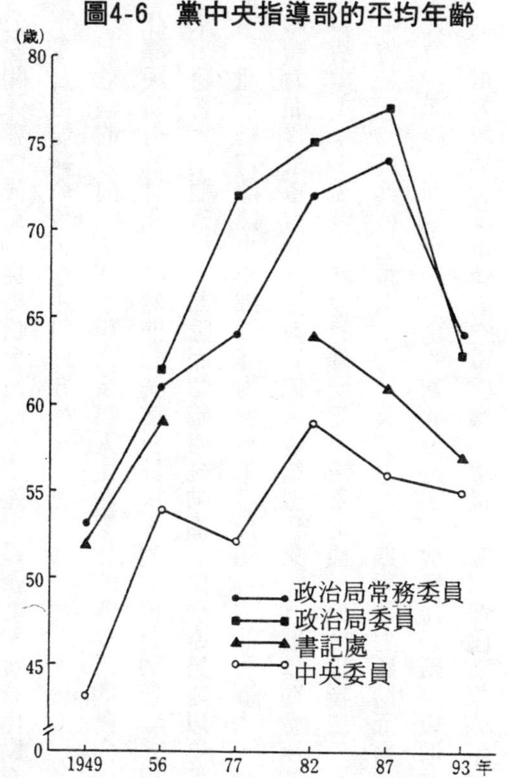

資料來源：Franklin W. Houn, “The Eigth Central Committee of the Chinese Communist Party: a study of an Elite”, The American Political Science Review, 51 (June 1957),『中國總覽1984年版』、『中國總覽1992年版』、『中國總覽1994年版』。

公安關係者擔任黨中央委員會之職。不過，是否能夠發布出動軍隊的命令，或是發布以後，軍隊是否能夠命令，還不得而知。

危機的方向，是鄧小平之後無人能夠壓住的解放軍的動向。名義上，是由接任鄧小平的江澤民具有統帥權。雖然他強調黨對於軍隊的「絕對領導」，但是自就任軍事委員會主席以來，藉著定期視察地方部隊而想確保統帥權，似乎還是難以得逞。

他不具有像鄧小平那樣能對解放軍發揮領導力的影響力，反而是為了確保擴大自己政治影響力而尋求軍方的支持與妥協。連續五年來，同意國防費用的增加。一九九四年，雖然劉華清中央軍事委副主席曾對外國要人說不增額，但卻出現二二•四%的增額。否定以往鄧小平將三〇〇萬兵員削減為一〇〇萬的方針。據說，對國防而言，三〇〇萬是最低限度必要的兵力。而以往削減一〇〇萬的剩餘資金，卻被堅持必須用以增強海空軍的軍備。

軍方內部，陸軍與海空軍爭奪主導權，黨軍或國防軍的爭論、地方政府與地方軍的結合等，關於解放軍的動向，確實存在很多不明確的要素。

第九點是也許國家主義的統合機能，不如預料中那般地能夠發揮作用。在現體制的維持方面，對於現體制下的國家、國民統合，似乎無法發揮效用了。共產黨政權的有效的體制維持，昔日被視為抗日愛國戰爭的領導勢力，同時也是民族解放與祖國獨立推進者的實績，經過近五十年的時間，已經喪失了效力。記憶逐漸淡薄，事實上，經歷這些體驗的世代已從與

表4-1　黨員的文化水準　（%）

	大學畢	高級中學畢	初級中學畢	小學畢	文　盲
1978年末	12.3		—	—	—
1983年末	4.0	13.7	29.9	42.2	10.1
1984年末	20.33		—	—	—
1987年末	28.5		—	—	—
1988年末	30.4		—	—	—
1992年末	34.9			58.4	

資料來源：『中國總覽1990年版』、『中國總覽1994年版』。

論的中心銷聲匿跡了。在事件之後，政權一直強調「振興中華」、「中華民族凝集力」的愛國主義，可以利用來鞏固國內的體制。但是，不僅是少數民族，即使對於九億的農村人口而言，原本就沒有意識到國家主義。

因此，對民族忠誠而能夠自動自發犧牲個人的國家主義，當然就難以萌芽了。想要尋求海外華人協助的「中華民族的振興」或「中華民族凝集力」的強調，反而造成中國國家主義的擴散。即使是積極對中投資的華人資本家，也不是昔日的「愛國華僑」，而是對自己所居住的國家有較強的歸屬意識，進出中國只是以商業為優先考慮罷了。就算要談到國家主義，也不是對「中國」，而是對「中華」，這時就會令人想到「中華經濟圈」。這是由華南加上上海、山東等中國的一部分，以及新加坡等東南亞的華僑和台灣、香港所構成的經濟圈。來自海外的對中投資，三〇%在廣東，剩下的則集中在上海或東部沿海地方。像這種「中華國家主義」，與其說是促進中國的擴大與統一，還不如說是會挑起中國的「南北問題」。

「東西問題」也可能導致中國的分裂或擴散。從經濟發展中被擠出的西部內陸，大多居住少數民族，像西藏或維吾爾族等要求自治擴大獨立的希望根深蒂固。最近，在青海省也因為抗議回教差別待遇而發生暴動。

第十點正如鄧小平所承認的，認為對於中國的「國際大氣候」的影響是無可避免的。經濟上的「和平演變」想利用和平手段使社會主義中國由內部崩潰的陰謀）」，因為中國政權本身的改革、開放而愈演愈烈。美國所推動的民主、人權外交，由外加以促進。另外，在一九九七年，香港歸還中國以後，香港本身的中國化，也可能助長中國的香港化。而台灣已經達成的經濟的「台灣經驗」移入中國大陸，也在政治上造成「台灣經驗（民主化）」對大陸的影響。

鄧小平展現解決中國政治、經濟問題的能力。但是在改革、開放成果之下，會造成新問題的發生，這是可想而知的。

鄧小平為了維持一生想要死守的共產黨支配體制而進行改革。他在體制內，想藉著導入有效的改革，期待能夠再度確保維持體制的正當性。不過，鄧小平改革的結果，卻加速共產黨獨裁的改變過程。因為這個文脈而爆發了天安門事件，雖然由於鄧小平暫時強制的鎮壓而趨於穩定，可是，其改革所喚起的潮流，卻打開了對於現體制的將來挑戰的突破關口。即使是毛澤東與鄧小平，為了共產黨獨裁體制的存續，想要有效地解決體制本身所抱持的問題，卻也遭到失敗，因此，又有誰能夠比他們更為順利地解決問題呢？也許在歷史中，人們會牢記鄧小平是加速共產黨獨裁體制結束的最後政治共產黨主義者吧！

後　記

本書是回顧毛澤東與鄧小平兩位革命家的思想與行動的軌跡，描寫兩人在現代中國的政治與經濟舞台上所扮演的角色。我這種「大膽」的嘗試能夠達到何種程度的成功，老實說，我了無自信。因為愈是想要真實地描述這兩位巨人的思想與行動，由於其存在的複雜與奇怪，愈是使我們覺得難以親近。關於毛澤東與鄧小平的先行研究蓄積非常的龐大。而徘徊在這些先行研究的蒼鬱森林之中，使得兩人的思想與行動，變得更不鮮明，我們著實地產生奇妙感。但是，為配合編輯的要求，還是只好硬著頭皮前進。近年來，有關毛、鄧本身的論文、發言，發表頗多。得到這些關於中國現代史的資料，希望能夠自由地發揮而寫下本書。本書的特色，乃是藉著回顧過去，對於目前中國所抱持的政治經濟問題找出一條路。

即使是對中國經濟關心的本書作者，以及長年研究中國政治的作者，面對這般的著作挑戰時，因為毛、鄧在各方面都是深不可測的巨大存在，因此，這些作者對於中國經濟、政治本身的評價，多少都會出現一些「差距」。凝視如此錯綜複雜的巨大中國，要使評價達成一致，似乎是不可能的。文章中，鮮明地描繪出毛澤東、鄧小平的人物與政治的形態。在結尾，則預告中國的將來仍然出現一個深不可測的「黑洞」。在後記中，我想為各位敘述一下作者對於「中國社會主義今後發展的想法」。

目前的中國以「社會主義市場經濟」為國是。在社會主義市場經濟中的「社會主義」是指什麼?如第三章所指出的，鄧小平的「四項基本原則」中，最重要的要點是堅持共產黨一黨支配體制，其他三項則多半是形骸化。在改革、開放過程中，對於共產黨一黨支配的考慮，或一旦產生具體的反對行動時，一定要徹底地加以摧毀，這是鄧小平一貫的想法。其中以天安門事件最為戲劇化。天安門事件與俄國共產黨的瓦解，是一個活生生的教訓，鄧小平的思想，也更是強烈地朝這些方向前進。

經濟方面，在改革、開放的過程中，開始踏入社會主義幾乎不可能承認的領域。另一方面，具有瓦解一黨支配體制可能性的「政治改革」，卻非常的消極，這是中國政治的實態。中國共產黨第十四屆黨大會呈現出對改革、開放全面加速的熱情，但是，相反的，在政治改革方面，這次大會與一九八七年的第十三屆黨大會相比較時，卻顯示極端後退的現象。

在第十四屆黨大會一開始，江澤民報告項目之一，就是「積極推進政治體制改革」，不過，改革內容卻是十分的曖昧，含混不清，什麼也沒有談及。其原因是由於第十三屆黨大會所提出的「黨政分離」的政治改革。

第十三屆黨大會中，趙紫陽報告的重點，的確是政治改革。在當時，黨中央的認識是「

黨務與政務的混淆，由黨一手代行政務，長年來所衍生的問題，無法得到根本的解決。如果不解決這個問題，就無法真正地強化黨的指導，而要實施其他的改革措施，也是不容易的。因此，政治體制改革的關鍵，應該在於『黨政分離』」。有關政治體制改革的敍述超過一二〇〇〇字。相反的，在第十四屆黨大會中，江澤民有關政治體制的報告卻不及二〇〇〇字。明顯地表現出著眼點的不同。由於天安門事件與俄共解體的危機，使得中國共產黨指導部強化固守黨支配的意識，這是不難想像的。同時，鄧小平的「二點論」亦即在強力的政治一元化之下，推展經濟顯著多元化的思想核心，在第十四屆黨大會中，則以最鮮明的形態展現出來。

最後剩下的一大問題就是，全面加速改革、開放的中國，中國共產黨一黨支配的體制仍然得以維持嗎？經濟多元化、政治一元化的「二點論」，能夠長期存續下去嗎？在中國社會主義像，經由社會主義初級階段論到社會主義市場經濟論，目前已經到達「脫色」的領域了。由於集權的意識形態顯示減弱，而誘出農民、企業、地方的活力，決定致力於「生產力的發展」。黨、政府指導部則希望這種「生產力的發展」能夠迴避麻煩的政治混亂，而納入掌中，因此，認為強力政治一元化是不可避免的。也就是說，雖然意識形態色彩淡薄，但仍要朝向固有的國家目標經濟近代化，在權威主義政治系統的指導下營運。由這個意義來看，中國的確進入一個以共產黨一黨支配為名義的「權威主義的開發體制」時代。即使進入鄧小平的時代，也一直加速這種傾向。

論及權威主義的開發體制，像昔日的朴正熙、全斗煥時代的韓國，蔣介石、蔣經國時代的台灣，都是如此。不過，近幾年來，韓國、台灣權威主義的開發體制都已經「溶解」了。一九八七年六月二九日，由當時的民主正義黨盧泰愚提出八項民主化，有軍隊在背後支撐的韓國，從「力的政治」呈現出極度轉換為體現國民政治要求的「政黨政治」。同樣的在八七年台灣所召開的第十二期三中全會中，也推出一連串大膽的政治革新方針，接著，被視為台灣民主化兩大障礙的新規政黨的結成禁止，亦即「黨禁」，以及戒嚴令完全解除。從此以後，韓國、台灣政治民主化的速度極快。而這種民主化，就如黃河決堤一般，在東亞幾乎同時展開民主化運動。

在工業化基礎條件不成熟的落後國家，於強大的外在壓力與少許時間餘裕中想要加以發展，則採用國家主導型的開發戰略，乃是不可避免的。這也是一種「經驗法則」。所謂國家主導型的開發戰略，以政治體制的觀點來看，多多少少是屬於權威主義的近代化路線。比起配合具有多種要求、由廣泛國民大衆參加的政治來決定政策的民主主義政治系統而言，則是以官僚為主，由少數的政治精英設定政策目標，動員大衆配合目標的政治系統。對於有效推展落後國家的開發而言，應該是比較合適的戰略。我們常說的「寡頭支配」或「開發獨裁」的政治體制，對於開發中國家而言，或許是必要的。我並沒有要責難將開發獨裁當成民衆排除型的開發體制，但是，對於工業化資源薄弱，基礎脆弱的開發中國家來說，想要在嚴格的國際環境條件下急速進行經濟發展，則或多或少，都無可避免地要採取權威主義的開發體制。

但是，我必須主張的是，在這種權威主義系統之下，如果開發戰略成功，則這種權威主義的政治體制本身就必須要「溶解」的理論是存在的。像韓國和台灣，在權威主義體制之下，使得經濟開發得到成功，最後，由於所得水準與教育水準提昇，而大規模地出現中產階級。中產階級掌握新政治勢力的中樞，使得權威主義體制本身「溶解」，巧妙地演出「辨證法」的發展。自一九八七年以來，韓國、台灣兩國所產生的政治民主化運動的發展，在我們訴說「經濟發展與民主化」時，這是不可或缺的教材。在東亞，提供了落後國家經濟開發的有力典範，同時，也提供了權威主義政治體制溶解的典範。

中國共產黨固守一黨支配體制，但卻以改革、開放為國是，也並不因為天安門事件而有所動搖。自一九八九年以後，雖然改革、開放路線予人後退的印象，但是與其說是天安門事件所引起的，還不如說是為了抑制經濟改革過程中所造成的「通貨膨脹」而導致經濟的「後退期」。事實上，成功地抑制通貨膨脹之後，使得改革、開放路線再度展開，並進入改革、開放全面加速期，這才是今日的中國經濟。

我想再問一次的是，在共產黨一黨支配體制，亦即強力政治一元化之下，是否真的能夠推展改革、開放，亦即經濟的多元化呢？是否會像俄國共產黨瓦解一樣，在中國推進改革、開放路線的同時，在尚未達到國家經濟近代化之前，是否就已經造成共產黨一黨支配體制的瓦解呢？

我的答案是否定的。雖然不可避免的，經濟多元化會造成政治多元化，但是，中國還是必須暫時在一黨支配體制下進行改革、開放路線。待改革、開放路線得到成功之後，才能因為成功而導致共產黨支配體制的「溶解」，這是我的臆測。韓國、台灣的經驗，的確暗示中國的將來。中國的民主化透過改革、開放而成功地脫離貧困，就會製造出更多想要尋求自由參加政治的中產階級，待這種政治勢力的核心形成之後，才可以討論共產黨支配體制的問題。

俄國共產黨解體與天安門事件同樣是對於共產黨一黨支配體制的痛擊。儘管如此，在不久的將來，中國一黨支配體制應該不會崩潰。以目前中國的領導階層而言，保障共產黨一黨支配體制的威信與正統性，是在追求改革、開放路線及提昇人們水準生活時同等重要的問題。從俄國共產黨失敗中記取教訓的中國共產黨，對於俄國共產黨解體的衝擊，可能會以更加整合改革、開放路線的形態來加以吸收吧！

雖然有很多中國觀察家以謹慎保守的態度來看中國的發展，不過，相反的，我卻相信中國改革、開放路線會獲得成功。同時，我也相信中國共產黨在改革、開放成功的過程中，對於必然會衍生的要求政治的民主化與自由化也能夠加以配合，最後自己走向「滅亡」之路。

一九九四年　　渡邊利夫

現代中國政治經濟年表

在天安門宣布「中華人民共和國」成立的毛澤東

現代中國政治經濟年表

一八九三年十二月二六日	毛澤東出生於湖南省韶山縣。
一九〇四年　八月二二日	鄧小平出生於四川省廣安縣。
一九一一年　十月　十日	爆發辛亥革命，推翻滿清，翌年一月建立中華民國。
一九一九年　五月　四日	第一次世界大戰和談會議（凡爾賽會議）中，承認日本對於山東半島的權益，結果遭到抗議，北京學生進行市內示威遊行，全國展開五四運動。
一九二一年　七月　一日	中國共產黨創立紀念日（黨第一屆全國代表大會「一全大會」，於七月二三日到八月一日召開）。
一九二七年　八月	國共合作決裂，引發秋收爆動，毛澤東在井崗山建立革命根據地。
一九三五年　一月	毛澤東在遵義會議中握有中央指導權。
一九四二年　二月	毛澤東開始進行整風運動。
一九四五年　四月～六月	召開七全大會，黨規約中明記「毛澤東思想」為「工作指針」。
一九四六年　六月	國共內戰正式展開。
一九四九年　十月　一日	建立中華人民共和國。
一九五〇年　六月二五日	爆發韓戰，十月二五日中國參戰。
一九五三年　八月	毛澤東指示過渡期的總路線。
一九五四年　二月	高崗成為反黨份子遭到除名。
一九五五年　七月三一日	毛澤東進行「有關農業合作化」的談話，在全國農村組織初級合作社。
一九五六年　四月二五日	毛澤東進行「有關十大關係」談話。
五月二六日	黨中央宣傳部長陸定一提倡「百花齊放、百家爭鳴」。
九月	召開黨八全大會，宣布完成社會主義的基本。毛澤東思想也從黨規約中消除。
一九五七年　二月二七日	毛澤東進行「關於正確處理人民內部矛盾問題」的談話。

	四月	開始「百花齊放、百家爭鳴」的宣傳活動。
	六月　八日	毛澤東執筆『人民日報』社論，開始進行反右派鬥爭。
一九五八年	八月	舉行黨政治局擴大會議，決定開始組織人民公社與進行大衆煉鋼運動。
	十二月	召開黨第八期六中全會，批判人民公社的過度施行，毛澤東辭退次期國家主席職務（後繼者為劉少奇）。
一九五九年	七月～八月	召開廬山會議，彭懷德提出批判人民公社的意見書，觸怒毛澤東，卸除國防部長之職。
一九六一年	一月	召開黨八期九中全會，正式決定調整工作。
一九六二年	一月	毛澤東在黨中央工作會議中對於大躍進進行自我批判。
	七月	鄧小平提出「不論白貓、黑貓，會抓老鼠的貓就是好貓」的言論。
	九月	召開黨八期十中全會，毛澤東強調社會主義下的階級鬥爭。
一九六四年	二月	提倡「向大寨學習農業」運動。
	十二月	周恩來在全人代中提出「四個現代化」。
一九六六年	五月十六日	黨中央設置文革小組，爆發文革。
	八月　五日	毛澤東發表「砲轟司令部」的大字報。
	十月	劉少奇與鄧小平都在黨中央工作會議中進行自我批判。
一九六八年	十月	召開黨八期十二中全會，決定劉少奇從黨中除名。
一九六九年	四月	召開黨九全大會，林彪被指定為毛澤東的繼承人。
一九七〇年	八月	在黨九期二中全會中，為了國家主席再設置問題，毛澤東與林彪對立。
一九七一年	九月十三日	林彪暗殺毛澤東失敗，逃亡中墜機而死。
一九七二年	二月二十一日	美國總統尼克森訪問中國大陸。
一九七三年	三月　十日	鄧小平復活（復出）。
一九七五年	一月	周恩來在全人代中再度提出「四個現代化」。
一九七六年	一月　八日	周恩來過世。

	四月　五日	爆發第一次天安門事件。被視為是幕後指導者的鄧小平，被卸除一切的職務。
	九月　九日	毛澤東過世。
	十月　六日	四人幫被逮捕。
一九七七年	七月	鄧小平再度復活，擔任黨副主席、副總理、解放軍總參謀長。
	八月	召開黨十一全大會，宣布文革結束。
一九七八年	五月十一日	開始「真理基準」爭論。
	十月	在北京西單等街角，張貼批判毛澤東及要求民主化的大字報，開始展開「北京之春」。
	十二月	鄧小平表明支持「北京之春」。
一九七九年	三月二九日	「北京之春」理論的指導者魏京生被判處十五年徒刑。
	三月三十日	鄧小平在理論工作虛務會中提出「四項基本原則」。
一九八〇年	二月	在黨十一期五中全會中決定恢復劉少奇的名譽。
	五月十六日	決定設置深圳、珠海等四個經濟特區。
一九八一年	一月二五日	對林彪、四人幫進行判決，江青處以死刑。
	六月	在黨十一期六中全會中提出「歷史決議」，決定華國鋒辭去黨主席職務，而由胡耀邦繼任。
一九八二年	九月	召開黨十二全大會，確立鄧小平指導體制。
一九八三年	十月	開始「去除精神污染」的宣傳活動。
一九八四年	三月	擴大對外開放，決定開放十四個沿海都市。
	十月	召開第十二期三中全會，提出「有關經濟體制改革的決定」。
一九八五年	一月	決定長江三角洲等三地區的開放。
	六月	人民公社解體及完成鄉鎮政府的設立。
一九八六年	九月	鄧小平提出政治體制改革的必要性。
	十二月	要求民主化的學生的示威運動（「學潮」）於主要都市擴大。

一九八七年　一月	在黨政治局擴大會議中，胡耀邦因為對於處理「學潮」失敗負責，而辭去黨總書記職務。
三月	總理趙紫陽（代行總書記）在全人代中提出「一個中心、兩個基本點」。
十月二五日～十一月一日	召開黨十三全大會，提出「社會主義初級階段論」。
十一月　一日	在黨第十三期一中全會中，提出秘密決議，決定「最重要的問題還是交給鄧小平同志決定」。
一九八八年　九月	召開黨第十三期三中全會，決定經濟緊縮政策（「整備、整頓」）。
一九八九年　四月十五日	胡耀邦過世，開始引起第二次天安門事件的民主化運動。
五月二十日	北京市的部分地區布告「戒嚴令」。
六月　四日	解放軍部隊進入天安門廣場，排除靜坐抗議的學生。
六月二三日～二四日	召開黨第十三期四中全會，趙紫陽因為被追究事件責任而卸職，由江澤民繼任總書記之職。
十一月	召開黨第十三期五中全會，鄧小平辭去黨中央軍事委員主席一職，並選出江澤民為繼任者。
一九九〇年　一月十一日	宣布解放北京戒嚴令。
九月	在北京舉行亞運。
一九九二年　一月十八日～二月二一日	鄧小平在「南巡講話」中指示改革、開放、經濟發展的加速化。
十月十二日～十八日	召開黨十四全大會，黨規約中明記「確立社會主義市場經濟體制」。並稱讚關於「具有中國特色社會主義建設」的「鄧小平同志的理論」。
一九九三年　三月	全人代修正憲法，加入「決定社會主義市場」的項目，並選江澤民為國家主席。

〈作者介紹〉

渡邊利夫

1939年　出生於日本甲府市。

1963年　畢業於慶應義塾大學經濟學部，並在該大學大學院修畢博士課程。

曾任筑波大學教授。

1988年　擔任東京工業大學工學部教授，直到現在。為經濟學博士。

著作包括『成長的亞洲、停滯的亞洲』、『開發經濟學』、「西太平洋的時代』、『亞洲新潮流』、『轉換的亞洲』等。

小島朋之

1943年　出生於日本大分縣。

1967年　畢業於慶應義塾大學法學部，並在該大學大學院修畢博士課程。

曾任教於京都產業大學。

1991年　擔任慶應義塾大學綜合政策學部教授，直到現在。為法學博士。

著作包括『摸索的中國』、『中國成為香港之日』、『脫社會主義的中國』、『21世紀的亞洲與日本』、『構造轉換的中國』、『中國共產黨的選擇』等。

大展出版社有限公司	圖書目錄
地址：台北市北投區11204 致遠一路二段12巷1號 郵撥： 0166955～1	電話：(02) 8236031 8236033 傳眞：(02) 8272069

•法律專欄連載•電腦編號 58

台大法學院 法律學系／策劃
法律服務社／編著

①別讓您的權利睡著了[1]		200元
②別讓您的權利睡著了[2]		200元

•秘傳占卜系列•電腦編號 14

①手相術	淺野八郎著	150元
②人相術	淺野八郎著	150元
③西洋占星術	淺野八郎著	150元
④中國神奇占卜	淺野八郎著	150元
⑤夢判斷	淺野八郎著	150元
⑥前世、來世占卜	淺野八郎著	150元
⑦法國式血型學	淺野八郎著	150元
⑧靈感、符咒學	淺野八郎著	150元

•趣味心理講座•電腦編號 15

①性格測驗1	探索男與女	淺野八郎著	140元
②性格測驗2	透視人心奧秘	淺野八郎著	140元
③性格測驗3	發現陌生的自己	淺野八郎著	140元
④性格測驗4	發現你的真面目	淺野八郎著	140元
⑤性格測驗5	讓你們吃驚	淺野八郎著	140元
⑥性格測驗6	洞穿心理盲點	淺野八郎著	140元
⑦性格測驗7	探索對方心理	淺野八郎著	140元
⑧性格測驗8	由吃認識自己	淺野八郎著	140元
⑨性格測驗9	戀愛知多少	淺野八郎著	140元
⑩性格測驗10	由裝扮瞭解人心	淺野八郎著	140元
⑪性格測驗11	敲開內心玄機	淺野八郎著	140元
⑫性格測驗12	透視你的未來	淺野八郎著	140元
⑬血型與你的一生		淺野八郎著	140元

⑭趣味推理遊戲　淺野八郎著　140元

・婦幼天地・電腦編號16

①八萬人減肥成果　黃靜香譯　150元
②三分鐘減肥體操　楊鴻儒譯　130元
③窈窕淑女美髮秘訣　柯素娥譯　130元
④使妳更迷人　成　玉譯　130元
⑤女性的更年期　官舒妍編譯　130元
⑥胎內育兒法　李玉瓊編譯　120元
⑦早產兒袋鼠式護理　唐岱蘭譯　200元
⑧初次懷孕與生產　婦幼天地編譯組　180元
⑨初次育兒12個月　婦幼天地編譯組　180元
⑩斷乳食與幼兒食　婦幼天地編譯組　180元
⑪培養幼兒能力與性向　婦幼天地編譯組　180元
⑫培養幼兒創造力的玩具與遊戲　婦幼天地編譯組　180元
⑬幼兒的症狀與疾病　婦幼天地編譯組　180元
⑭腿部苗條健美法　婦幼天地編譯組　150元
⑮女性腰痛別忽視　婦幼天地編譯組　150元
⑯舒展身心體操術　李玉瓊編譯　130元
⑰三分鐘臉部體操　趙薇妮著　120元
⑱生動的笑容表情術　趙薇妮著　120元
⑲心曠神怡減肥法　川津祐介著　130元
⑳內衣使妳更美麗　陳玄茹譯　130元
㉑瑜伽美姿美容　黃靜香編著　150元
㉒高雅女性裝扮學　陳珮玲譯　180元
㉓蠶糞肌膚美顏法　坂梨秀子著　160元
㉔認識妳的身體　李玉瓊譯　160元

・青春天地・電腦編號17

①A血型與星座　柯素娥編譯　120元
②B血型與星座　柯素娥編譯　120元
③O血型與星座　柯素娥編譯　120元
④AB血型與星座　柯素娥編譯　120元
⑤青春期性教室　呂貴嵐編譯　130元
⑥事半功倍讀書法　王毅希編譯　130元
⑦難解數學破題　宋釗宜編譯　130元
⑧速算解題技巧　宋釗宜編譯　130元
⑨小論文寫作秘訣　林顯茂編譯　120元
⑩視力恢復！超速讀術　江錦雲譯　130元

⑪中學生野外遊戲	熊谷康編著	120元
⑫恐怖極短篇	柯素娥編譯	130元
⑬恐怖夜話	小毛驢編譯	130元
⑭恐怖幽默短篇	小毛驢編譯	120元
⑮黑色幽默短篇	小毛驢編譯	120元
⑯靈異怪談	小毛驢編譯	130元
⑰錯覺遊戲	小毛驢編譯	130元
⑱整人遊戲	小毛驢編譯	120元
⑲有趣的超常識	柯素娥編譯	130元
⑳哦！原來如此	林慶旺編譯	130元
㉑趣味競賽100種	劉名揚編譯	120元
㉒數學謎題入門	宋釗宜編譯	150元
㉓數學謎題解析	宋釗宜編譯	150元
㉔透視男女心理	林慶旺編譯	120元
㉕少女情懷的自白	李桂蘭編譯	120元
㉖由兄弟姊妹看命運	李玉瓊編譯	130元
㉗趣味的科學魔術	林慶旺編譯	150元
㉘趣味的心理實驗室	李燕玲編譯	150元
㉙愛與性心理測驗	小毛驢編譯	130元
㉚刑案推理解謎	小毛驢編譯	130元
㉛偵探常識推理	小毛驢編譯	130元
㉜偵探常識解謎	小毛驢編譯	130元
㉝偵探推理遊戲	小毛驢編譯	130元
㉞趣味的超魔術	廖玉山編著	150元
㉟趣味的珍奇發明	柯素娥編著	150元

•健 康 天 地•電腦編號 18

①壓力的預防與治療	柯素娥編譯	130元
②超科學氣的魔力	柯素娥編譯	130元
③尿療法治病的神奇	中尾良一著	130元
④鐵證如山的尿療法奇蹟	廖玉山譯	120元
⑤一日斷食健康法	葉慈容編譯	120元
⑥胃部強健法	陳炳崑譯	120元
⑦癌症早期檢查法	廖松濤譯	130元
⑧老人痴呆症防止法	柯素娥編譯	130元
⑨松葉汁健康飲料	陳麗芬編譯	130元
⑩揉肚臍健康法	永井秋夫著	150元
⑪過勞死、猝死的預防	卓秀貞編譯	130元
⑫高血壓治療與飲食	藤山順豐著	150元
⑬老人看護指南	柯素娥編譯	150元

⑭美容外科淺談　楊啟宏著　150元
⑮美容外科新境界　楊啟宏著　150元
⑯鹽是天然的醫生　西英司郎著　140元
⑰年輕十歲不是夢　梁瑞麟譯　200元
⑱茶料理治百病　桑野和民著　180元
⑲綠茶治病寶典　桑野和民著　150元
⑳杜仲茶養顏減肥法　西田博著　150元
㉑蜂膠驚人療效　瀨長良三郎著　160元
㉒蜂膠治百病　瀨長良三郎著　元

•實用女性學講座• 電腦編號 19

①解讀女性內心世界　島田一男著　150元
②塑造成熟的女性　島田一男著　150元

•校 園 系 列• 電腦編號 20

①讀書集中術　多湖輝著　150元
②應考的訣竅　多湖輝著　150元
③輕鬆讀書贏得聯考　多湖輝著　150元
④讀書記憶秘訣　多湖輝著　150元

•實用心理學講座• 電腦編號 21

①拆穿欺騙伎倆　多湖輝著　140元
②創造好構想　多湖輝著　140元
③面對面心理術　多湖輝著　140元
④僞裝心理術　多湖輝著　140元
⑤透視人性弱點　多湖輝著　140元
⑥自我表現術　多湖輝著　150元
⑦不可思議的人性心理　多湖輝著　150元
⑧催眠術入門　多湖輝著　150元
⑨責罵部屬的藝術　多湖輝著　150元
⑩精神力　多湖輝著　150元
⑪厚黑說服術　多湖輝著　150元
⑫集中力　多湖輝著　150元

•超現實心理講座• 電腦編號 22

①超意識覺醒法　詹蔚芬編譯　130元
②護摩秘法與人生　劉名揚編譯　130元

③秘法！超級仙術入門　陸　明譯　150元
④給地球人的訊息　柯素娥編著　150元
⑤密教的神通力　劉名揚編著　130元
⑥神秘奇妙的世界　平川陽一著　180元

・養生保健・電腦編號23

①醫療養生氣功　黃孝寬著　250元
②中國氣功圖譜　余功保著　230元
③少林醫療氣功精粹　井玉蘭著　250元
④龍形實用氣功　吳大才等著　220元
⑤魚戲增視強身氣功　宮　嬰著　220元
⑥嚴新氣功　前新培金著　250元
⑦道家玄牝氣功　張　章著　元
⑧仙家秘傳袪病功　李遠國著　元

・心靈雅集・電腦編號00

①禪言佛語看人生　松濤弘道著　180元
②禪密教的奧秘　葉逯謙譯　120元
③觀音大法力　田口日勝著　120元
④觀音法力的大功德　田口日勝著　120元
⑤達摩禪106智慧　劉華亭編譯　150元
⑥有趣的佛教研究　葉逯謙編譯　120元
⑦夢的開運法　蕭京凌譯　130元
⑧禪學智慧　柯素娥編譯　130元
⑨女性佛教入門　許俐萍譯　110元
⑩佛像小百科　心靈雅集編譯組　130元
⑪佛教小百科趣談　心靈雅集編譯組　120元
⑫佛教小百科漫談　心靈雅集編譯組　150元
⑬佛教知識小百科　心靈雅集編譯組　150元
⑭佛學名言智慧　松濤弘道著　180元
⑮釋迦名言智慧　松濤弘道著　180元
⑯活人禪　平田精耕著　120元
⑰坐禪入門　柯素娥編譯　120元
⑱現代禪悟　柯素娥編譯　130元
⑲道元禪師語錄　心靈雅集編譯組　130元
⑳佛學經典指南　心靈雅集編譯組　130元
㉑何謂「生」　阿含經　心靈雅集編譯組　150元
㉒一切皆空　般若心經　心靈雅集編譯組　150元
㉓超越迷惘　法句經　心靈雅集編譯組　130元

書名	作者	定價
㉔開拓宇宙觀　華嚴經	心靈雅集編譯組	130元
㉕真實之道　法華經	心靈雅集編譯組	130元
㉖自由自在　涅槃經	心靈雅集編譯組	130元
㉗沈默的教示　維摩經	心靈雅集編譯組	150元
㉘開通心眼　佛語佛戒	心靈雅集編譯組	130元
㉙揭秘寶庫　密教經典	心靈雅集編譯組	130元
㉚坐禪與養生	廖松濤譯	110元
㉛釋尊十戒	柯素娥編譯	120元
㉜佛法與神通	劉欣如編著	120元
㉝悟（正法眼藏的世界）	柯素娥編譯	120元
㉞只管打坐	劉欣如編譯	120元
㉟喬答摩・佛陀傳	劉欣如編著	120元
㊱唐玄奘留學記	劉欣如編譯	120元
㊲佛教的人生觀	劉欣如編譯	110元
㊳無門關（上卷）	心靈雅集編譯組	150元
㊴無門關（下卷）	心靈雅集編譯組	150元
㊵業的思想	劉欣如編著	130元
㊶佛法難學嗎	劉欣如著	140元
㊷佛法實用嗎	劉欣如著	140元
㊸佛法殊勝嗎	劉欣如著	140元
㊹因果報應法則	李常傳編	140元
㊺佛教醫學的奧秘	劉欣如編著	150元
㊻紅塵絕唱	海　若著	130元
㊼佛教生活風情	洪丕謨、姜玉珍著	220元
㊽行住坐臥有佛法	劉欣如著	160元
㊾起心動念是佛法	劉欣如著	160元

•經 營 管 理•電腦編號 01

書名	作者	定價
◎創新經營六十六大計（精）	蔡弘文編	780元
①如何獲取生意情報	蘇燕謀譯	110元
②經濟常識問答	蘇燕謀譯	130元
③股票致富68秘訣	簡文祥譯	100元
④台灣商戰風雲錄	陳中雄著	120元
⑤推銷大王秘錄	原一平著	100元
⑥新創意・賺大錢	王家成譯	90元
⑦工廠管理新手法	琪　輝著	120元
⑧奇蹟推銷術	蘇燕謀譯	100元
⑨經營參謀	柯順隆譯	120元
⑩美國實業24小時	柯順隆譯	80元
⑪撼動人心的推銷法	原一平著	120元

⑫高竿經營法	蔡弘文編	120元
⑬如何掌握顧客	柯順隆譯	150元
⑭一等一賺錢策略	蔡弘文編	120元
⑯成功經營妙方	鐘文訓著	120元
⑰一流的管理	蔡弘文編	150元
⑱外國人看中韓經濟	劉華亭譯	150元
⑲企業不良幹部群相	琪輝編著	120元
⑳突破商場人際學	林振輝編著	90元
㉑無中生有術	琪輝編著	140元
㉒如何使女人打開錢包	林振輝編著	100元
㉓操縱上司術	邑井操著	90元
㉔小公司經營策略	王嘉誠著	100元
㉕成功的會議技巧	鐘文訓編譯	100元
㉖新時代老闆學	黃柏松編著	100元
㉗如何創造商場智囊團	林振輝編譯	150元
㉘十分鐘推銷術	林振輝編譯	120元
㉙五分鐘育才	黃柏松編譯	100元
㉚成功商場戰術	陸明編譯	100元
㉛商場談話技巧	劉華亭編譯	120元
㉜企業帝王學	鐘文訓譯	90元
㉝自我經濟學	廖松濤編譯	100元
㉞一流的經營	陶田生編著	120元
㉟女性職員管理術	王昭國編譯	120元
㊱ＩＢＭ的人事管理	鐘文訓編譯	150元
㊲現代電腦常識	王昭國編譯	150元
㊳電腦管理的危機	鐘文訓編譯	120元
㊴如何發揮廣告效果	王昭國編譯	150元
㊵最新管理技巧	王昭國編譯	150元
㊶一流推銷術	廖松濤編譯	120元
㊷包裝與促銷技巧	王昭國編譯	130元
㊸企業王國指揮塔	松下幸之助著	120元
㊹企業精銳兵團	松下幸之助著	120元
㊺企業人事管理	松下幸之助著	100元
㊻華僑經商致富術	廖松濤編譯	130元
㊼豐田式銷售技巧	廖松濤編譯	120元
㊽如何掌握銷售技巧	王昭國編著	130元
㊿洞燭機先的經營	鐘文訓編譯	150元
52新世紀的服務業	鐘文訓編譯	100元
53成功的領導者	廖松濤編譯	120元
54女推銷員成功術	李玉瓊編譯	130元
55ＩＢＭ人才培育術	鐘文訓編譯	100元

㊻企業人自我突破法	黃琪輝編著	150元
㊽財富開發術	蔡弘文編著	130元
㊾成功的店舖設計	鐘文訓編著	150元
⑥1企管回春法	蔡弘文編著	130元
⑥2小企業經營指南	鐘文訓編譯	100元
⑥3商場致勝名言	鐘文訓編譯	150元
⑥4迎接商業新時代	廖松濤編譯	100元
⑥6新手股票投資入門	何朝乾 編	180元
⑥7上揚股與下跌股	何朝乾編譯	180元
⑥8股票速成學	何朝乾編譯	180元
⑥9理財與股票投資策略	黃俊豪編著	180元
⑦0黃金投資策略	黃俊豪編著	180元
⑦1厚黑管理學	廖松濤編譯	180元
⑦2股市致勝格言	呂梅莎編譯	180元
⑦3透視西武集團	林谷燁編譯	150元
⑦6巡迴行銷術	陳蒼杰譯	150元
⑦7推銷的魔術	王嘉誠譯	120元
⑦8 60秒指導部屬	周蓮芬編譯	150元
⑦9精銳女推銷員特訓	李玉瓊編譯	130元
⑧0企劃、提案、報告圖表的技巧	鄭 汶 譯	180元
⑧1海外不動產投資	許達守編譯	150元
⑧2八百伴的世界策略	李玉瓊譯	150元
⑧3服務業品質管理	吳宜芬譯	180元
⑧4零庫存銷售	黃東謙編譯	150元
⑧5三分鐘推銷管理	劉名揚編譯	150元
⑧6推銷大王奮鬥史	原一平著	150元
⑧7豐田汽車的生產管理	林谷燁編譯	150元

•成 功 寶 庫•電腦編號 02

①上班族交際術	江森滋著	100元
②拍馬屁訣竅	廖玉山編譯	110元
④聽話的藝術	歐陽輝編譯	110元
⑨求職轉業成功術	陳 義編著	110元
⑩上班族禮儀	廖玉山編著	120元
⑪接近心理學	李玉瓊編著	100元
⑫創造自信的新人生	廖松濤編著	120元
⑭上班族如何出人頭地	廖松濤編著	100元
⑮神奇瞬間瞑想法	廖松濤編譯	100元
⑯人生成功之鑰	楊意苓編著	150元
⑱潛在心理術	多湖輝 著	100元

⑲給企業人的諍言	鐘文訓編著	120元
⑳企業家自律訓練法	陳　義編譯	100元
㉑上班族妖怪學	廖松濤編著	100元
㉒猶太人縱橫世界的奇蹟	孟佑政編著	110元
㉓訪問推銷術	黃静香編著	130元
㉕你是上班族中強者	嚴思圖編著	100元
㉖向失敗挑戰	黃静香編著	100元
㉙機智應對術	李玉瓊編著	130元
㉚成功頓悟100則	蕭京凌編譯	130元
㉛掌握好運100則	蕭京凌編譯	110元
㉜知性幽默	李玉瓊編譯	130元
㉝熟記對方絕招	黃静香編譯	100元
㉞男性成功秘訣	陳蒼杰編譯	130元
㊱業務員成功秘方	李玉瓊編著	120元
㊲察言觀色的技巧	劉華亭編著	130元
㊳一流領導力	施義彥編譯	120元
㊴一流說服力	李玉瓊編著	130元
㊵30秒鐘推銷術	廖松濤編譯	120元
㊶猶太成功商法	周蓮芬編譯	120元
㊷尖端時代行銷策略	陳蒼杰編著	100元
㊸顧客管理學	廖松濤編著	100元
㊹如何使對方說Yes	程　羲編著	150元
㊺如何提高工作效率	劉華亭編著	150元
㊼上班族口才學	楊鴻儒譯	120元
㊽上班族新鮮人須知	程　羲編著	120元
㊾如何左右逢源	程　羲編著	130元
㊿語言的心理戰	多湖輝著	130元
51扣人心弦演說術	劉名揚編著	120元
53如何增進記憶力、集中力	廖松濤譯	130元
55性惡企業管理學	陳蒼杰譯	130元
56自我啟發200招	楊鴻儒編著	150元
57做個傑出女職員	劉名揚編著	130元
58靈活的集團營運術	楊鴻儒編著	120元
60個案研究活用法	楊鴻儒編著	130元
61企業教育訓練遊戲	楊鴻儒編著	120元
62管理者的智慧	程　義編譯	130元
63做個佼佼管理者	馬筱莉編譯	130元
64智慧型說話技巧	沈永嘉編譯	130元
66活用佛學於經營	松濤弘道著	150元
67活用禪學於企業	柯素娥編譯	130元
68詭辯的智慧	沈永嘉編譯	130元

⑲幽默詭辯術	廖玉山編譯	130元
⑳拿破崙智慧箴言	柯素娥編譯	130元
⑪自我培育•超越	蕭京凌編譯	150元
⑫深層心理術	多湖輝著	130元
⑬深層語言術	多湖輝著	130元
⑭時間即一切	沈永嘉編譯	130元
⑮自我脫胎換骨	柯素娥譯	150元
⑯贏在起跑點—人才培育鐵則	楊鴻儒編譯	150元
⑰做一枚活棋	李玉瓊編譯	130元
⑱面試成功戰略	柯素娥編譯	130元
⑲自我介紹與社交禮儀	柯素娥編譯	150元
⑳說NO的技巧	廖玉山編譯	130元
㉑瞬間攻破心防法	廖玉山編譯	120元
㉒改變一生的名言	李玉瓊編譯	130元
㉓性格性向創前程	楊鴻儒編譯	130元
㉔訪問行銷新竅門	廖玉山編譯	150元
㉕無所不達的推銷話術	李玉瓊編譯	150元

•處世智慧•電腦編號03

①如何改變你自己	陸明編譯	120元
②人性心理陷阱	多湖輝著	90元
④幽默說話術	林振輝編譯	120元
⑤讀書36計	黃柏松編譯	120元
⑥靈感成功術	譚繼山編譯	80元
⑧扭轉一生的五分鐘	黃柏松編譯	100元
⑨知人、知面、知其心	林振輝譯	110元
⑩現代人的詭計	林振輝譯	100元
⑫如何利用你的時間	蘇遠謀譯	80元
⑬口才必勝術	黃柏松編譯	120元
⑭女性的智慧	譚繼山編譯	90元
⑮如何突破孤獨	張文志編譯	80元
⑯人生的體驗	陸明編譯	80元
⑰微笑社交術	張芳明譯	90元
⑱幽默吹牛術	金子登著	90元
⑲攻心說服術	多湖輝著	100元
⑳當機立斷	陸明編譯	70元
㉑勝利者的戰略	宋恩臨編譯	80元
㉒如何交朋友	安紀芳編著	70元
㉓鬥智奇謀（諸葛孔明兵法）	陳炳崑著	70元
㉔慧心良言	亦　奇著	80元

㉕名家慧語	蔡逸鴻主編	90元
㉗稱霸者啟示金言	黃柏松編譯	90元
㉘如何發揮你的潛能	陸明編譯	90元
㉙女人身態語言學	李常傳譯	130元
㉚摸透女人心	張文志譯	90元
㉛現代戀愛秘訣	王家成譯	70元
㉜給女人的悄悄話	妮倩編譯	90元
㉞如何開拓快樂人生	陸明編譯	90元
㉟驚人時間活用法	鐘文訓譯	80元
㊱成功的捷徑	鐘文訓譯	70元
㊲幽默逗笑術	林振輝著	120元
㊳活用血型讀書法	陳炳崑譯	80元
㊴心　燈	葉于模著	100元
㊵當心受騙	林顯茂譯	90元
㊶心・體・命運	蘇燕謀譯	70元
㊷如何使頭腦更敏銳	陸明編譯	70元
㊸宮本武藏五輪書金言錄	宮本武藏著	100元
㊺勇者的智慧	黃柏松編譯	80元
㊼成熟的愛	林振輝譯	120元
㊽現代女性駕馭術	蔡德華著	90元
㊾禁忌遊戲	酒井潔著	90元
52摸透男人心	劉華亭編譯	80元
53如何達成願望	謝世輝著	90元
54創造奇蹟的「想念法」	謝世輝著	90元
55創造成功奇蹟	謝世輝著	90元
56男女幽默趣典	劉華亭譯	90元
57幻想與成功	廖松濤譯	80元
58反派角色的啟示	廖松濤編譯	70元
59現代女性須知	劉華亭編著	75元
61機智說話術	劉華亭編譯	100元
62如何突破內向	姜倩怡編譯	110元
64讀心術入門	王家成編譯	100元
65如何解除內心壓力	林美羽編著	110元
66取信於人的技巧	多湖輝著	110元
67如何培養堅強的自我	林美羽編著	90元
68自我能力的開拓	卓一凡編著	110元
70縱橫交涉術	嚴思圖編著	90元
71如何培養妳的魅力	劉文珊編著	90元
72魅力的力量	姜倩怡編著	90元
73金錢心理學	多湖輝著	100元
74語言的圈套	多湖輝著	110元

⑮個性膽怯者的成功術　廖松濤編譯　100元
⑯人性的光輝　文可式編著　90元
⑱驚人的速讀術　鐘文訓編譯　90元
⑲培養靈敏頭腦秘訣　廖玉山編著　90元
⑳夜晚心理術　鄭秀美編譯　80元
㉑如何做個成熟的女性　李玉瓊編著　80元
㉒現代女性成功術　劉文珊編著　90元
㉓成功說話技巧　梁惠珠編譯　100元
㉔人生的真諦　鐘文訓編譯　100元
㉕妳是人見人愛的女孩　廖松濤編著　120元
㉗指尖・頭腦體操　蕭京凌編譯　90元
㉘電話應對禮儀　蕭京凌編著　90元
㉙自我表現的威力　廖松濤編譯　100元
㉚名人名語啟示錄　喬家楓編著　100元
㉛男與女的哲思　程鐘梅編譯　110元
㉜靈思慧語　牧　風著　110元
㉝心靈夜語　牧　風著　100元
㉞激盪腦力訓練　廖松濤編譯　100元
㉟三分鐘頭腦活性法　廖玉山編譯　110元
㊱星期一的智慧　廖玉山編譯　100元
㊲溝通說服術　賴文琇編譯　100元
㊳超速讀超記憶法　廖松濤編譯　120元

•健康與美容•電腦編號04

①B型肝炎預防與治療　曾慧琪譯　130元
③媚酒傳（中國王朝秘酒）　陸明主編　120元
④藥酒與健康果菜汁　成玉主編　150元
⑤中國回春健康術　蔡一藩著　100元
⑥奇蹟的斷食療法　蘇燕謀譯　110元
⑧健美食物法　陳炳崑譯　120元
⑨驚異的漢方療法　唐龍編著　90元
⑩不老強精食　唐龍編著　100元
⑪經脈美容法　月乃桂子著　90元
⑫五分鐘跳繩健身法　蘇明達譯　100元
⑬睡眠健康法　王家成譯　80元
⑭你就是名醫　張芳明譯　90元
⑮如何保護你的眼睛　蘇燕謀譯　70元
⑯自我指壓術　今井義晴著　120元
⑰室內身體鍛鍊法　陳炳崑譯　100元
⑲釋迦長壽健康法　譚繼山譯　90元

⑳腳部按摩健康法	譚繼山譯	120元
㉑自律健康法	蘇明達譯	90元
㉓身心保健座右銘	張仁福著	160元
㉔腦中風家庭看護與運動治療	林振輝譯	100元
㉕秘傳醫學人相術	成玉主編	120元
㉖導引術入門⑴治療慢性病	成玉主編	110元
㉗導引術入門⑵健康・美容	成玉主編	110元
㉘導引術入門⑶身心健康法	成玉主編	110元
㉙妙用靈藥・蘆薈	李常傳譯	90元
㉚萬病回春百科	吳通華著	150元
㉛初次懷孕的10個月	成玉編譯	100元
㉜中國秘傳氣功治百病	陳炳崑編譯	130元
㉞仙人成仙術	陸明編譯	100元
㉟仙人長生不老學	陸明編譯	100元
㊱釋迦秘傳米粒刺激法	鐘文訓譯	120元
㊲痔・治療與預防	陸明編譯	130元
㊳自我防身絕技	陳炳崑編譯	120元
㊴運動不足時疲勞消除法	廖松濤譯	110元
㊵三溫暖健康法	鐘文訓編譯	90元
㊷維他命C新效果	鐘文訓譯	90元
㊸維他命與健康	鐘文訓譯	150元
㊺森林浴—綠的健康法	劉華亭編譯	80元
㊼導引術入門⑷酒浴健康法	成玉主編	90元
㊽導引術入門⑸不老回春法	成玉主編	90元
㊾山白竹（劍竹）健康法	鐘文訓譯	90元
㊿解救你的心臟	鐘文訓編譯	100元
51牙齒保健法	廖玉山譯	90元
52超人氣功法	陸明編譯	110元
53超能力秘密開發法	廖松濤譯	80元
54借力的奇蹟⑴	力拔山著	100元
55借力的奇蹟⑵	力拔山著	100元
56五分鐘小睡健康法	呂添發撰	100元
57禿髮、白髮預防與治療	陳炳崑撰	120元
58吃出健康藥膳	劉大器著	100元
59艾草健康法	張汝明編譯	90元
60一分鐘健康診斷	蕭京凌編譯	90元
61念術入門	黃靜香編譯	90元
62念術健康法	黃靜香編譯	90元
63健身回春法	梁惠珠編譯	100元
64姿勢養生法	黃秀娟編譯	90元
65仙人瞑想法	鐘文訓譯	120元

國立中央圖書館出版品預行編目資料

毛澤東與鄧小平／渡邊利夫，小島朋之著；
劉雪卿譯，──初版──臺北市；大展；民84
面； 公分──（精選系列；1）
譯自：毛沢東と鄧小平
ISBN 957-557-501-6（平裝）

1. 毛澤東 - 學術思想 - 政治 2. 毛澤東 - 學術思想 - 經濟 3. 鄧小平 - 學術思想 - 政治 4. 鄧小平 - 學術思想 - 經濟

549.4211 84001559

毛澤東與鄧小平

ISBN 957-557-501-6

原著者／渡邊利夫 小島朋之
編譯者／劉 雪 卿
發行人／蔡 森 明
出版者／大展出版社有限公司
社 址／台北市北投區（石牌）致遠一路二段12巷1號
電 話／(02) 8236031・8236033
傳 真／(02) 8272069
郵政劃撥／0166955－1
登記證／局版臺業字第2171號

承印者／國順圖書印刷公司
裝 訂／嶸興裝訂有限公司
排版者／千賓電腦打字有限公司
電 話／（02）8836052
初 版／1995年（民84年）3月
定 價／280元

大展好書 好書大展